Weibliche Beziehungsmuster

Birgit Rommelspacher, Dr. phil., Diplom-Psychologin, lehrte an der Freien Universität und an der Fachhochschule für Sozialarbeit und Sozialpädagogik, Bereich Sozialpsychologie; sie habilitiert derzeit zum Thema »Frauen und soziale Berufe«.

Birgit Rommelspacher (Hg.)

Weibliche Beziehungsmuster

Psychologie und Therapie von Frauen

Campus Verlag
Frankfurt/New York

CIP-Kurztitelaufnahme der Deutschen Bibliothek

Weibliche Beziehungsmuster : Psychologie u. Therapie von Frauen / Birgit Rommelspacher (Hg.). – Frankfurt (Main) ; New York : Campus Verlag, 1987.
ISBN 3-593-33858-0

NE: Rommelspacher, Birgit [Hrsg.]

Umschlaggestaltung: Atelier Warminski, Büdingen
Druck und Bindung: KM-Druck, Groß-Umstadt
Printed in Germany

INHALTSVERZEICHNIS

III. RE-KONSTRUKTIONEN

EINLEITUNG

Frauen haben in den letzten Jahren in allen gesellschaftlichen Bereichen - in Kunst, Politik und Wissenschaft - auf das Phänomen der kollektiven Ausklammerung von Frauen hingewiesen. Allenthalben stößt man auf die uralt-biblische Formel: Mensch = Mann.

Auch die Psychologie hat sich diese Formel zu eigen gemacht und ihre Abwehr des Weiblichen organisiert: In der gesamten akademischen klinisch-psychologischen Literatur kommt die Frau so gut wie nicht vor (VOGT, Kap. 5). Es wird immer nur von "dem Patienten" gesprochen, über dessen Geschlecht der Leser nur spekulieren kann - und das, obgleich Frauen den weitaus größeren Anteil am therapeutischen Klientel ausmachen (BÖHM, Kap. 4). Es erfordert geradezu kriminalistisches Gespür in der Unmenge von Dateien der Empidemiologie, in denen kreuz und quer über Schicht, Klasse, Einkommen, Stadt und Land, ökologische Zonen, Berufe, Rassen, Religion, Alter etc. gerechnet wird, auch den Parameter "Geschlecht" auszumachen.

Und auch in der theoretischen Diskussion - mit der wichtigen Ausnahme der Psychoanalyse - sucht man vergebens nach einer Psychologie der Frau. "Der Mensch", "das Ich", "das Selbst" sind die Identitäten, die zu suchen alle gemeinsam aufgebrochen sind. Dies scheinbar neutrale "Selbst" der humanistischen Psychologie wirkt zunächst tatsächlich frauenfreundlicher als das vom Penisneid geplagte Mädchen bzw. die phallische oder masochistische Frau der Psychoanalyse.

Interessant ist jedoch, daß gerade die Psychoanalyse mit ihrer Diskriminierung der Frau - Diskriminierung in seiner doppelten Bedeutung: der Unterscheidung und der Abwertung - sehr viel mehr zu allmählich aufbrechenden Entdeckung weiblicher Identität beigetragen hat als andere Theorien (vgl. vor allem D. DINNERSTEIN 1979, N. CHODOROW 1985, L. IRIGARAY 1977, J. BAKER-MILLER 1980 und im deutschen Sprachraum: M. MITSCHERLICH 1985, C. HAGEMANN-WHITE 1979, M. GAMBAROFF 1984 und M. BRÜCKNER 1983).

Das "Verdienst" der Psychoanalyse zur Erkenntnis der Psychologie der Geschlechter liegt wohl vor allem darin, daß sie die Abwehr des Weiblichen exemplarisch vorführt, indem sie die Frau mit der Mutter identifiziert oder aber, indem sie sie zur kleineren, schwächeren oder einfach minderwertigen Ausgabe des Mannes deklariert.

Die Identifikation der Frau mit der Mutter generalisiert im Grunde genommen die Weltsicht des Säuglings der Frau gegenüber mit seinen maßlosen Ansprüchen an Bedürfnisbefriedigung und seiner Enttäuschung und Wut über Versagungen, die zur realen Macht der Mutter in keinem oder gar einem umgekehrten Verhältnis stehen (HAGEMANN-WHITE, Kap. 1). Und solange der erste allumfassende Bezug zum Kind Frauen überantwortet bleibt, solange werden auch in kulturellen Mustern von Weiblichkeit und Männlichkeit diese grundlegenden Erfahrungen reaktiviert. Und es wird kaum möglich sein, die latente Infantilität herrschender Vorstellungen zu überwinden.

Für die Frauen bedeutet der Vorrang des Mütterlichen vor dem Weiblichen (IRIGARAY) auch, daß ihre Suche nach einer genuin weiblichen Identität in die "Ortlosigkeit" (HAUG, Kap. 3) führt, in einen Innenraum, der sich abschirmt gegen ein Äußeres, das hier feindlich und fremd ist. Frauen leben in Unmittelbarkeitsbeziehungen mit dem Mann als Torhüter zur Außenwelt. Er hat den Schlüssel zur gesellschaftlichen Realität, er weiß, was Wirklichkeit ist. Er hat sie erschaffen und nicht nur sie, sondern zugleich die Frau in seiner Projektion von Weiblichkeit, der patriarchalen Feminität. Insofern ist die Selbstbewußtwerdung der Frauen ein Akt, diese Vor-Besitznahme aufzuheben.

Die zweite Form der Abwehr, die Frau als defizitären Mann zu betrachten, ist leicht am Konstrukt "psychische Gesundheit" ersichtlich. Empirische Untersuchungen haben wiederholt gezeigt, daß Gesundheit eine höhere Affinität zu Männlichkeit hat, hingegen Krankheit stärker mit Weiblichkeit assoziiert ist. Beispielsweise wird beim Lesen von Krankengeschichten die dort beschriebene Person als kränker eingeschätzt, wenn es sich angeblich um eine Frau handelt - und gesünder, wenn es sich angeblich um einen Mann handelt. Frauen sind übrigens als Beurteilerinnen nicht ganz so vorurteilsbeladen wie Männer. Dieses Vorurteil verdichtet sich zu einer geradezu metaphysischen Größe, betrachtet man die verschiedensten Untersuchungen zur psychischen Erkrankung in den westeuropäischen Ländern, in den USA, und Kanada - und gleichgültig, wie die medizinisch-psychiatrische Versorgung dort ist, gleichgültig, welche Diagnoseschemata verwandt werden und gleichgültig, wie breit oder eng der Begriff psychischer Gesundheit gefaßt wird und ob die Untersuchung vor zwei Jahrzehnten oder heute durchgeführt wurde, alle kommen sie zu dem unerschütterlichen Ergebnis, daß Frauen nahezu doppelt so häufig neurotisch erkranken wie Männer. Angesichts dieser überwältigenden Übereinstimmung der Daten können die Herren Forscher - also jene, die sich überhaupt mit diesem Thema befassen - nur noch zur Biologie in ihrer unergründlichen Weisheit Zuflucht nehmen (BÖHM, Kap. 4).

In der Realität klinisch-psychologischer Praxis sind die Frauen demnach sehr wohl präsent - ja sie werden geradezu bevorzugt behandelt. Warum Frauen häufiger über neurotische Beschwerden klagen oder deswegen behandelt werden, mag verschiedene Ursachen haben: Es kann an der größeren Belastung der Frauen liegen, in der Widersprüchlichkeit weiblicher Lebensentwürfe, in ihrer Verantwortung für Beziehungen etc. Zu vermuten ist allerdings, daß die Psychologie selbst noch das ihre zur Viktimisierung der Frauen beiträgt, ihr die Verantwortung und Schuld für soziale Probleme aufbürdet: Die Aggressivität von Männern wird selten behandelt, um so häufiger die Angst von Frauen. Das Verfahren gegen den Mann wird "mangels öffentlichen Interesses" - wie es die Juristen gerne formulieren - gar nicht aufgenommen oder sofort eingestellt. Das Verhalten des Mannes ist die Norm - das der Frau die Abweichung: Sie hat provoziert oder ist masochistisch (BURGARD, Kap. 6). Dies ist die klinisch-psychologische Variante des WMS (white-male-system), in dem der weiße Mann Wahrheit, Gesundheit und Überlegenheit repräsentiert (WAGNER, Kap. 9).

Und dieses unendliche Spiel von Über- und Unterordnung wird dann auch in der Therapie reinszeniert. Frauen halten Männer für kompetenter, professioneller, überlegener als Therapeuten, auch und obgleich sie sich von Therapeutinnen sehr viel eher angenommen fühlen, mehr Offenheit und emotionale Resonanz verspüren (GÜRTLER, Kap. 11). Und nicht nur die relativ hilflose Klientin empfindet das so, die professionellen Frauen selbst, die Therapeutinnen und Psychologinnen, die Sozialarbeiterinnen und Lehrerinnen - sie empfinden im allgemeinen, obwohl sie sich als offener, sensibler, emotional differenzierter empfinden, eine Überlegenheit von Männern qua Professionalität (ROMMELSPACHER, Kap. 3). Es ist schon immer etwas Besonderes gewesen, wenn sich ein Mann um die Belange und Nöte seiner Mitmenschen kümmert. Bei Frauen ist das selbstverständlich. Allerdings setzen Frauen dem Professionalitätsbonus der Männer ihr eigenes Bewertungssystem entgegen: ihre heimliche Überlegenheit als Mütter. Der kranken, entfremdeten Gesellschaft und ihren Institutionen wird der Mythos der Heilkraft und Wärme von Mütterlichkeit gegenübergestellt. So stabilisiert sich der reale Status quo der Geschlechter, indem der Mann Professionalität repräsentiert und die Frau ihm helfend und sorgend untergeordnet bleibt.

Nicht so bei der emanzipierten Frau. Sie durchbricht dieses eingefahrene Spiel. Sie möchte beide Systeme vereinbaren, Mutter und Vater zugleich sein. Und in dem Bedürfnis, alles zu können, liegt nicht nur die Freiheit, sondern auch ein bodenloser Anspruch (HETTLAGE-VARJAS, Kap. 12).

Ist es da für Frauen nicht verlockender "zu Hause" zu bleiben und in der Bescheidenheit zu leben, sich zu arrangieren und sich im gesteckten Rahmen zurechtzufinden? Finden wir nicht bei der Mehrzahl der Therapeutinnen dieselben Reaktionsmuster wie bei den Klientinnen? Sind sie nicht ebenso wie die Mutter in der Familie die "Expertinnen der Hoffnung" (THÜRMER-ROHR 1984), die dafür sorgen, daß alles nicht so schlimm wird, die vertrösten, sich opfern, die immer zur Verfügung stehen im Beruf, wie in der Familie und dabei sich selbst überfordern (SCHULZE, Kap. 8). Sie verwerfen den äußeren und beruflichen Erfolg ebenso wie ihren Körper: Sie nähren, sind aber nicht begierig, sie machen Lust, ohne genußfähig zu sein (SCHEFFLER, Kap. 7).

Frauen haben sich das männliche System von Weiblichkeit zu eigen gemacht. Sie sind die Leid-Tragenden. Daraus entspringt in aller erster Linie für sie die Notwendigkeit zur Veränderung. Dazu müssen sie vor allem die Welt so sehen lernen, wie sie ist, und aufhören, sich zu "imperieren", daß männliches Wissen die Wahrheit sei (WAGNER, Kap. 9).

Dieses Buch ist recht heterogen. Aus den verschiedensten Denkrichtungen, aus unterschiedlicher Berufs- und Forschungserfahrung heraus sind die Beiträge entstanden. Ausdruck der Anfänge einer psychologischen Frauenforschung im deutschen Sprachraum, aber auch Ausdruck des Lebens der Frauen in "Zwischenwelten", für die die Aufgabe noch aussteht - wie A. HETTLAGE-VARJAS es formuliert -, in diesen heterogenen Elementen sich selbst zu erkennen und sie in einer psychologischen Sinneinheit zusammenzufassen.

Birgit Rommelspacher

Literaturverzeichnis

BAKER-MILLER, Jean: Toward a New Psychology of Woman. Boston, Beacon Press 1976

BRÜCKNER, Margit: Die Liebe der Frauen. Über Weiblichkeit und Mißhandlung. Frankfurt, Neue Kritik 1983

CHODOROW, Nancy: Das Erbe der Mütter. Psychoanalyse und Soziologie der Geschlechter. München, Frauenoffensive 1985

DINNERSTEIN, Dorothy: Das Arrangement der Geschlechter. Stuttgart. DVA 1979

GAMBAROFF, Marina: Utopie der Treue. Reinbek, Rowohlt 1984

HAGEMANN-WHITE, Carol: Frauenbewegung und Psychoanalyse. Frankfurt, Stroemfeld 1979

IRIGARAY, Luce: Das Geschlecht, das nicht eins ist. Berlin, Merve 1977

MITSCHERLICH, Margarete: Die friedfertige Frau. Frankfurt, Fischer 1985

THÜRMER-ROHR, Christina: Abscheu vor dem Paradies oder die Selbstunterforderung der Frauen. In: Lutz, R. (Hg.). Frauenzukünfte. Weinheim, Beltz 1984

I. WEIBLICHE IDENTITÄT

Carol Hagemann-White

MACHT UND OHNMACHT DER MUTTER

Daß Frauen von gesellschaftlicher und wirtschaftlicher Macht ausgeschlossen, durch Gewalt und Diskriminierung unterdrückt sind, hat sich recht weit herumgesprochen. Doch wenn das Gespräch auf die Privatsphäre kommt, verstricken sich selbst Feministinnen bald in Widersprüche. Gerade die beiden Lebensbereiche, die vielfach als Ort von Gewalt und Erniedrigung und Ursache von Diskriminierung erfahren werden - die Sexualität und die Mutterschaft -, werden zugleich als Quellen spezifisch weiblicher Macht bezeichnet. Hier könne die Frau den Mann zur Unterwerfung zwingen, die Persönlichkeit des Kindes nach ihren Vorstellungen formen und auch überwältigen, hier könne die Frau etwas bewirken, was - tausendfach multipliziert - gesellschaftliche Bedeutung habe.

Die Vorstellung der "Versorgungsmacht" der Mütter sowie ihre Macht zur erzieherischen Gestaltung menschlicher Wirklichkeit spielt in der Psychologie, in der Therapie und in der Sozialpädagogik eine nicht geringe Rolle. Als Folge ihrer Anwendung durch unzulängliche konkrete Mütter gilt diese Muttermacht als Ursache für unzählige menschliche Probleme und gesellschaftliche Mißstände. Sie erscheint als Hoffnungsträger für Problemlösungen und Veränderungen, wenn Frauen dazu bewegt werden könnten, sie richtig einzusetzen. Und schließlich stellt sich den helfenden Berufen immer wieder die Frage, inwiefern sie selbst an eben dieser Macht in abgewandelter Form partizipieren. Sind Sozialarbeiterinnen "Berufsmütter"? Angesichts dieser dreifachen Bedeutung der mütterlichen Macht in den Erklärungsmodellen, den Strategien und dem beruflichen Selbstverständnis der Helfer läge es nahe, diese Macht selbst näher zu untersuchen. Ein Blick auf die Literatur wird jedoch bestätigen, daß dies erstaunlich selten geschieht. Die Versorgungsmacht, die Erziehungsmacht, die emotionale Dominanz werden als selbstverständliche Merkmale der Mutter herangezogen, ohne daß das, was Mütter tatsächlich tun oder bewirken, überhaupt Thema wird. Es ist eine mächtige Alltagsgewißheit, die hier offenbar zum Tragen kommt, und die die Frage gar nicht erst zuläßt, ob denn - und wenn ja, wann und wie - Mütter wirkliche Macht haben. Dieser Frage soll hier nachgegangen werden.

1. Die Muttermacht aus der Sicht des Kindes

Aus der Sicht des Kindes ist die Mutter, jedenfalls am Lebensanfang, machtvoll. Genauer wäre es wohl zu sagen: Fremde, außer mir liegender Macht verkörpert sich bei der Entstehung des Bewußtseins der eigenen Getrenntheit erstmals in der Person der Mutter, des ersten erlebten Gegenübers. Sie erbt damit einen Teil der Allmachtsphantasien des Neugeborenen, für die das pure Wünschen endlich zum Glück und zum Genuß führt. Sie erbt aber damit auch den Haß und die Verzweiflung, daß Kummer und Schmerz fortbestehen, unendlich erscheinen, ehe Abhilfe kommt. In dem Maße, wie der Säugling der Mutter als befriedigende oder versagende Person gewahr wird, scheint sie Macht über Leben und Tod zu besitzen. Das Maß für die Macht der Mutter ist dabei die eigene Schwäche des Säuglings und dessen Unvermögen, reale Kausalzusammenhänge zu verstehen: Es ist wie Zauber, aber nicht verläßlich so, wie das Kind will, sondern nach einer nicht zu durchschauenden Willkür, daß die Mutter Unlust beseitigt und Lust ermöglicht.

Nach dem körperbezogenen Lustprinzip gewinnt das Bedürfnis nach erfolgreicher Eigentätigkeit an Bedeutung: Wissen und Können erscheinen im Horizont des Kleinkindes als wesentliche Mittel zum Gelingen eigener Zielsetzungen. Auch hiervon hat, wie es dem Kind zunächst erscheint, die Mutter eine unendliche Fülle, wovon sie aber in ihrer Willkür nur Teile zur Verfügung stellt. Sie macht, daß ein Bauturm steht, welcher zuvor widerspenstigerweise immer umfiel; sie macht - aber nur manchmal - Zerbrochenes wieder heil. Sie weiß schon vorher über die doch erst später eintretende Unlust Bescheid, den Puppenwagen im Wald zu schieben, kann frierende Hände voraussagen; sie weiß, ohne dabeigewesen zu sein, wer vom Kuchen genascht hat. Sogar über das Körperinnere, den Durst etwa oder den Drang nach Ausscheidung weiß sie, ohne daß es ihr mitgeteilt wurde, was das Kind empfindet.

Mit der Herausbildung eines eigenständigen Ich wird die Mutter zum begleitenden Du. Das zunehmende Bestreben des Kindes, seinen Willen selbst umzusetzen und seine Welt allein zu bewältigen, benötigt nicht nur die Rückversicherung im Falle des Scheiterns, sondern auch Zeugnis der gelungenen Schritte in die Autonomie. Vor jedem Gelingen steht aber das vielfache Scheitern. Als begleitendes Du erlebt die Mutter den Sturz auf den Hintern, die Niederlagen; sie erlebt, wie anstelle des angekündigten Großartigen die Lächerlichkeit sich einstellt. Und wenn Eigenwille und Eigenständigkeit gelingen sollen, so muß das Kind sich vergewissern, daß dies wirklich sein eigenes Tun war und nicht die Macht der Mutter, die ermutigend zusah. Die schützende Nähe der Mutter birgt zugleich die Gefahr, mit ihr noch verschmolzen zu sein, und die archaische Überzeugung ihrer Zauberkraft läßt Zweifel offen, ob man die Tür selbst alleine aufgeschlossen hat, ob auf das eigene Können auch Verlaß ist. Der beste und letztendlich vielleicht einzig ganz sichere Beweis für eigenständiges Können ist es dann, etwas ohne Wissen oder gegen den ausdrücklichen Willen der Mutter zu tun: Dann hat sie nicht einmal mitgewollt. Die Begleiterin und Zeugin wachsender Autonomie muß sich daher notwendigerweise zu deren Widersacher hergeben.

Dies alles - die Macht über Leben und Tod, der Besitz unheimlichen Wissens und Könnens, Zeugnis und Gegenkraft bei dem stolpernden Weg in die Autonomie - projiziert das menschliche Kind auf das erste versorgende, frustrierende, begleitende Du. Daß dies aber eine Frau sei, ist kein Naturgesetz. Menschliche Instinkte sind in hohem Maße entdifferenziert, die Ansprechbarkeit für das "Kindchenschema" und das Pflegeverhalten sind bei beiden Geschlechtern angelegt, bei keinem mit einem sicheren Verhaltensautomatismus gekoppelt. Es ist eine gesellschaftliche Einrichtung, die auch anders möglich wäre, die Fürsorge für kleine Kinder ausschließlich Frauen zu übertragen. Und es ist eine spezifische Eigenart der abendländischen Moderne, diese Aufgabe zudem noch als Verantwortung einer einzelnen Frau - in der Regel der, die das Kind geboren hat - aufzufassen und diese mit dem Kind so zu isolieren, daß alle Mächte der Sozietät in ihrer Person verkörpert dem Kind gegenübertreten. In einem elementaren Zweikampf hat diese eine Frau dem Kind die in unserer Kultur geltenden, dem kindlichen Triebleben zutiefst fremden Regeln der Sauberkeit und des Eigentums zu vermitteln. Wohl keine Gesellschaft zuvor ist auf die Idee gekommen, bei der Sozialisation in derart hohem Maße auf die Wirkung der sozialen Erfahrungen, bei denen Normen als der gültige, selbstverständliche Konsens einer Vielzahl von Menschen erlebt werden, zu verzichten. Wir ersetzen sie durch Pädagogik. Daß diese

Einrichtung der Mutterschaft eine Behinderung und Belastung für Frauen darstellt, hat die Frauenbewegung hinlänglich beschrieben. Weniger sichtbar, weil tiefer in unserem Gefühlsleben verwurzelt, sind die Konsequenzen für unsere Bilder und unsere kollektiven Phantasien über weibliche Macht. Dadurch, daß das erste erlebte Gegenüber, die erste Bezugsperson eine Frau ist, erscheinen alle bisher geschilderten Formen von Macht als archaisch und ihrem Ursprung nach weiblich. Und infolge der isolierten Verantwortlichkeit (nicht immer ist die junge Mutter isoliert, fast immer ist sie es aber in ihrer Verantwortung - wenn das Kind weint, wird es erwartungsgeladen ihr zurückgereicht) verdichten sich *alle* kindlichen Erlebnisse, einer fremden Übermacht ausgeliefert zu sein, zu dem Bild der *einen* Person der Mutter. Nicht - wie in manchen dörflichen Lebensformen - die Gemeinschaft aller kleinkindversorgenden Frauen (einschließlich älterer Mädchen und Großmütter) ist Zeugin der Verselbständigung und des Scheiterns, sondern eine Frau, die noch alle Hoffnungen und Befürchtungen aus dem Erleben früherer Ohnmacht auf sich bezogen hatte. In dem Bild der Mutter sammeln sich so alle Erfahrungen mit früher fremder Übermacht und verschmelzen mit der Weiblichkeit.

Aus dieser Perspektive hat die Frau als solche mütterliche Macht. Sie verspricht Beglückung, vermag Allmachtsphantasien und den Wunsch nach Schlaraffenland zu erfüllen, aber sie droht auch mit Verlassen und Vernichtung. Der Abhängigkeit von ihr ist zwar Eigenständigkeit entgegenzusetzen, doch dadurch wird ihre Macht noch einmal bedrohlich: Sie wirkt als Sog zurück in die (doch verlockende) Verschmelzung und vermag dadurch auch ein starkes Ich aufzulösen. Als Zeugin unzähliger Niederlagen durchschaut sie alle Wichtigtuerei und ist die lebendige Erinnerung daran, daß die Eigenständigkeit unsicher, zerbrechlich, anfällig war und ist.

Dies alles prägt unsere Vorstellungen darüber, was Macht in der Hand einer Frau bedeutet. Sie erscheint als in dreifacher Hinsicht *grenzenlos*:

- allmächtig, mit Zauberkraft ausgestattet, den Grenzen menschlichen/eigenen Vermögens nicht unterworfen;
- zu allem fähig, unberechenbar und irrational; sie ist die pure Willkür, keinen ihre Anwendung begrenzenden Regeln oder sozialen Verpflichtungen unterworfen;
- bedrohlich für die Ich-Grenzen des Kindes; sie ist nie nur eine Macht mir gegenüber, sondern immer auch eine Macht, die in mich hineingreifen kann, auf mein seelisches und körperliches Innere zu wirken vermag.

Eine Macht, die die Grenzen des menschlichen Könnens und der Kausalität, die Grenzen der sozialen Verständigung und die Grenzen zwischen den Personen zu überschwemmen vermag - weil sie vor der Errichtung all dieser Grenzen zuerst empfunden wurde -, droht uns, so das archaische Gefühl, wenn Frauen Macht haben. Demgegenüber erscheint männliche Macht, auch wenn sie bösartig und grausam ist, als von vornherein begrenzt, zumindest begrenzungsfähig. Sie entspringt außerhalb des kindlichen Selbst, ist ihm äußerlich und bietet daher die Chance einer Auseinandersetzung; ihr ist irgendeine Rationalität zu unterstellen. Männliche Macht wird den Regeln der Wenn-Dann-Kausalität gehorchen oder zumindest sich darin kleiden, sie könnte also berechenbar sein. Und vor allem gibt es Bereiche meines Selbst, in die männliche Macht, selbst wenn sie mich zu zerstören droht, nie ohne meine Zustimmung eindringen kann. In gewissem Sinne bin ich immer vor ihr sicher.

DINNERSTEIN (1977) hat diese Zusammenhänge als erste in ihrer vollen Bedeutung beschrieben. Sie zeigt auf, wie die Zuschreibung aller archaischen Erlebnisse von Übermacht zur Mutter kollektive Phantasien auch von männlicher Macht hervorbringt, die diese als relativ erträglich erscheinen lassen, und bei beiden Geschlechtern eine unterschwellige Bereitschaft erzeugt, die tatsächlich zerstörerische Übermacht des Patriarchats zu akzeptieren. Es läßt sich zeigen, wie das gesammelte Vernichtungspotential atomarer Aufrüstung in dem Schein von Rationalität und Berechenbarkeit gehüllt ist, ein Schein, der die Debatte auch der Friedensbewegung zeitweise beherrscht. Hingegen gelingt es den Frauen nur halbherzig, die bescheidene Bestimmungsmacht über das eigene Gebärvermögen einzuklagen, denn diese doch viel geringere Macht löst kollektive Phantasien über Massenmord durch hemmungslose Abtreibungen aus. Auch auf individueller Ebene hat männliche Macht einen "Bonus" an Glaubwürdigkeit, irgendwie plausibel begründet zu sein, selbst wenn sie im Unrecht ist. Nicht wenige Beraterinnen versuchen einer geschlagenen Frau zuzureden (wozu sie auch selbst zunächst bereit ist), daß es in der Gewalttätigkeit des Mannes eine Logik, eine Berechenbarkeit geben *muß*, daß sie, hat sie deren Gesetzmäßigkeit erst einmal erkannt, selbst steuern könnte, ob er zuschlägt oder nicht. Dieselbe Überzeugung begegnet der vergewaltigten, der sexuell belästigten Frau: Sie hätte doch vorhersehen können, was er tun würde, sie müsse ihm doch Anlaß dazu gegeben haben. Männliche Macht gilt a priori als durch einsehbare Ursachen hervorgebracht und kausal gesteuert. Weibliche Macht, weibliche Gegenwehr gar kennt in der Phantasie auch bei Frauen keine Begründungen und keine Grenzen: Sie zu bändigen war die Voraussetzung aller Zivilisation.

Meine gesamten bisherigen Ausführungen nahmen ihren Ausgang bei der Sicht des Säuglings und des kleinen Kindes auf die Person, die die Gesellschaft ihm als Gegenüber zum eigenen Angewiesensein hingestellt hat, die Mutter. Es gibt vielfältige Möglichkeiten, das Überleben und Fortwirken frühkindlicher Sichtweisen in der Gesellschaft zu beobachten, nur: Für ein zureichendes Verständnis realer Zusammenhänge können wir sie nicht gebrauchen. Auf sie aber greift die Psychologie regelmäßig zurück, sobald es um die Mutter geht. CHODOROW (1978, 82) ist bei ihrer ausführlichen Untersuchung des Beitrags der Psychoanalyse zum Verständnis der Mutter-Kind-Beziehung darauf gestoßen, daß Analytiker in frageloser Selbstverständlichkeit davon ausgehen, daß die Bedürfnisse und Interessen einer Mutter restlos identisch sind mit denen des Kindes. Dabei werden allein die Bedürfnisse des Kindes aus dessen realer Lebenssituation heraus bestimmt; die Mutter hingegen hat diese Bedürfnisse, weil das Kind sie hat. CHODOROW fragt sich, ob nicht die Erwartungen eines Säuglings an die Mutter, dessen Wunsch, sie solle ausschließlich, vorbehaltlos und jederzeit für ihn verfügbar sein, sich in den Theorien unbedacht übernommen, wiederholt und weitergetragen werden. Denn daß die ganze Seele einer zur Mutter gewordenen Frau in der selbstlosen Zuwendung zum Kind lebt, wäre in der Tat die Erfüllung der infantilen Wunschhaltung. Die Wirklichkeit ist vielmehr, wie wir wissen, daß eine Frau eine Person im eigenen Recht ist, der neben dem Kind auch andere Menschen und andere Aufgaben wichtig bleiben. Im übrigen kann sie nur deshalb die sozialisierende "Brücke" des Neugeborenen zur Teilhabe an der Gesellschaft sein. Als solche kommt sie aber in der Sicht der Analytiker nicht vor, wie CHODOROW zeigt; vielmehr führt man den Vater als notwendiges Drittes im Dreieck ein, um dem Kind den Weg in die Gesellschaft zu öffnen.

Eine solche psychologische Sicht auf die Mutter hat keinen Begriff von gelingender Generativität. Denn dieser wäre ein Prozeß, worin die Bedürfnisse von (mindestens) drei Beteiligten - Frau, Mann, Kind; aber durchaus auch mehrere Erwachsene mit mehreren Kindern - unter Achtung ihrer aller Berechtigung sich miteinander vermitteln. Begrenzte Regression von Mutter u n d Vater auf die psychische Ebene des Kindes, aber auch dosierte Begegnung des Kindes mit dem Erwachsensein, der Eigenständigkeit auswärtiger, in der Eltern-Kind-Beziehung nicht enthaltener Interessen und Bindungen würden gleichwertige Bestandteile einer Beziehung, die keineswegs einfach oder instinktiv sich von selbst ergibt. Die Phantasien, angstbesetzte Projektionen und Wunschbilder des Kleinkindes sind dessen Beitrag zu einer generativen Beziehung, nicht aber deren wahres Abbild und deren Gesetz.

Es geht nicht an, die Weltsicht des Säuglings als die ganze Wirklichkeit zu nehmen. Wenn das kleine Kind die Mutter mit magischer Allmacht ausstattet, so folgt daraus wohl kaum, daß sie tatsächlich zaubert. Ebensowenig ist ihr ein unfehlbares Instinkt gegeben, die Wünsche und Bedürfnisse des Kindes zu erahnen; vielmehr lernt sie - wie jede, auch männliche Bezugsperson - durch Erfahrung und sinnlicher Kommunikation Signale zu deuten und zu beantworten. Eine emotionale Bereitschaft zu lernen ist gewiß dafür nötig. Doch gibt es keine sichere Eingebung, die vor aller Erfahrung die Mutter wissen ließe, ob das Kind aus Hunger schreit, weil das Badewasser zu warm oder zu kalt ist oder weil das Licht vom Fenster blendet. Auch ist die innere emotionale Bereitschaft, sich in die Lage eines Säuglings hineinzuversetzen, um auf dessen Bedürfnisse zu antworten, nur ein Bestandteil eines gesamten Bedingungsgefüges, das Art und Ausmaß der Macht von Müttern bestimmt. Um mächtig zu sein, über Befriedigung oder Versagung zu bestimmen, muß eine Mutter reale Möglichkeiten haben, den kindlichen Bedürfnissen Befriedigung zu verschaffen.

S. ANSELM beginnt ihren Aufsatz über "Die zweideutige Macht der Mütter" mit der Feststellung: "Die Macht der Mütter ist selbstredend nicht die Macht der Frauen. Die Mütter haben ihre Macht aufgrund der Ohnmacht der neugeborenen Kinder. Ob die Frauen, die Mütter sind, selbst mächtig sind oder nicht, etwas im sozialen Leben repräsentieren oder nicht - durch die Kinder und aus der Sicht der Kinder, wenn man bei ihnen von Sicht sprechen kann, haben Mütter Macht" (ANSELM 1985, 66).

Dies ist ein Fehlschluß, der nur aus der Identifizierung mit der Sicht des Kindes begreiflich wird. Aus der Sicht der Mütter ist es reines Wunschdenken, daß die Bedürftigkeit eines anderen mir schon dadurch die Macht verschaffen würde, Abhilfe zu geben oder zu verweigern. Um ein berufliches Beispiel zu nehmen: Wenn ein Klient mittellos und schwach ist, sein Leben aus den Fugen gerät, so hat zwar die Sozialarbeiterin eine bessere Chance, im Konfliktfall gegen ihn etwas durchzusetzen. Die Macht aber, die der Klient von ihr erhofft und die sie vielleicht gerne hätte - Versorgungsmacht, Erziehungsmacht, die Macht, Wünsche zu erfüllen -, wächst ihr nicht durch die Ohnmacht ihres Klienten zu, sondern besteht nur in dem Maße, wie sie über Ressourcen verfügt.

Wenn wir wissen wollen, ob Mütter Macht haben, müssen wir nach ihren Ressourcen sehen. Dann ist dreierlei zu fragen:

- Haben Mütter das nötige W i s s e n , können sie erkennen und verstehen, was ihre Kinder benötigen, um überhaupt zu gedeihen? Wissen sie, wie sie handeln müßten, damit ihre Kinder so werden, so wie sie es selbst möchten und wie die Gesellschaft sie auch akzeptieren wird?
- Haben Mütter das freie E r m e s s e n , das unabhängige Entscheidungsbefugnis darüber, was ihren Kindern zukommt und wie mit ihnen umgegangen wird?
- Haben Mütter die konkreten M i t t e l , ihren Kindern das zu geben, was diese brauchen? Steht das, was sie ihren Kindern möglicherweise vorenthalten, ihnen selbst überhaupt zur Verfügung?

Nur wenn Mütter diese Ressourcen von Wissen, von Autonomie/Entscheidungsfreiheit und von konkreten Mitteln haben, gibt ihnen die Bedürftigkeit der Kinder reale Macht. Daran ersehen wir, wie sehr die gängigen Thesen der Psychologie ein Mittelschichtsmodell voraussetzen. Der Schluß von Ohnmacht auf Macht impliziert eine Mutter, die zu Hause das Kind selbst versorgt, dazu zureichend über Information und Kommunikation über kindliche Bedürfnisse verfügt, und schließlich die nötigen konkreten (materiellen wie kulturellen) Mittel hat. Ferner ist die Gewährung oder Versagung der Befriedigung kindlicher Wünsche als ihre souveräne Entscheidung gedacht, als sei sie in ihren Wertsetzungen und Erziehungsentscheidungen selbst bestimmt, nicht zum Beispiel von einem Mann unterdrückt oder gezwungen, sich fremden Launen oder Belieben unterzuordnen. Die Mutter, dessen Kind hungert und friert, weil sie es den Tag über allein am Bettgestell angebunden lassen muß; die Mutter, die abends und am Wochenende die Kinder zu braver, nahezu regungsloser Ruhe zwingen muß, weil der Mann sie sonst schlägt - wäre es nicht Zynismus, sie mächtig zu nennen, weil das Kind unter diesen Maßnahmen, die sie ausführt, leidet?

Selbst dann allerdings, wenn die Ressourcen einer Mutter leidlich ausreichend sind, vergißt die Machtzuschreibung gänzlich die Seite der Tätigkeit des Kindes. Denn Kinder sind nicht knetbare Masse, reine wartende Bedürftigkeit, sondern eigenwillige, widerständige, unberechenbare Kreatur. Je wichtiger es der Mutter ist oder sein muß, w i e ihr Kind wird (die Zuschreibung einer mißlungenen

Erziehung als Versagen der Mutter kann ja materiell oder moralisch böse Folgen für sie haben), desto mehr stellt die Eigenlebendigkeit des Kindes von früh an eine Macht dar, die der Mutter gegenübertritt. Wer eine Autoreise mit Kleinkind unternimmt und nicht geschickt dafür sorgt, daß das Kind sich ausreichend wohlfühlt, kann die reine Hölle erleben. In unseligen Situationen erleben gerade Frauen, die etwas mehr Ressourcen und Möglichkeiten für eine "kindergerechte" Erziehung haben, daß sie sich der Macht des Kindes unterwerfen müssen.

Der Zusammenhang, der im Elend fehlender Ressourcen ebenso in der Balance wohlabgesicherter kindzentrierter Erziehung sichtbar wird, ist dies: Es ist gerade das Fehlen realer mütterlicher Macht, die im Kind das intensive Erleben eigener Ohnmacht und die projektive Phantasie mütterlicher Macht hervorbringt. Je geringer die reale Macht der konkreten Mutter, desto größer die ihr in der Phantasie des Kindes zugedichtete Macht. Das wird zwar in der weiteren Entwicklung durch Verständnis der Realität relativiert, doch solange die gesellschaftliche Erwartung an Fürsorglichkeit ausschließlich an die Figur der Mutter gebunden ist, erzeugt die Ohnmacht des Neugeborenen sozusagen eine rückwirkende Phantasie, daß diese Mutter, wenn sie gewollt oder gekonnt hätte, das Kind beschützt, beglückt und umsorgt hätte. Erfahrungen von Verzweiflung und Verlassenheit verstärken den Wunsch nach der Person, die da geholfen hätte; es entsteht die Phantasie der mütterlichen Macht, die dies alles hätte erfüllen sollen. Das reifere Verständnis für die begrenzten Möglichkeiten der eigenen Mutter löscht diese Wunschvorstellung keineswegs aus. Sie ist die sozialpsychologische Grundlage für alle politischen Strategien, die die "sanfte Macht der Familie" und insbesondere die Macht der fürsorglichen Mutter beschwören.

2. Phantasien über Müttermacht in der Helferin-Beziehung

In den theoretischen Modellen, den Erklärungen und Strategien für die helfenden Berufe, die in Ausbildung und Fortbildung empfohlen werden, stellt die Mutter mit unhinterfragter Selbstverständlichkeit das dar, was das Kind im Manne noch immer wünscht, daß sie es sein solle. Insoweit eignet sich die Ausbildung zu psychosozialen Berufen dazu, archaische kindliche Phantasien über die Macht der Mutter zu bestätigen und sie gegen widersprechende Realitätserfahrungen abzuschotten. Dies wäre schon Grund genug zur kritischen Überprüfung dieser Vorstellungen.

Darüber hinaus jedoch sprechen drei Gründe dafür, daß bei Frauen die Säuglingsphantasie über die Macht der Mutter in besonderer Weise reaktiviert wird, wenn sie in einer professionellen Helferin-Klientin-Beziehung einander begegnen.

1. Therapie und Beratung bilden ein Angebot, das dazu geeignet ist, Anlehnungs- und Versorgungsbedürfnisse zu aktualisieren. Die Frau wird zur Klientin, indem sie Schwäche und Bedürftigkeit eingesteht; eine Infantilisierung liegt dann sehr nahe. Die Helferin hat aus eigenem Anspruch so wie aus ihrer institutionellen Aufgabe die Pflicht, Stärke (jedenfalls die Abwesenheit störender eigener Probleme), Kompetenz und Fähigkeit zur Hilfe zu zeigen. Wenn dieser Anspruch darin besteht, die Klientin zur Selbsthilfe zu unterstützen, so knüpft auch dies an die Mutterrolle an, die ja das Kind zur Verselbständigung helfen soll. Gerade wenn die "Versorgungsmacht" abgelehnt wird, kommen Phantasien erzieherischer Macht oft zum Zuge. ("Ich fülle keine Anträge *für* Frauen aus, sondern höchstens *mit* ihnen, weil sie ja lernen sollen, selbst ihre Ansprüche bei den Behörden durchzusetzen." Wenn sie das aber gar nicht lernen wollen? Oder können?) Die Erwartungen der Helferin an sich selbst und ihre Fähigkeit, die Erwartungen ihrer Klientinnen an sie zu ertragen, wird also in nicht geringem Maße davon beeinflußt, wie sie die Vorstellungen von Muttermacht verarbeitet hat, die aus der eigenen Kindheit stammen und die in kollektiven Phantasien über Weiblichkeit ihr weiterhin nahegelegt werden.
2. Ist die Klientin zudem noch real Mutter, so unterliegt jede Helferin leicht der Zielvorgabe, sie durch Beratung, Nacherziehung oder Therapie dahin zu bringen, eine zureichende oder gar eine gute Mutter zu sein. Es ist für die Helfer-Beziehung nicht gleichgültig, ob die Klientin den Ansprüchen an eine "gute Mutter" entspricht, unabhängig davon, ob sie deswegen Hilfe gesucht hat oder nicht. So kommt es vor, daß zum Beispiel engagierte Praktikantinnen in einem Frauenhaus zunächst mit großem Idealismus zu Werke gehen, jedoch sich dann enttäuscht zurückziehen, weil die "Opfer", denen sie helfen wollten, auch "Täterinnen" sind: Sie vernachlässigen ja manchmal ihre Kinder, einige schlagen sie sogar. Bald zweifelt die Helferin daran, ob solche Frauen es wert sind, daß wir sie in einem Frauenhaus

vor Mißhandlungen schützen. Bei der Therapie wird es zuweilen ärger, wenn die Heilung mit der Entdeckung eines gesundes Kinderwunsches verknüpft wird, ohne daß es in den Aufgabenbereich der Therapie fiele, der Frau die Ressourcen verfügbar zu machen, dieser Aufgabe auch gerecht zu werden. Wenn auch Frauenberatung/Frauentherapie den Anspruch erhebt, für Frauen parteilich zu sein, so mag dennoch die tiefe Identifizierung der Helferin mit den Erwartungen eines Kindes an die Mutter stärker sein. Es geschieht dann, daß die Helferin die Klientin auf den Vorrang der Interessen des Kindes zu verpflichten beginnt. Dabei käme es möglicherweise gerade darauf an, gegen allen gesellschaftlichen Druck die Frau dazu zu ermutigen und ihr zu verhelfen, die eigenen Bedürfnisse und Interessen frei von einer Verpflichtung auf das Kind zu entdecken, um dann mit ihr den Weg zu suchen, ob und wie diese Interessen mit denen eines Kindes zu vereinbaren wären.

3. Die Helferin befindet sich in aller Regel in einem ähnlichen Zwiespalt gegenüber ihrer Klientin wie die wirkliche Mutter gegenüber ihrem Kind. Sie erlebt die Bedürftigkeit auf der einen Seite, die eigene Ohnmacht, die Bedingungen wirklich zu verändern, auf der anderen. Sie vermag ihrer Klientin, ihrem Kind nicht eine Lebenswelt zu verschaffen, in der diese als über sich selbst bestimmende, eigenständige Person materiell abgesichert und anerkannt leben kann. Dieser Widerspruch zwischen dem eigenen Bestreben, den Bedürfnissen des schwächeren Teils gerecht zu werden und ihn zu stärken, und der umgebenden Realität, die ihn wieder kleinmacht, wird von einer Helferin zum Teil ähnlich verarbeitet wie oft bei einer Mutter. Die eigene Ohnmacht kann verleugnet werden, wenn der Klientin die Schuld für das Mißlingen einer Veränderung ihres Lebens zugeschoben wird. Auf der Seite der Klientin wiederum kann die Phantasie, daß eine Mutterfigur ihre Macht verweigert, die Haltung gegenüber der Helferin bestimmen, was als Anspruchshaltung und Versorgungserwartung oder aber Enttäuschung und Wut sich äußern kann. Die schmerzhafte Realität, daß die Helferin nie die Ressourcen und nie die Macht hatte, den notwendigen Bedürfnissen der Klientin gerecht zu werden, wird durch diese Gefühle abgewehrt.

3. Mütterliche Praxis

Statt sich weiter im Irrgarten der Säuglingsphantasien über Muttermacht zu verrennen, empfehle ich den Versuch, die Versorgungsbeziehung von der Mutter her zu betrachten. Was bedeutet die Erfahrung, für das Gedeihen und Wachsen eines Menschenkindes verantwortlich zu sein, sich diesem Kind wesentlich und innig verbunden zu fühlen und zugleich an der Gesellschaft wissen und verstehend teilzuhaben. Welches Modell mütterlicher Macht können wir aus den Erfahrungen, Bedürfnissen und Interessen von Müttern gewinnen? Als Frauen von der Mutter her zu denken verlangt von uns, die Versorgung von Kindern als eine gesellschaftliche Praxis zu sehen, als einen Teil des wirklichen kooperativen Handelns, mit dem die Menschen ihr Leben und das der nachfolgenden Generation reproduzieren. Mit der Benennung dieses Handelns und dieser Erfahrung als "mütterlicher Praxis" wird nicht gesagt, daß sie notwendig dem weiblichen Geschlecht zugeordnet oder der physiologischen Geburt verbunden sein muß. In unserer Kultur ist aber die Person, die diese Aufgabe erfüllt oder zu erfüllen hat - gegebenenfalls hätte erfüllen sollen - eine "Mutter". Noch sind Männer, die diese Aufgabe übernehmen, im günstigen Fall "mütterlich", weil unsere kulturelle Konzeption der Väterlichkeit überhaupt keinen Platz für den innigen und dennoch verantwortlich erwachsenen Bezug zur vollen Infantilität hat, sondern immer den Gegenpol zur Verschmelzung, die Distanz und die Kommunikation mit dem schon ausgebildeten Ich des Kindes beinhaltet. Erst wenn in großer Zahl und in unsere bewußte und unbewußte Kultur integriert Frauen väterlich und Männer mütterlich geworden sind, wird es möglich sein, einen gehaltvollen Begriff des Eltern-Seins zu bilden, der nicht nur falsche Abstraktheit oder moralische Verlogenheit weiterträgt.

Wie aus jedem anderen Bereich gesellschaftlichen Handelns entspringt der mütterlichen Praxis eine spezifische Sicht der Welt, eine von dieser Praxis bestimmten Art zu denken und auch eine moralische Haltung. Da die mütterliche Praxis den Umgang mit radikaler Ohnmacht umfaßt, jedoch selbst keineswegs als Zauberkraft oder Allmacht erfahren wird, da sie mit dem klassischen Modell, die Ohnmacht ihres Gegenübers als Chance der Durchsetzung des eigenen Willens zu nutzen, nichts Sinnvolles anfangen kann, vermag sie insbesondere ein Modell von Macht hervorzubringen, das weder mit der Säuglingsphantasie noch mit dem patriarchalen Herrschaftsmodell zusammenfällt. Allerdings bedeutet dies keineswegs, daß Mütter empirisch und in der Regel besser denken, moralisch höherwertig handeln, sorgfältiger und gerechter mit Macht umgehen würden. Die mütterliche Praxis strukturiert die moralischen Entscheidungen anders als andere Praxisbereiche, garantiert aber keineswegs, daß sie immer oder auch nur im Durchschnitt gut gelöst werden. Ebensowenig wie die Beherrschung der psychologischen Denkweise garantiert, daß jede Psychologie zutreffende Aussagen macht, bedeutet die spezifische Weltsicht der mütterlichen Praxis keineswegs, daß Mütter automatisch die Wirklichkeit richtiger sehen. Es handelt sich vielmehr um Möglichkeiten, die wir erst ausloten müssen, um die latente Infantilität herrschender Vorstellungen zu überwinden.

Unsere Wahrnehmungen und Gedanken sind einerseits von unserem jeweiligen Erkenntnisinteresse geprägt - von der emotionalen, praktischen und politischen Bedeutsamkeit von Ereignissen und Möglichkeiten; unser Sinn dafür, was beachtet werden muß, bestimmt unsere Auffassung dessen, was da ist. Andererseits erfordert jede kognitive Ordnung der Welt eine Abstraktionsleistung, eine Auswahl, die einiges systematisch als unwesentlich ausklammert. Der selektive Blick des Denkens wird auch jeweils von einer gesellschaftlichen Praxis getragen, die das Nebensächliche in der Tat zu vernachlässigen vermag. Schon aus diesem Grunde vermutet D. SMITH (1979), daß Frauen eine andere Wissenschaft entwickeln könnten als die bisherige männlich geprägte, die auf der tatsächlichen Praxis von Männern aufgebaut ist, die Bewältigung der chaotischen Vielfalt des Alltags Frauen zu überlassen.

S. RUDDICK (1984) hat den Versuch unternommen, das spezifische Erkenntnisinteresse zu bestimmen, das aus der mütterlichen Praxis hervorgeht. Sie beschreibt drei Dimensionen:

- Das Interesse, das Leben des Kindes zu erhalten. Daraus erwächst eine Beziehung zur Welt, die die Erhaltung dessen, was da ist und dem Leben dienlich sein könnte, an erste Stelle setzt, während der Erwerb nachrangig bleibt.
- Das Interesse, das Wachstum des Kindes zu fördern. Erhalten kann sie nur, indem das Kind sich entwickelt und verändert. Dies begründet eine Art des Lernens, das nicht auf der Annahme basiert, das nun einmal Gelernte festhalten und zukünftig anwenden zu können. Zuverlässiges Wissen ergibt sich nicht aus der Wiederholbarkeit von Erkenntnisprozessen durch andere Menschen unter anderen Bedingungen, und Gültigkeit ist zeit- und situationsgebunden, aber nicht deshalb ungewiß.

- Das Interesse, ein annehmbares Kind zu formen. Welche Erziehungsziele auch immer eine Mutter hat, sie muß daran interessiert sein, daß das Kind so wird, daß es in der Gesellschaft, in der sie lebt, einen Platz finden kann, von anderen Menschen angenommen wird, aber auch so, daß sie selbst es mögen und schätzen kann. Die Beziehung mütterlicher Praxis zu Werten ist daher von einer fundamentalen Spannung geprägt, die unter Bedingungen der relativen Ohnmacht von Müttern sich zu dem Zwang steigern kann, Komplizin der eigenen Machtlosigkeit, der Unterwerfung eigener Werte unter denen einer frauen- und kinderfeindlichen Umwelt zu werden. Elementar in der mütterlichen Praxis enthalten ist aber die Unmöglichkeit, Werte zu individualisieren und dem Konflikt durch Nichteinmischung aus dem Weg zu gehen. Die Zentralität des "Prinzips Bindung" gegenüber dem Prinzip der Trennung, die C. GILLIGAN (1982) aus der töchterlichen Sozialisation ableitet, ließe sich vielleicht als Erkenntnisprinzip mütterlicher Praxis genauer fassen: In ihrem Rahmen ist es nicht denkbar, daß Beziehungen erst infolge von Überlegungen und Entscheidungen gebildet und bei Unzufriedenheit wieder gelöst werden können, sondern es gibt eine notwendige Verbundenheit der Menschen miteinander, aus der vielmehr die Frage erwächst, wie damit umgegangen wird.

Schließlich wäre zu erwägen, ob nicht die Sichtweise der mütterlichen Praxis den Blick für eine andere Konzeption dessen eröffnet, was Macht sein könnte. Der Begriff von Durchsetzung gegen Widerstand (M. WEBER) ist eher der negative Grenzfall, wenn die Spannungen innerhalb dieser Praxis sich zu Widersprüchen gesteigert haben, oder sie ist eine vorübergehende Zwischenstufe in einem Prozeß, an dessen vorläufiges Ende es die Gegenüberstellung von Sieger und Verlierer nicht geben kann. Die Macht, die in der mütterlichen Praxis erfahren wird, kann mit der Formulierung von S. ANSELM erfaßt werden: Es geht um eine Macht, die den Kindern zur Selbstmächtigkeit verhilft. Wir haben schon oben gesehen, daß gerade das Vorhandensein von Ressourcen und die Chance, sich um adäquate Erziehung eines "annehmbaren" Kindes zu kümmern, zwar die reale Macht der Mutter (verglichen mit Bedingungen von Armut und Mangel) steigert, zugleich aber die relative Macht des Kindes ihr gegenüber. Andererseits hatten wir vermerkt, daß die fantasierte Allmacht der Mutter um so größer dimensioniert gerät, desto mehr sich das Kind schutzlos einer feindlichen Umwelt ausgesetzt fühlt. Wir können jetzt als Merkmal der mütterlichen Praxis zusammenfassen, daß die darin enthaltene Macht für beide Teile wächst oder schrumpft. Je mehr reale mütterliche Macht da ist, desto mehr Macht hat auch das Kind, und umgekehrt; Macht ist nicht das schlichte Gegenstück zur Ohnmacht und taugt nicht recht zur Herrschaft.

Diese Skizze des Gehalts mütterlicher Praxis fordert dazu auf, die Frau, die handelnde Person in der Figur der Mutter zu sehen. Möglicherweise könnten wir aus den Erfahrungen, die Frauen bei der mütterlichen Praxis machen, andere, weniger fatale Modelle für die helfende Beziehung im Beruf gewinnen. Die Mutter als Subjekt einer eigenständigen Praxis (statt als Erfüllungsgehilfin regressiver Sehnsüchte und Schuldige an allen Lebensproblemen ihrer Kinder) zu sehen und sie in dieser Sicht ihres eigenen Lebens zu bestärken, kann sie davon befreien, auf dem Weg über die Kinder sich den eigenen Wert beweisen zu müssen. Dies ist letztendlich auch den Kindern gegenüber verantwortlicher als die unreflektierte Tradierung der Sicht des Säuglings als Anspruch an eine gute Mutter. Die mütterliche Praxis kennt Versorgungs- und Erziehungsmacht nur als flüchtige und partielle Bestandteile einer Beziehung, die strukturell letztendlich auf die Selbstverantwortlichkeit beider Teile und auf die Vermittlung ihrer jeweiligen und unterschiedlichen Interessen miteinander zielt. Dieses Selbstverständnis einer helfenden Beziehung impliziert Gleichmächtigkeit beider Seiten, ist aber in dem Maße allenfalls punktuell erfahrbare konkrete Utopie, solange die Beziehung selbst nicht die Ressourcen zur Verwirklichung ihrer selbstgesetzten Ziele hat. Dies zu verändern wäre eine politische Aufgabe.

Literaturverzeichnis

ANSELM, Sigrun: Die zweideutige Macht der Mütter, in: Theorien weiblicher Subjektivität, Frankfurt 1985, S. 66-91

CHODOROW, Nancy: The Reproduction of Mothering, Psychoanalysis and the Sociology of Gender, Berkeley 1978

DINNERSTEIN, Dorothy: The Mermaid and the Minotaur, Sexual Arrangements and Human Malaise, New York 1976 (deutsch: Das Arrangement der Geschlechter, Stuttgart 1979

GILLIGAN, Garol: Die andere Stimme, Lebenskonflikte und Moral der Frau (In a Different Voice, 1982), deutsch München 1984

HAGEMANN-WHITE, Carol: Frauenbewegung und Psychoanalyse, Frankfurt 1979

RUDDICK, Sara: Maternal Thinking, in: Trebilcot, Joyce (Hg.): Mothering, Essays in Feminist Theory, Totowa 1983, S. 213-230

SMITH, Dorothy: Towards a Sociology for Women, in: Sherman, Julia/Beck, Evelyn (Hrsg.): The Prism of Sex, Madison 1979

Birgit Rommelspacher

MÜTTERLICHKEIT UND PROFESSIONALITÄT

Soziale Berufe sind nach wie vor in erster Linie Frauenberufe. 85% der Beschäftigten im Sozial- und Gesundheitsbereich sind Frauen (BMJFG 1984). Warum wählen Frauen - mit qualifiziertem Bildungsabschluß - heute noch bevorzugt soziale Berufe?

Ist es nach wie vor die "soziale Mission" der Frau, wie es Alice SALOMON vor rund 80 Jahren formulierte, anderen zu helfen, zu retten, zu dienen? Sind es noch dieselben gesellschaftlichen Leitbilder, dasselbe Selbstverständnis, dieselben sozialen Steuerungsmechanismen, die die Berufswahl von Frauen bestimmen , obgleich sich doch die gesellschaftlichen Verhältnisse und damit auch die Geschlechterverhältnisse, also auch das Rollenverständnis von Frauen und Männern inzwischen erheblich gewandelt hat?

Gewandelt hat sich etwa das Rollenverständnis der Frauen dahingehend, daß Berufstätigkeit heute in den "Rang einer sozialen Selbstverständlichkeit" (SCHMIDTCHEN 1984) gerückt ist und nicht mehr wie seinerzeit von den Frauen bürgerlicher Kreise als Geschenk der Gesellschaft begriffen wird, als etwas, das sie erbitten müssen und wofür sie dankbar zu sein haben (nach dem Motto: Mein Lohn ist, daß ich darf!). Vielmehr ist Berufstätigkeit ein Anspruch und Recht geworden.

Auch das Berufsverständnis hat im sozialen Bereich einen entschiedenen Bedeutungswandel erfahren: sind es heute Motive von Selbstverwirklichung und sozialem Engagement - mit Menschen zu tun haben wollen -,die eine Berufswahl begründen, so waren es früher karitative Motive im Sinne des "Daseins für andere", der Wohltätigkeit als wohlmeinender Fürsorge der bessergestellten Frau der armen Schwester gegenüber, um deren Nöte zu lindern und sie auf den richtigen Weg zu führen (PETERS 1984).

Trotz dieses offensichtlichen Bedeutungswandels von Berufstätigkeit und sozialem Engagement gibt es allerdings eine Reihe "stabiler Daten", die in diesem Zusammenhang bemerkenswert sind:

- Entgegen der landläufigen Auffassung hat sich die Erwerbsbeteiligung von Frauen seit Anfang dieses Jahrderts nicht sehr stark verändert. Der Anteil der Frauen an den Erwerbstätigen insgesamt schwankt um 1/3 und die Erwerbsquote von Frauen im erwerbsfähigen Alter bewegt sich zwischen 45 und 51%. Lediglich die Berufstätigkeit der Frauen in den mittleren Altersgruppen und der Mütter ist auf Kosten jüngerer und älterer Frauen angestiegen (PETERS 1984 und WILLMS 1983).
- Ebenso geringe Veränderungen finden wir bezüglich der geschlechtsspezifischen Berufswahl. Frauen wählen Frauenberufe - und Männer Männerberufe. Diese geschlechtstypische Trennung des Arbeitsmarktes zählt zu den dauerhaftesten Merkmalen moderner Gesellschaften und nimmt in der Tendenz eher noch zu. (Hätten beispielsweise Frauen der Vorkriegsgeneration zu 44% ihren Beruf wechseln müssen, damit man für sie dieselbe Berufsstruktur bekommen hätte, wie für Männer, waren es für die Nachkriegsgeneration bereits 48%. (BLOSSFELD 1986.)
- Schließlich hat sich in der Familie die Arbeitsteilung zwischen den Geschlechtern so gut wie nicht verändert. Frauen sind nach wie vor für die Erziehung von Kindern und für den Haushalt zuständig, während Männer sich nicht darum kümmern, gleichgültig ob ihre Frau berufstätig ist oder nicht (BRIGITTESTUDIE 1986). Dies ist um so erstaunlicher, als die große Mehrzahl der Männer sehr wohl der Auffassung ist, daß Frauen im Beruf dieselben Chancen haben sollten, als sie ebenfalls ganz überwiegend der Auffassung sind, daß Mädchen nicht nur für die Frauenrolle erzogen werden sollten (SCHMIDTCHEN 1984). Desungeachtet demonstrieren sie durch ihr faktisches Verhalten ihren Töchtern und Söhnen gegenüber tagtäglich, daß Hausarbeit und Kindererziehung ausschließlich Frauensache ist.

Die Ursache für den eklatanten Widerspruch zwischen Egalitätsnormen einerseits und der völligen Überlastung der berufstätigen Frau in der Familie andererseits sehen die Forscherinnen der BRIGITTE-STUDIE in der Gleichsetzung der Frauenfrage mit der Kinderfrage. Hier zeige sich die stabilste Bastion gegen die Gleichstellung der Frau. Die von Männern behauptete Unersetzbarkeit der Mutter für die Kinderbetreuung erweise sich von großem strategischem Wert für die Rechtfertigung der traditionellen Arbeitsteilung zwischen Männern und Frauen (siehe oben). Das soziokulturelle Muster von Mütterlichkeit läßt trotz neuer Rollenverständnisse die alten Verhältnisse immer wieder neu herstellen. Der Vorrang des Mütterlichen vor dem Weiblichen (IRIGARAY 1977) bestimmt jedoch nicht nur die Arbeitsteilung in der Familie, sondern wirkt sich auch auf die Arbeitswelt aus. Denn es besteht ein innerer Zusammenhang zwischen den Aufgaben der Frau in der Familie und ihrer Position im Beruf.

1. Mütterlichkeit und geschlechtsspezifischer Arbeitsmarkt

Dieser Zusammenhang zwischen privater Rolle und beruflicher Position von Frauen zeigt sich deutlich in der Sozialgeschichte. Mit der Industrialisierung und der starken Aufwertung der "Ware Arbeitskraft" führte die neue Wertschätzung des Kindes zu einer starken Aufwertung der Frau als Mutter, bei gleichzeitigem Ausschluß der Frauen der bürgerlichen Kreise aus dem gesellschaftlichen Leben (BADINTER 1981). Zugleich schrumpfte das "große Haus" der bürgerlichen Familie auf die moderne Kleinfamilie zusammen und setzte somit zahlreiche ledige und verwitwete Frauen "frei", deren eigentliche Berufung doch in der Familie und Mutterschaft liegen sollte. Ersatzweise wurden sie zu "Müttern der Nation" und hatten als Lehrerinnen oder als Fürsorgerinnen und Armenpflegerinnen ihren armen Schwestern im Proletariat die "richtige Lebensform" - nämlich die bürgerliche Familie - zu propagieren: eine Lebensform also, die sie selbst ausgeschlossen hatte (PETERS 1984).

Der Zugang zum Beruf wurde ihnen jetzt nicht mehr verweigert, sondern lediglich nach einem neuen Plan gesteuert. Dies hatte nach DONZELOT (1980) eine Reihe von Vorteilen:

- Die Frauen übten in ihrem Beruf die Aufgaben aus, die sie sonst auch in der Familie übernehmen sollten: Beruf und Familie erwiesen sich als ein sich gegenseitig verstärkendes System.
- Der direkten Konkurrenz zwischen Männern und Frauen auf dem Arbeitsmarkt wurde durch die Schaffung typischer Frauenberufe ausgewichen.
- Die Frauen nahmen in ihren Berufen nur Positionen ein, die in einem Unterordnungsverhältnis zu den Berufen der Männer standen. Dies entsprach ganz der Szenerie in der Familie.

DONZELOT zitiert hier beispielsweise das dictionaire de la santé (1876): "Mein Streben geht dahin, die Frau zur vollkommenen Krankenwärterin zu machen, die alles begreift, und vor allem dieses, daß ihre Rolle nirgends anders liegt, als in der Hilfe. Die Rollen der Mütter und der Ärzte sind klar geschieden, und sollen es auch bleiben, der Arzt schreibt vor, die Mutter führt aus."

Wurden diese männlichen Übereinkünfte über die Rolle der Frauen in Familie und Beruf bereits im 19. Jahrhundert getroffen, so können wir aus den heutigen Statistiken folgendes Bild ablesen:

Obgleich Frauen heute - im Prinzip - zu allen Berufen Zugang haben und obgleich das Ausbildungsniveau von Frauen sich dem der Männer angeglichen hat, setzte sich der segregierte Arbeitsmarkt, die Trennung in Männer- und Frauenberufe im Laufe des Jahrhunderts über alle Qualifikationsniveaus hinweg konstant durch. Innerhalb desselben Berufsfeldes zeigt sich die geschlechtsspezifische Spaltung in einem stabilen Über-/Unterordnungsverhältnis von Männern und Frauen. Im Bereich der qualifizierten Dienstleistungen beispielsweise nehmen Männer 3/4 der übergeordneten Positionen, die sogenannten Professionen (1) ein, während Frauen lediglich zu einem Viertel bei den Professionen vertreten sind. In den diesen zugeordneten qualifizierten Hilfsberufen, den sogenannten Semiprofessionen (2) finden wir hingegen genau das umgekehrte Verhältnis: 3/4 davon sind Frauen und 1/4 sind Männer (BLOSSFELD 1984). Und schließlich finden wir auch noch eine geschlechtsspezifische Hierarchie innerhalb desselben Berufes in dem Sinn, daß Ärzte beispielsweise doppelt so viel verdienen wie Ärztinnen (SPIEGEL-STUDIE 1980). Dies gilt im übrigen nahezu für alle akademischen Berufe: Bei gleichem akademischen Abschluß verdienen Frauen 64% vom Einkommen der Männer, bei Fachhochschulabschluß sogar nur 57%. Es müßten Frauen um zwei Stufen höher qualifiziert sein als Männer, um etwa deren Einkommensniveau zu erreichen (ENGELEN-KEFER 1986).

Das Interesse der Männer an der Aufrechterhaltung dieser Arbeitsteilung ist offensichtlich. Wenn wir nun aber davon ausgehen, daß dieses Arrangement von beiden Geschlechtern getragen wird, so fragt sich, was ist das Interesse der Frauen, wo sind ihre Anteile, ihre Bedürfnisse und Motive, diese Verhältnisse immer wieder neu herzustellen?

2. Zur Berufsmotivation von Frauen

Übergreifendes Motiv von Frauen, einen sozialen Beruf zu ergreifen, ist der Wunsch "mit Menschen zu tun haben wollen". Dieses Motiv begegnete uns auch in unserer Untersuchung (3), bei der wir 48 Frauen und 8 Männer aus den psychosozialen Bereichen nach ihren Motiven, ihrer Arbeitszufriedenheit und ihren Perspektiven in ihrem Arbeitsfeld in halbstrukturierten Interviews befragt haben.

Bei weiterem Nachfragen ergab sich nämlich, daß der Wunsch mit Menschen zu tun haben wollen, sehr Unterschiedliches umfaßt:

Zum Beispiel gibt die Mehrheit der Frauen an, daß sie trotz dieses Wunsches diesen Beruf gar nicht selbst gewählt haben - gewählt im Sinne einer bewußten und positiven Entscheidung für diesen Beruf. Hingegen sind sie vielfach hineingeschlittert und hineingedrängt worden. Sie selbst formulieren es so, daß sie mehr oder weniger aus Zufall dort gelandet wären. Zufall, insofern sie oft keine andere Möglichkeit gehabt hätten, aufgrund ihrer Bildungsvoraussetzungen und ihrem Bildungsweg im Schmalspurgang. Zufall, aufgrund eingeschränkter beruflicher Möglichkeiten und auch in dem Sinne, daß sie vielfach sehr frühzeitig und eindeutig durch ihre Familie festgelegt worden wären, ohne daß sie je auf die Idee kamen bzw. die Möglichkeit hatten, Alternativen ins Auge zu fassen.

In der Berufsforschung unterscheidet man dementsprechend zwischen Berufsdriftern und Berufsplanern. Im folgenden nun ein Überblick über die verschiedenen Motivationen, wie sie sich in unserer Untersuchung gezeigt haben.

Berufsmotivation

A Berufsdrifterinnen

Einschränkungen durch den Bildungsweg 8
Subjektive Einschränkungen: Sich selbst oder von Eltern nicht anderes zugetraut, nichts anderes erlaubt, nichts anderes gekannt 6
Festlegung durch familiale Sozialisation: Vorbild Mutterrolle in der Familie: für andere verantwortlich 9

B Berufsplanerinnen

Umsteigerinnen/Aufsteigerinnen: Unzufriedenheit mit dem bisherigen Beruf. Bedürfnis nach persönlicher Wirksamkeit...16
Motivation aufgrund der persönlichen Biographie: Aufarbeitung der eigenen Geschichte, Vorbereitung für und Vereinbarung mit der Mutterrolle.......................5
Soziale und politische Motivation: Helfenwollen. Soziale Ungerechtigkeit beheben wollen................................4

25

Es ist mir nicht leichtgefallen, bei der Analyse der Interviews jede einzelne Befragte einfach einer bestimmten Kategorie zuzuordnen. Denn selbstverständlich spielt in jeder Biographie ein Komplex von vorgegebenen Bedingungen, von individuellen Möglichkeiten und subjektiven Wahrnehmungen eine Rolle, die dann den Berufsweg konkret bestimmen. Man könnte sogar soweit gehen zu sagen, daß in der Biographie jeder einzelnen alle hier genannten Elemente eine Rolle spielen und die Aufgliederung in dieser Tabelle eine Entfaltung des komplexen Bedingungsgefüges und der individuellen Bewertung ist, die in jedem Berufsweg sich verschränken. Immer spielt der Zufall eine Rolle, die Möglichkeit von Ausbildung und das Arbeitsplatzangebot, die Festlegung durch die familiale bzw. geschlechtsspezifische Sozialisation, die Angst vor ganz fremden Bereichen und die Ablehnung personenfremder Tätigkeiten. Allerdings haben diese verschiedenen Elemente in der Geschichte jeder einzelnen jeweils ein unterschiedliches Gewicht, die mehr oder weniger ausschlaggebend für den tatsächlichen Berufsverlauf sind.

Was allerdings nahezu durchgehend in den Interviews zum Ausdruck kommt, ist eine starke Widerständigkeit gegen die traditionelle Frauenrolle, ein ständiger Kampf im wiederholten Versuch, sich nicht auf die Familienrolle festlegen zu lassen, zu studieren, auch und obwohl Kinder zu versorgen sind. Eine Widerständigkeit auch in dem Sinn, sich nicht mit untergeordneten Positionen etwa als Erzieherin zufrieden zu geben oder sich nicht mit ihrer Unterforderung in einer Bürotätigkeit abzufinden zu lassen, sondern, trotz schwierigster Bedingungen, einen Schritt weiter zu gehen und beispielsweise zu studieren. In unserer Untersuchung sind es immerhin 24 von 48 Frauen, die sich ihre jetzige berufliche Position durch Aufstieg oder Umsteigen erarbeitet haben.

Aber an einer bestimmten Stelle hört der Berufsweg dann auf. Typische Verläufe sind die von der Erzieherin zur Diplompädagogin oder Psychologin; von der Sekretärin zur Sozialarbeiterin oder Lehrerin. Aber von der Sozialarbeiterin zur Amtsleiterin, von der Lehrerin zur Schuldirektorin oder von der Psychologin zur selbständig arbeitenden Therapeutin mit gut florierender Praxis bzw. sogar hin bis zu leitenden Positionen in Therapieausbildungsinstituten oder in der Universität - hier baut sich eine unsichtbare Schranke auf, die selten überwunden wird.

3. Professionalisierungsmuster von Frauen

Die beruflichen Orientierungen von Frauen und ihre Berufswege sind durch eine sogenannte Karrieredistanz (BECK-GERNSHEIM 1981) charakterisiert. Diese ist u.a. durch eine starke Personenorientierung begründet. Sie wollen mit Menschen und nicht mit Verwaltung oder Macht zu tun haben. Damit bleiben sie in der Regel dem Mann untergeordnet und bleiben damit trotz ihrer Berufstätigkeit der traditionellen Frauenrolle verhaftet.

Anders sieht es bei Männern aus, die einen sozialen Beruf ergreifen: Sie erschließen sich damit ein neues Feld, sind auf der Suche nach Interessantem und Neuem. Oder wie Christa ROHDE-DACHSER es formuliert: "Männliche Analytiker haben in der Therapeutenrolle sich einen sozialen Freiraum erobert, der es ihnen ermöglicht, weibliche Persönlichkeitsanteile auszuleben, ohne sich damit sozialer Diskriminierung auszusetzen und auf die anderen vorfindbaren Rollenprivilegien deshalb verzichten zu müssen" (1985, 55). In unseren Interviews begründen die Männer ihre Berufsmotivation weniger aus frühzeitigen, familialen Festlegungen, sondern vielmehr aus späteren Erfahrungen in der Jugend oder aus Kontakten mit anderen, wo sie gespürt haben, daß ihnen da etwas fehlt, das wichtig und spannend sein könnte. Sie sind weniger verwachsen mit der Rolle des Sorgenden und Helfenden und haben dementsprechend auch weniger Probleme im Laufe der Berufstätigkeit, sich Positionen zu erarbeiten, die eine größere Distanz zum Klienten beinhalten.

Hingegen sind die Frauen sehr viel mehr auf den unmittelbaren, persönlichen Kontakt angewiesen. Er ist ihnen wichtiger als berufliche Machtpositionen. Dahinter steckt allerdings auch ein nahezu unverwüstlicher Glaube, daß nur und ausschließlich in der unmittelbaren Beziehung die "eigentlichen Probleme" zu bewältigen seien. Wenn beispielsweise eine Juristin auf Sozialarbeit umsteigt mit der Begründung, daß im Gerichtssaal ohnehin schon alles zu spät sei, oder wenn sich eine Lehrerin zur Therapeutin umschulen läßt, um so wirksamer an die Probleme heranzukommen, oder Frauen Posten in der Wirtschaft und Verwaltung ablehnen mit der Begründung: Das sei nicht das Wesentliche, das Eigentliche - vielmehr komme es doch auf den Menschen an -, dann steckt in dieser großzügigen Verachtung allen mittelbaren Tuns ein fast magischer Glaube, daß nur im persönlichen Kontakt die einzige und wahre Quelle von Veränderung gefunden werden kann.

Dieser Glaube an die Kraft der eigenen Person und die personale Beziehung wird allerdings relativiert und gebrochen durch das System beruflicher Kompetenz. Zur Illustration dazu ein Auszug aus einem Interview mit einer Psychologin:

Sie selbst kommt, wie sie sagt, aus der Unterschicht und arbeitet jetzt wieder mit Unterschichtsfamilien. Sie leidet in ihrer Arbeit vor allem unter dem Gefühl der Inkompetenz und andererseits den Erwartungen, daß sie die Probleme alle lösen könnte. "Ich kann eigentlich nicht viel tun. Bei dem ganzen Elend, das manchmal in den Familien auf mich zukommt, so daß ich manchmal wütend auf mich werde, weil ich eigentlich studiert habe, warum ich mich eigentlich soweit entfernt habe von dem, was ich einmal war." Und: "Die Psychologie kommt mir oft so vor wie eine Flucht in die Theorie, in die Methode, in das Gespräch, anstatt einfach unter die Leute zu gehen und ihnen zu helfen ... Und es geht mir dann oft so, daß ich ein Gefühl von Scham habe, oder auch so ein Gefühl von Exklusivität - was hast du denn eigentlich da gemacht ... irgendwie fühle ich mich da auch so unwohl mit mir, also ich ... darum habe ich auch Angst ..." Und Weiter: "In der Arbeit mit den Familien ist es dann schon so, daß ich auch von mir erzähle, was ich gemacht habe und woher ich komme und dann denken insbesondere die Frauen 'Mensch vielleicht habe ich auch noch eine Chance, wir könnten ja auch noch irgendwas machen ...', die meisten Frauen haben dann dadurch, daß sie viele Gespräche mit mir haben, meist Mut daraus geschöpft, waren froh, daß sie einfach mal reden konnten über alles. Irgendwie glaube ich, wenn ich so bin, wie ich bin, dann bin ich am besten. Und wenn sie dann anrufen und fragen: 'Was wollen wir jetzt machen? Was meinen Sie? Wie sollen wir denn ...?', dann finde ich das auch ganz schön. Es ist auch so ein Gefühl von Macht natürlich. Das ist das Negative bei all diesen

Berufen. Darum ist es wichtig, daß man eine Supervision hat."

In diesem Zitat wird Mehrfaches deutlich: Trauer und Wut über die Trennung vom eigenen Herkunftsmilieu durch die Wissenschaft und ihre Methode, Scham über den "abgehobenen" Status durch den Beruf und Unbehagen mit der dadurch bedingten Arbeitsteilung, die nur einen engen Ausschnitt aus der Realität herausgreift und nur auf der Ebene des Gesprächs die Probleme zu lösen versucht.

Andererseits sieht sie ihren Beruf für sich persönlich als eine Chance im Vergleich zur Lebenswirklichkeit ihrer Klientinnen und zu ihrer eigenen Herkunft. Sie empfiehlt ihre Entwicklung sogar als ein Modell für ihre Klientinnen. Die aus ihrer Überlegenheit resultierende Macht empfindet sie jedoch als anstößig, und sie versucht sie aufzuheben, indem sie sich selbst professioneller Macht unterwirft, die den eigenen Status sanktionieren soll.

Allerdings kann sie dadurch ihr Problem auch nicht grundsätzlich lösen, da sie sich keineswegs mit ihrer Professionalität identifiziert. Im Gegenteil: Sie hat ein profundes Mißtrauen gegenüber der professionellen Praxis und setzt dieser die Überlegenheit spontanen, lebensnahen Helfens gegenüber: "Am besten bin ich dann, wenn ich so bin wie ich bin." Und: Warum braucht man Theorien und Methoden, "anstatt einfach unter die Leute zu gehen und zu helfen".

Insofern liegen das professionelle und das private Bewertungs- und Handlungssystem im Widerstreit. Dieser Konflikt, der Versuch hier ein tragbares Verhältnis zu etablieren, läßt sich in nahezu allen Interviews wiederfinden. Er ist vordingliches Thema vor allem in der Phase des Berufseinstiegs.

4. Mütterlichkeit und Professionalität

Frauen tun sich häufig schwer damit, professionelle Beziehungen zu etablieren. Wenn sie ihre Berufsbiographie schildern, sind es insbesondere zu Beginn ihrer Berufstätigkeit vor allem Probleme von A b g r e n z u n g , die im Vordergrund stehen: Wie weit sollen sie mit ihrer ganzen Person auf die Klienten eingehen, wo können sie einen Schlußstrich ziehen, wann können sie ihn weiterverweisen, wie können sie zu Hause von den Problemen abschalten, wo sind die Grenzen zu ziehen zwischen beruflicher und privater Beziehung. Für diese Probleme werden professionelle

Methoden als hilfreich erlebt. Hier werden Regelungen und Normen vermittelt, Distanz herzustellen und die eigenen Ich-Grenzen dem Klienten gegenüber aufrechtzuerhalten. Methoden sind auch so etwas wie ein Anker in dem ganzen Meer von Problemen und Not, die Orientierungshilfe leisten und die Chance versprechen, kompetent helfen zu können. Darüber hinaus birgt die Beherrschung von Methoden die Möglichkeit in sich, sich seiner Rolle als Professionelle zu vergewissern. Wie anders sollten sich Frauen sonst von alltäglichem Helfen abgrenzen, von der Nachbarin, von der Mutter? Wie anders sollten sie ihre Bezahlung rechtfertigen, als durch den Verweis auf ihre Kompetenz durch die Methode und das Fachwissen?

Desungeachtet, daß Methoden sicherlich hilfreich sind, spezifische Probleme zu fokussieren und zu bearbeiten, haben Männer im Vergleich dazu einen ganz anderen Zugang. Ich kann dazu zwar keine fundierten Aussagen machen - wir hatten vergleichsweise wenig Männer interviewt -, aber der Tenor war eher der, daß Methoden hilfreich seien, um an die Probleme der Klienten heranzukommen. Es steht für sie also nicht so sehr das Abgrenzungsproblem im Vordergrund, sondern eher das, überhaupt einen Zugang zu finden. Das ist insofern einleuchtend, als sie ja nicht in *der* Form Legitimationsprobleme haben. Es existiert bei ihnen nicht der Abgrenzungsbedarf gegenüber alltäglichem Helfen: Schlicht und einfach, weil bei ihnen die Vergleichsgruppe fehlt. Sie müssen nicht erst ihre Professionalität gegenüber alltäglicher Versorgung durch Frauen unter Beweis stellen, weil - wenn sich ein Mann um soziale und psychische Probleme kümmert - ihm viel eher professionelles Interesse unterstellt wird. Oder noch weitergehend: Wenn sich Frauen der Sorgen und Nöten anderer annehmen, so ist das Teil ihrer Natur und wird als selbstverständlich vorausgesetzt, wohingegen die Fürsorge durch Männer schon immer eine besondere und eine besonders anerkennenswerte Leistung ist, worauf auch D. DINNERSTEIN (1979) in ihrer Analyse hingewiesen hat.

Die Legitimationsprobleme der Männer liegen auf einer anderen Ebene, nämlich der, zu rechtfertigen, daß und wie sie sich in einen genuin weiblichen Bereich einmischen. Sie brauchen die Wissenschaftlichkeit im Rücken, um ihre Zuständigkeit ausweisen zu können (vgl. dazu auch P. GSTETTNER: Die Eroberung des Kindes durch die Wissenschaft, 1981).

Frauen gewinnen also durch professionelles Wissen und Methodik eine Möglichkeit, sich von alltäglichem Helfen abzugrenzen und ihren Status zu legitimieren. Diesen Status vertreten sie jedoch nur halbherzig, verfolgen sie doch weiterhin das Ziel, in der Berufssituation private Verhältnisse herzustellen: "Ich wollte jedes Kind wie mein eigenes behandeln", berichtet eine Therapeutin. Und ihre Enttäuschung über die berufliche Realität schildert eine Lehrerin: "Das stand ich nun vor 42 Kindern und wollte doch zu jedem lieb sein und jedes einzeln fördern." Eine andere beschreibt ihren anhaltenden Kampf gegen die Berufsstrukturen so: "Du kannst nur diesen scheußlichen Schulbetrieb aufheben, indem du praktisch persönliche Beziehungen zu den Schülern erarbeitest ... Ich habe in der Institution immer alles als Hindernis erlebt ... und versuche immer mit mehr oder weniger Engagement mich dagegen aufzulehnen."

Die persönliche Beziehung steht als Ideal gegen die berufliche. In ihr soll Individualität, Spontaneität und Emotionalität verwirklicht werden, nach dem Prototyp der mütterlichen Beziehung, die quasi naturhaft in der persönlichen Begegnung heilkräftig ist und alle "Äußerlichkeiten" wie Wissen, Methoden und Planungen verwerfen kann bzw. muß. Damit wird zwar einerseits massive Kritik an der professionellen Beziehungsarbeit formuliert, die ihren Auftrag, die Sorge um Menschen, pervertiert in den Vorrang von Institution, Macht und Methode. Sie läßt jedoch zugleich die Alternativen im Vagen.

Die Alternativen sind offensichtlich schwer zu beschreiben. Im Versuch, ihr Vorgehen zu charakterisieren, benützen die Frauen häufig Begriffe wie "Ich hab mich da so reingefummelt" oder "Ich murkle mich da so durch" oder "Ich habe mir was Neues zurechtgewuzzelt". Diese Begrifflichkeit erinnert an die Charakterisierung weiblicher Methoden als "patch-work", wie sie in neuerer Zeit von der Frauenforschung beschrieben wurden (vgl. etwa BALBO 1984) als Zusammensetzung verschiedener Erfahrungsstücke und Wissensbestände zu einem individuellen Ganzen. Dieses Flickwerk mag sogar schön geworden sein, das aus einer individuellen Kombination von Erfahrung und Wissen zusammengesetzt wird, es bleibt aber *nur* Stückwerk. Und dieses Nur bedeutet, vor den offiziellen beruflichen Standards nicht bestehen zu können. Was sie tun, erleben die Frauen oft als eigentlich nichts Ordentliches, nichts Richtiges, nichts Vernünftiges. Es eignet sich nicht zur Weitergabe für Richtlinienkommissionen, als Beitrag für Methodenseminare, Lehrerkollegien und nicht für wissenschaftliche Abhandlungen. Möglicherweise ist ihr Vorgehen so auch nicht zu vermitteln, sondern eher in Form der Weitergabe mütterlicher Praxis, nämlich durch Miterleben und Mittun.

Aber auch die Suche nach neuen Vermittlungsformen müßte gemeinsam erarbeitet und öffentlich diskutiert werden. Und einer öffentlichen Diskussion steht ebenso die allgemeine Mißachtung privater Praxis im Wege, die Frauen in dem "Nur" ihrer Selbstbeurteilung ausdrücken, wie auch die Isolierung der Frauen in der Privatheit ihres Vorgehens. So schildert eine Lehrerin, wie sie nach langen Versuchen und Irrwegen jetzt ihren Stil im Klassenzimmer gefunden hat: Sie habe es nicht mehr ausgehalten, sich, wie sie sagt, "selbst wegzudenken und zu überkleistern". Das gab dann bei ihr einen "Umsturz", und sie habe es dann ganz anders probiert. Dabei habe sie zugleich gegen ihr eigenes schlechtes Gewissen anzukämpfen und gegen die Normen, die in der Schule herrschen. Selbst heute, wo sie sich ihres Vorgehens ziemlich sicher sei, habe sie immer noch ein schlechtes Gewissen und stehe ziemlich alleine da. Die meisten Kolleginnen seien angepaßt oder hätten resigniert. Bei den männlichen Kollegen sei es so, daß sie vor den Schülern von vorneherein Autorität hätten und ihnen gehe es hauptsächlich darum, ihren Stoff durchzuziehen. "Sie können und müssen sich nicht so emotional engagieren."

Sie erlebt sich als Einzelkämpferin. Sie schließt sich mit ihren Erfahrungen im Klassenzimmer ein. Eine Auseinandersetzung mit den Kollegen findet weniger real als in der Phantasie statt. Die Praxis der anderen wird negativ eingeschätzt, wahrscheinlich im umgekehrten Verhältnis zu den Anstrengungen und der Mühe, die es sie gekostet hat, selbst einen befriedigenden Weg zu finden.

Dennoch hält ihr Gewissen die Autorität der offiziellen Standards weiter aufrecht, was letztlich nur abgebaut werden könnte, wenn sie direkt in die Auseinandersetzung ginge, und die Ziele ihrer Praxis in die allgemeinen Normen einbrächte. Die Autorität bleibt gewissermaßen auf seiten der Öffentlichkeit und Wissenschaft, die eigentliche Bewertung der Praxis erfolgt hingegen nach privaten Kriterien und hier schneiden dann die anderen, insbesondere die männlichen Kollegen, schlecht ab.

Insofern steht dem offiziellen Status männlicher Tätigkeit ein heimliches Wissen von der Überlegenheit weiblicher Praxis gegenüber. Dieses Wechselspiel, äußere Anerkennung gegen innere Werte, ist nicht neu. Ja, es ist geradezu konstitutiv für das "Arrangement der Geschlechter" (DINNERSTEIN), für ein Arrangement, das der männlichen Tätigkeit qua Geschlecht Status und Autorität zuweist, und die weibliche Praxis projektiv mit Allmacht ausstattet. In Abwehr dieser Bedrohung werden ihr zugleich auch gesellschaftliche Gratifikationen verweigert (vgl. HAGEMANN-WHITE in diesem Band).

5. Perspektiven

Dies Arrangement kann nur aufgehoben werden, wenn Frauen mit ihren Qualifikationen aus ihrer Isolation heraustreten und ihre Praxis öffentlich machen. Es gelingt nur, wenn das Spiel von offizieller Anerkennung und heimlicher Abwertung aufgehoben wird, und wenn Frauen ihre Praxis entmystifizieren, indem sie alle Mittel und Kosten benennen, die sinnvolle Beziehungsarbeit erfordert.

Hiervon sind wir noch weit entfernt. In unserer Untersuchung waren die Antworten auf die Frage nach Perspektiven in der Arbeit durchgehend von Resignation bestimmt. Diese ist zwar derzeit überall im psychosozialen Bereich zu beobachten (vgl. etwa KEUPP 1986). Allerdings kristallisieren sich sehr wohl geschlechtsspezifische Formen im Umgang mit der Krise und Perspektivlosigkeit heraus: in Richtung auf immer mehr Professionalisierung einerseits gegenüber einer Entprofessionalisierung in die Arbeitslosigkeit hinein andererseits (ROMMELSPACHER 1986). Und diese Tendenz zur Entprofessionalisierung bei den Frauen entspricht ihrer Perspektive der Bescheidenheit für ihre berufliche Zukunft: Man müsse sich mit ganz kleinen Schritten zufrieden geben, die Ansprüche radikal zurückschrauben, und wenn man bei einem Klienten ein ganz klein bißchen bewegt habe, dann sei das schon viel. Dies war der überwiegende Tenor in den Antworten der Frauen.

Demgegenüber möchte ich einen Auszug aus einem Interview eines männlichen Psychologen zitieren, der seine Zukunftswünsche folgendermaßen beschreibt:

"Der Kontakt mit Menschen macht mir Spaß. Ich habe viele positive Feedbacks. Ich weiß, daß ich helfen, was bewegen kann. Aber ich frage mich: Will ich eigentlich immer nur flicken, immer nur am einzelnen kleben. Es reicht einfach nicht immer nur, als Angestellter einer Institution therapeutisch zu arbeiten, wenn man die Bedingungen, die krank machen, nicht ändern kann. Diejenigen, die das Sagen haben, die Ärzte und Politiker, die haben ja keine Ahnung, was eigentlich läuft. Du kannst die tollste Therapie machen, aber an die Bedingungen kommst du mit einem originären Psychojob nicht heran. Deshalb möchte ich an den Hebeln sitzen und nicht mehr Lakai sein, nicht mehr so ein Hilfsinstitut sein und für andere die Kohlen aus dem Feuer holen. Ich möchte selbst an den Schaltstellen sitzen."

Eine solche Perspektive ist in allen 48 Interviews der Frauen nicht einmal formuliert worden.

Wenn jedoch Frauen über die unmittelbare Arbeit hinaussehen, sich nicht mit der Reduktion auf das Minimale zufrieden geben, dann entwickeln sie eine zweite Perspektive, die expansivere Züge hat: Wenn wir etwas bewirken wollen, brauchen wir mehr Geld, vor allen Dingen aber auch mehr qualifizierte Kollegen, mehr Ausbildung, mehr Supervision, mehr Zeit für Teambesprechungen und mehr Zeit, um mit anderen Dienststellen zu kooperieren.

Dieser Ansatz wird allerdings nicht der Kritik gerecht, die sie ja zugleich auch formulieren, nämlich der Kritik der Expansion des Experten gegenüber dem Laien, der Aufsplitterung in Zuständigkeiten und Funktionen und der Hierarchisierung der Berufsgruppen.

Demgegenüber fordert eine dritte Perspektive qualitative Umstrukturierungen im Sinne von Enthierarchisierung, Verstärkung von Selbsthilfe, gleicher Bezahlung für alle Beschäftigten und der Integration von Laien und Experten. Es werden Ansätze formuliert in der Richtung, daß die Basis gestärkt werden müsse in Form von Mitbestimmung und Kontrolle der Experten durch die Laien.

Diese dritte Perspektive versucht die Hierarchie zwischen professionellem und privatem Helfen aufzubrechen in dem Versuch, daß sich beide Systeme gegenseitig durchdringen, das heißt bewerten und kontrollieren. Diese Perspektive übersieht allerdings, daß die Ursachen für die Hierarchie des Helfens in der geschlechtsspezifischen Arbeitsteilung liegen. Um sie aufzuheben, muß also auch diese Arbeitsteilung aufgehoben werden. CHODOROW (1985) und DINNERSTEIN (1979) haben eindrucksvoll aufgezeigt, wie die Mißachtung der Frau und damit ihrer Arbeit ebenso wie die Ausstattung männlicher Tätigkeit mit Status und Macht mit der einseitigen Bindung sorgender Attribute an das weibliche Geschlecht zusammenhängt, und sie prognostizieren, daß diese Ungleichbewertung erst dann aufgehoben wird, wenn Männer gelernt haben, zu "muttern", und Väter ebenso wie Mütter ihre Kinder von klein auf betreuen. Dies kann meines Erachtens nicht nur für die Erziehung leiblicher Kinder gelten, sondern muß es für alle Formen der Beziehungsarbeit. Insofern ist auch hier die Quotierungsdebatte, die bisher vorwiegend im politischen Bereich geführt wurde, ebenfalls von Bedeutung.

Die Forderung, daß Frauen einen gerechten Anteil an Macht und Ressourcen erhalten, daß sie sich das Recht nehmen, in Männerdomänen einzudringen, ist inzwischen gesellschaftsfähig geworden. Die analoge gegenteilige Forderung, daß Männer Frauenrollen und deren Aufgaben übernehmen, wird weit weniger diskutiert, obgleich diese Frage darüber entscheiden wird, ob sich die gesellschaftliche Umverteilung zwischen den Geschlechtern tatsächlich vollzieht.

Das heißt, der Knackpunkt wird sein, wie die unbezahlte Arbeit verteilt wird. Denn aus der Familie wissen wir: Frauen "dürfen" zwar heute berufstätig sein, wenn sie vorher ihre Aufgaben erfüllt und die Kinder gut versorgt haben. Männer hingegen übernehmen keineswegs die Aufgaben der Frau in der Familie, auch wenn ihre Frauen berufstätig sind. Oder bildlich gesprochen: Männer ziehen noch lange keine Röcke an, auch wenn Frauen Hosen tragen. Dies hängt eben u.a. mit den tief verankerten Geschlechtsrollenstereotypen zusammen, die auch zur Folge haben, daß mit der Sorge um den anderen, mit Dienstleistung und unmittelbarem Helfen in unserer Gesellschaft kaum Anerkennung gewonnen werden kann, sondern diese im Gegenteil mit Abwertung bezahlt werden muß. Eine Strategie, dieser Mißachtung entgegenzusteuern, ist die Forderung nach Bezahlung von Hausarbeit und würde für die sozialen Aufgaben in der Gesellschaft weiter gedacht bedeuten, alle sozialen Dienste zu professionalisieren. Abgesehen von der Schwierigkeit, ein solches Modell ökonomisch zu realisieren, wird doch in der Kritik der Frauen ständig deutlich, daß das nicht wünschenswert wäre.

Insofern bleibt nur die zweite Möglichkeit: alle in gleicher Weise zu verpflichten, die sozialen Aufgaben in unserer Gesellschaft wahrzunehmen. Dazu hat eine Gruppe schwedischer Zukunftsforscher in ihrer Studie "Time to Care" (1982) einen interessanten Entwurf vorgelegt. Sie zeichnen ein Szenario für das Jahr 2006, in dem alle Jugendlichen nicht nur auf ihren Beruf, sondern zugleich zur sozialen Verantwortung erzogen werden. Sie werden alle in einem bestimmten Alter verpflichtet, ein Jahr Gemeindedienste zu verrichten. Ebenso werden alle Berufstätigen im Alter zwischen 20 und 65 verpflichtet - unter der Voraussetzung stark verkürzter Arbeitszeit -, vier bis sechs Stunden pro Woche soziale Dienste für die Gemeinde zu leisten. In der Untersuchung werden im weiteren die finanziellen und organisatorischen Voraussetzungen für ein solches Modell entwickelt, die Frage nach dem Verhältnis von Experten- und Laienarbeit gestellt etc. Wichtig ist den Forschern dabei festzustellen, daß die bisherige Wahrnehmung sozialer Verantwortung über Geldströme läuft, das heißt, indem Steuern bezahlt werden, von denen dann die Experten finanziert werden. Und sie versprechen sich einen grundsätzlichen Wandel im Verständnis von sozialer Verantwortung, wenn keiner mehr sich ihrer durch Bezahlung von Fachleuten entledigen kann.

Ebenso wäre wohl von einem solchen Modell zu erwarten, daß es im Verhältnis zwischen den Geschlechtern und zwischen den gesellschaftlichen Klassen einiges in Bewegung brächte. Man stelle sich vor, wie ein Manager oder Facharbeiter, ebenso wie ein Politiker, Gewerkschaftssekretär oder Chefarzt sich mehrere Stunden pro Woche um Alte kümmert, Aktivitäten für Behinderte organisiert, Kinder versorgt oder Flüchtlinge betreut ... Diese Vorstellung ist doch noch recht fremd. Wir haben uns zwar inzwischen daran gewöhnt, daß Männer soziale Dienste leisten, denken wir an die Zivildienstleistenden. Und ihre Arbeit wird allgemein anerkannt und geschätzt. Es wird sich vermutlich allerdings noch eine neue Dimension eröffnen, wenn auch die Repräsentanten gesellschaftlicher Macht und Männlichkeit diese Aufgaben übernehmen.

Der utopische Gehalt dieses Entwurfs zeigt einmal mehr, wie weit wir noch von einer Gleichbewertung von Mütterlichkeit und Professionalität entfernt sind.

Anmerkungen

1 Professionen sind freie Berufe und hochqualifizierte Dienstleistungsberufe, wie Ärzte/innen, Apotheker/innen, Richter/innen, Gymnasiallehrer/innen, Sozial/- und Geisteswissenschaftler/innen.

2 Semiprofessionen Dienstleistungsberufe, die sich durch eine Verwissenschaftlichung der Berufspositionen auszeichnen: Krankenschwestern, Sozialarbeiter/-pädagogen/innen, Real- und Hauptschullehrer/innen.

3 Im Rahmen der Begleitforschung zum Modellprojekt "Fachkräfte für die psychosoziale Versorgung" haben wir mit Berufspraktiker/n/innen Interviews durchgeführt (N=56). Die Befragten waren durchschnittlich 10 Jahre berufstätig. Die Zusammensetzung der Berufe: ca 1/2 Sozialarbeiter/innen, 1/4 Psycholog/en/innen und 1/4 Lehrer/innen und andere akademisch-pädagogische Berufe. Die Geschlechterverteilung entspricht dabei in etwa der im Berufsfeld: 82% Frauen und 18% Männer. Vgl.: Modellversuch "Fachkräfte für die psychosoziale Versorgung", Berichte und Materialien Nr. 5: 2. Zwischenbericht. Berlin 1985.

Literaturverzeichnis

BADINTER, E.: Die Mutterliebe. Geschichte eines Gefühls. Vom 17. Jahrhundert bis heute. München: Piper 1981

BALBO, Laura: Crazy Quilts: Gesellschaftliche Reproduktion und Dienstleistungsarbeit. In: Kickbusch I. und Riedmüller, B.: Die armen Frauen. Frankfurt: Suhrkamp 1984

BECK-GERNSHEIM, E.: Der geschlechtsspezifische Arbeitsmarkt. Zur Ideologie und Realität von Frauenberufen. Frankfurt: Campus 1981

BLOSSFELD, H.P.: Bildungsexpansion und Tertiarisierungsprozeß. Z.f.S. 13, S. 20-44, 1984

BLOSSFELD, H.P. Berufseinstieg und Segregationsprozeß. Eine Kohortenanalyse über die Herausbildung von geschlechtsspezifischen Strukturen im Bildungs- und Berufsverlauf. In: Soziale Welt 1986

BUNDESMINISTERIUM FÜR JUGEND, FAMILIE UND GESUNDHEIT: Frauen in der Bundesrepublik Deutschland. Bonn 1984

CHODOROW, Nancy: Das Erbe der Mütter,München: Frauenoffensive 1985

DINNERSTEIN, D.: Das Arrangement der Geschlechter. Stuttgart: DVA 1979

DONZELOT, J.: Die Ordnung der Familie. Frankfurt: Suhr- 1980

ENGELEN-KEFER, U.: Die restriktive Personalpolitik wirkt sich auf die Chancen aus. Über Arbeitslosigkeit von Akademikern und die Perspektiven auf dem Stellenmarkt - vor allem für Frauen. Frankfurter Rundschau 27.5.1986

GSTETTNER, P.: Die Eroberung des Kindes durch die Wissenschaft. Aus der Geschichte der Disziplinierung. Reinbek: Rowohlt 1981

IRIGARAY, L.: Das Geschlecht, das nicht eins ist. Berlin: Merve 1977

KEUPP, Heiner: Helfer am Ende? Subjektive und objektive Grenzen psychosozialer Praxis. In: Kleiber, D. und Rommelspacher, B. (Hg.): Die Zukunft des Helfens. Weinheim, München: Psychologie Verlagsunion 1986

LAGERGERN, M.; LUNDH, L.; ORKAN, M.; SANNE, Ch.: Time to Care. Oxford: Pergamon Press 1984

METZ-GÖCKEL, S. und MÜLLER, U.: Der Mann. Brigitte-Studie, Hamburg 1986

OSTNER, I.: Beruf und Hausarbeit. Frankfurt: Campus 1983

PETERS, A.: Frauenerwerbstätigkeit. Lit. Dok. AB S4. Inst. f. Arbeitsmarkt- und Berufsforschung d.B.f.A. 1984

PETERS, D.: Mütterlichkeit im Kaiserreich. Die bürgerliche Frauenbewegung und der soziale Beruf der Frau. Bielefeld: Kleine 1984

ROHDE-DACHSER, Ch.: Frauen als Psychotherapeuten. Das Janusgesicht der Emanzipation im Helfer-Milieu. In: Fuhrmann, R. (Hg.), Frauen und Therapie. Paderborn: Jungfermann 1985

ROMMELSPACHER, Birgit: Zukunft des Helfens - Zukunft der Frauen? In: Kleiber, D. und Rommelspacher, B. (Hg.): Die Zukunft des Helfens. Weinheim, München: Psychologie Verlagsunion 1986

SCHMIDTCHEN, G.: Die Situation der Frau: Trendbeobachtungen über Rollen- und Bewußtseinsveränderungen der Frauen in der BRD. Berlin: Duncker und Humboldt 1984
SPIEGEL-VERLAG: Akademiker in Deutschland. Hamburg 1980
WILLMS, A.: Grundzüge der Entwicklung der Frauenarbeit von 1880 - 1980. In: Müller, W.; Willms, A. und Handl, J., Strukturwandel der Frauenarbeit 1880 - 1980. Frankfurt: Campus 1983

Frigga Haug

SUBJEKT FRAU

Zur Politik von Erinnerung

Vorspann

Was sind eigentlich Frauen? Wenn wir wirklich verstehen wollen, was uns als weibliche Hälfte der Menschheit spezifisch bewegt, wie wir in unserer Gesellschaft wurden, was wir sind, brauchen wir umfangreiche empirische Untersuchungen. Der Vorwurf, daß Sozialisationsforschung weitgehend ohne Einbeziehung weiblicher Vergesellschaftung betrieben wurde und wird, daß es viel zu wenig weibliche Wissenschaftler gibt, die sich diesem vergessenen Feld annehmen, trifft schließlich heute noch so zu wie vor 10 Jahren, als die Frauenbewegung begann, das Schweigen mit Fragen zu umstellen. Was sind spezifisch weibliche Erfahrungen? Soweit in feministischer Forschung an sie angeknüpft wird, etwa schon früh von BELOTTI (1977) und SCHEU (1977), wird gesucht nach den Schuldigen weiblicher Formierung, wird die Verantwortung der Mütter für die Unterordnung ihrer Töchter herausgearbeitet. Da bleibt wenig Bewegung für die "kleinen Mädchen" selber, so als bestimme der beschränkte Bewegungsraum erwachsener Frauen in der Wirklichkeit den Zuschnitt der Theorie.

Gegen solche Aufarbeitung weiblicher Vergesellschaftung haben wir (das ist eine wechselnde Gruppe von Frauen innerhalb und außerhalb der Universität) seit acht Jahren versucht, die Praxen der heranwachsenden Frauen selber, ihre Erfahrungen, ihre Versuche, sich widerständig in Gesellschaft einzurichten, in den Mittelpunkt unserer Forschung zu stellen. Unsere Methode nannten wir Erinnerungsarbeit. Dabei knüpften wir an die Praxis der Selbsterfahrungsgruppen an; jedoch lassen wir die Erfahrungen nicht wie sie sind, sondern arbeiten mit ihnen, theoretisieren sie. Dabei suchen wir gemeinsam nach Mechanismen individueller Vergesellschaftung und Formierung, danach, wie die einzelnen Persönlichkeiten, Identität ausbilden. Unser erster Vorschlag (vgl. HAUG 1980b), die eigenen Aktivitäten bei der Unterwerfung in die Untersuchung einzubeziehen, um auf diese Weise wirkungsvoller Alternativen zu entwikkeln, erregte eine heftige Diskussion, die nun schon sechs Jahre dauert. Im Titel "Frauen: Opfer oder Täter" scheinen die Dimensionen auf, in denen der Streit geführt wurde und wird: moralisch um Fragen von Schuld und Verantwortung, politisch um Fragen der individuellen Politisierung, der Basisdemokratie. Uns ging es um das Verhältnis von Selbstveränderung und Gesellschaftsveränderung oder anders: wir denken, daß eine langanhaltende Unterdrückung die Unterdrückten auch so formt, daß Widerstand und Auflehnung für sie als Persönlichkeiten schwierig werden, daß sie die Widersprüchlichkeit der Gesellschaft in sich tragen und daß also das Verändern der Umstände, in denen sie geworden sind, auch veränderte und sich verändernde Personen braucht. Wir haben diesen Ansatz in einer materialreichen Studie ausgearbeitet, die wir "Frauenformen" (1980a) nannten. Hier untersuchten wir den Prozeß, Frau zu werden, wesentlich als Arrangement mit den Strukturen und gesellschaftlichen Erwartungen. Wir entwickelten Umrisse einer Theorie weiblicher Vergesellschaftung und schrieben Geschichten zu so geschätzten Werten wie "Liebe", "Ehe", "Glück" usw., die jeweils ihr Gegenteil mit zeigen, wenn sie alltäglich gelebt werden. In ihnen entziffert man vorwiegend Schmerz und das Entstehen von Macht.

Bei dieser sorgfältigen Suche nach der Herausbildung von Weiblichkeit hatten wir unser Netz so feinmaschig gewählt, daß uns das Auffälligste entging: Wir haben den Bereich Sexualität ausgelassen. In Seminaren in Berlin und Hamburg begannen wir dann die Arbeit an einem neuen Buch zum Thema Sexualität und Herrschaft. Wir haben von FOUCAULT und IRIGARAY gelernt und übertrugen die Auffassung, daß es nicht die Sexualität sei, die unterdrückt werde, sondern die Herausbildung des Bereiches des Sexuellen selbst auch der Prozeß der Machtausübung sei, auf unsere Frage der Frauenunterdrückung. Wir arbeiteten heraus, daß die Herstellung des sexuellen Wesens Frau ihre Unterordnung unter Männer und ihre Einordnung in die Gesellschaft umfaßt. Diesen Prozeß nannten wir - ebenso wie das Buch - "Sexualisierung" (HAUG, Hrsg. 1983). Wieder schrieben wir Erinnerungsgeschichten, in denen die einzelnen Körperteile mit sexueller Ahnung und Bedeutung belegt und angeordnet werden - man denke etwa an die weibliche Beinhaltung -; wir erfuhren, wie um die Normalität der

Körper ein Leben lang gekämpft wird, wie im Ganzen der Körper zu einem unglücklichen Zentrum von Frauenleben wird. Diese Körperzentrierung entzifferten wir zugleich als wesentlich für die gesellschaftlich untergeordnete Position von Frauen. Sie verbindet Frauen inniger mit Natur, die unterworfen und kultiviert werden kann. Wir haben diese Frage im Zusammenhang mit der Rolle der Moral weiter untersucht (vgl. HAUG 1983a).

Zuletzt forschten wir zu Fragen weiblicher Identität mit dem Versuch, die Kritische Psychologie für die Frauenfrage explizit nutzbar zu machen. Immer versuchten wir die Fesseln zu entdecken, die Frauen zurückhalten, Widerstand und Stärke, die sie voranbringen; wir verbanden Theoriekritik mit empirischer Forschung und suchten nach emanzipatorischen Strategien für die Frauenbefreiung.

1. Dimensionen weiblicher Identität

Im folgenden möchte ich einen Ausschnitt aus unserer neuesten Forschung zur weiblichen Vergesellschaftung vorstellen. Dabei wird wegen der hier gebotenen Kürze einiges notwendigerweise sehr skizzenhaft ausfallen müssen.

Zur Methode

Wie schon in den vorhergehenden Untersuchungen wählten wir die "Erinnerungsarbeit" als Methode. Um Erinnerungen bearbeitbar zu machen, schrieben wir sie zunächst nieder. Der Bearbeitungsprozeß geschieht - soweit möglich - kollektiv und schließt die Schreiberin der Geschichte ein. Insofern finden sich Forschende und Erforschte auf einer Ebene, sind vielleicht identisch. Gemeinsam werden Lücken und Leerstellen herausgearbeitet, Widersprüche aufgespürt. Ein Mangel an Interessen, Widerspruchseliminierungen, Harmonisierungen, Problemverschiebungen, eigenartige Verknüpfungen lassen sich im Kollektiv herausfinden, da hier Phantasie und detektivischer Eifer in spielerischem Wettstreit auftreten. Wichtiger Gegenstand der Bearbeitung ist auch die Sprache. Bei der Ausarbeitung der Methode der Erinnerungsarbeit (vgl. dazu HAUG 1983a) leitete uns der Gedanke, daß sowohl unsere Gegenwart wie ein mögliches Voranschreiten in die Zukunft entscheidend bestimmt werden vom Gesicht der eigenen Vergangenheit. Dabei denken wir Vergangenheit nicht statisch. Umgekehrt wird gerade die

Weise, wie wir uns in unserer Vergangenheit Bedeutung geben, was wir für unsere eigene Konstruktion für wichtig erachten, wesentlich für die Gestaltung unseres jetzigen und zukünftigen Lebens. Ob wir uns etwa als ständige Versager erinnern oder umgekehrt als widerständig von klein an, wirkt auf unseren Umgang mit unseren Daseinsbedingungen heute und umgekehrt. Von daher nehmen wir an, daß die Bearbeitung der Vergangenheit Möglichkeiten für Zukünftiges freisetzen kann. Unser Ziel ist also die Erweiterung von Handlungsfähigkeit hier und heute und die Erarbeitung positiven Wissens über Vergesellschaftungsmechanismen.

Kritische Psychologie

Unser Thema - weibliche Identität - fragt in ein Feld voll ungewußter Selbstverständlichkeiten. Es scheint zunächst überhaupt keine Frage zu sein, daß ich ein Ich habe oder bin. Alltäglich kann ich sagen, daß ich etwas "für mich" möchte. Wir haben, diese selbstverständliche Sicherheit ausnutzend, unsere Frage an die Erinnerungen als eine Art Stoßseufzer formuliert: "wenn ich mal endlich etwas für mich selber tue ...". In solcher Rückbesinnung, so dachten wir, müßte die Vorstellung, die Frauen von ihrer Identität und deren Verhinderung haben, praktisch deutlich werden.

Aus der Kritischen Psychologie sind für die Frauenforschung jene Passagen besonders interessant, in denen die spezifisch menschliche Weise des Verhältnisses von Einzelwesen und Gattung (bzw. Gattungsreproduktion) reformuliert wird (vgl. dazu HOLZKAMP 1983). Während in allen anderen Gattungen die Reproduktion der Art auf Kosten der Einzelwesen geregelt ist, reproduzieren die einzelnen Menschen notwendig Gesellschaft, indem sie sich selbst erhalten. Gleichwohl bleibt das Überleben jedes einzelnen noch individuelle Extraaufgabe, weil die Gesellschaft als selbständige Struktur prinzipiell auch ohne den einzelnen erhalten bleibt. Wie man sich reproduziert als einzelner, ob man genug schläft, ißt, trinkt, sich bewegt usw. muß als Extraaufgabe erkannt und bewußt gelöst werden.

Für die Frauenforschung interessant ist hier die Herausbildung einer historischen Arbeitsteilung. Vereinfacht gesprochen sind die Frauen in unseren westlichen Industriegesellschaften heute für das unmittelbar individuelle Leben, für die Sorge um die Körper zuständig - wenn auch weniger für den eigenen Körper -; Männer mehr für die vermittelte gesellschaftliche Arbeit. Dies gilt auch für das Selbstbewußtsein der beiden Geschlechter, für ihre Lebenspläne und ihre Perspektive. Frauen, so können wir zusammenfassend formulieren, leben weitgehend in Unmittelbarkeitsbeziehungen.

Unsere Frage, die wir an die Geschichten um weibliche Identität stellen, lautet: Wie verarbeiten Frauen die als Lebensalternative gedachte Arbeitsteilung? Wie erfahren und leben sie solche Halbierung ihres gesellschaftlichen Menschseins? (Dabei gehen wir nicht davon aus, daß das männliche Menschsein nicht halbiert wäre. In unserem Zusammenhang beziehen wir uns jedoch nur auf weibliche Identität.) Wir fragen zunächst nach der Schadensseite solcher Gesellschaftsstruktur für die Herausbildung weiblicher Identität und wenden uns abschließend den positiven Dimensionen des gleichen Umstands zu.

Empirie

Neuerlich wird in der Politik der konservativen Regierung das Private, Familiäre, Weibliche - bis hin zur Rede von der weiblichen Gesellschaft - wieder positiv besetzt. Mit Berufung auf die häusliche Qualität werden Sozialkürzungen durchgesetzt und soziale Dienste reprivatisiert. Das Private hat Konjunktur. Welcher Widerstand kann von seiten der Frauen gegen solche Privatisierung kommen, wenn sie sich selbst als "privates Wesen" konstruieren? Welche Kräfte konnte die Frauenbewegung für den Ausbruch aus dem Privaten mobilisieren? Wir haben die "Erinnerungen" von 20 ganz unterschiedlichen Frauen "bearbeitet". Sie waren verschiedenen Alters, kamen aus weit auseinander liegenden sozialen Schichten, hatten gar keine Ausbildung oder eine akademische, waren Hausfrauen, berufstätig oder Studentinnen.

Als allgemeine Ergebnisse können wir festhalten:

- Nach einer anfänglichen Selbstverständlichkeit, daß jede ein "Ich" habe, folgte eine zunehmend unruhige Suche, das Ich ließ sich nicht finden.
- Die Themen, die schließlich bearbeitet wurden, waren: der Genuß im Alleinsein; Täuschung und Verkennung; die Freiheit der Selbstzerstörung; kaum die Arbeit - weder im Sinne von Erwerbsarbeit noch von häuslicher Arbeit -; Verschiebungen und Vertröstungen, daß der Sinn des Lebens im Zukünftigen liege und immer wieder die Frage der Verfügung über Zeit.

Die folgende Geschichte ist eine über Zeitverfügung. Ihre Auswahl verdankt sie dem Umstand, daß sie meines Erachtens besonders deutlich geschlechtsspezifisch ist. Im Anschluß an die Bearbeitung der Geschichte versuche ich unsere Ergebnisse in die derzeitige politische Landschaft einzuordnen und skizziere erste Thesen aus einem Forschungszusammenhang, der gerade erst begonnen hat.

Die Geschichte

Ich war 18, und seit drei Jahren machte ich Leistungssport, Faustball, was Volleyball sehr ähnelt. Viermal in der Woche trainierten wir je drei Stunden lang: Konditionstraining, Gewichtheben, Springtechnik usw., usw. Wir waren sechs Mädchen in der "Mann"schaft. Unser Trainer war ein etwas schmieriger, kleinerer, älterer Mann. Jedenfalls der Höhepunkt all unseres Strebens waren die deutschen Meisterschaften. Dafür arbeiteten wir nun schon drei Jahre lang. Neben dem Gymnasium hatte ich hauptsächlich Schularbeiten und Training. Meine Mutter, obwohl zunächst skeptisch gegenüber diesem exzessiven Sport, sagte später immer: "Das ist ganz gut, da kommst du nicht auf dumme Gedanken." Ich wollte aber gerne auf dumme Gedanken kommen, es mußte irgendwas mit Erwachsensein oder Verbotenem zu tun haben. Ich ging oft in Kneipen, hatte hie und da auch einen Freund. Aber dauernd dieses Training! Wie oft mich das aus schönen Situationen riß! Und dann jedes Wochenende Turniere oder Wettkämpfe. Aber - die deutschen Meisterschaften mußten sein. Wir trainierten und trainierten und gewannen schließlich auch. Jetzt waren wir deutscher Meister - ja und? Ich hatte beschlossen, am Tag der Feierstunde dafür, meinem Trainer zu beichten, daß ich ab jetzt nicht mehr mitmachen wollte. So kam es auch, und mit schlechtem Gewissen sagte ich es ihm und den anderen Mädchen und begründete es mit meinen Abi-Vorbereitungen. Ich war innerlich sehr bewegt: jetzt endlich konnte ich dann erwachsen sein und die gewonnene freie Zeit nutzen, um tun und lassen zu können, was ICH wollte. - Er reagierte mit Schweigen und dann sagte er: "Das habe ich mir gleich gedacht, daß du nicht richtig zu uns hältst, du bist ja auch nicht von hier." Ich drehte mich auf dem Absatz um, grußlos und ging hocherhobenen Hauptes aus der Gaststätte. Jetzt war ich frei, frei! Ich konnte es gar nicht glauben. Aber ich zweifelte auch, ob das wohl so richtig war, oder, was sollte ich jetzt eigentlich mit der ganzen Zeit machen? Jetzt brauchte ich aber wirklich einen

Freund, so mehr, fester usw. - Meine Eltern waren gar nicht begeistert, daß ich das so allein entschieden hatte einfach.

Ein halbes Jahr später - mittlerweile hatte ich einen Freund - zog ich unter großen Krächen zu Hause aus und zu meinem Freund. Diesmal war ich ganz sicher "Jetzt habe ich endlich das getan, was ICH wirklich will, statt mich immer 'rumkommandieren zu lassen'".

Die Schreiberin macht uns und sich selbst mehrere Interpretationsangebote. Wir begegnen alten Bekannten: dem Konflikt mit den Eltern bei Ablösungsprozessen und der Aufnahme von Beziehungen zum anderen Geschlecht, dem Konflikt mit dem "kommandierenden" Lehrer in Gestalt des Trainers. Zwischen den fremden Mächten - Elternhaus und Sportverein - die widerständige Gestalt, die ihren eigenen Weg macht. Die Vertrautheit der Konstellationen verdeckt die Konstruktion, die die Schreiberin kunstfertig baut. Wie in einem Detektivroman legt sie eine Vielzahl von Fährten, die das eigentliche Geschehen verwirrend umspielen. Dieses besteht aus der Konstruktion eines konkreten, bestimmten, bekannten bis feindlichen Außen, dem ein geheimes Innen entgegengebaut wird. Dieses gilt es, aus dem Gefängnis zu befreien, in das äußere Mächte es geworfen haben. Das Innen oder ICH ist so abstrakt, wie das Außen konkret. Es besteht eben aus dieser Absehung von aller konkreten Füllung. Die Schreiberin nennt dies "frei". Um sich und uns zur Zustimmung zu bewegen, arbeitet sie mit großer Präzision an den einzelnen Fährten; dabei entstehen auffällige Lücken, die durch Verschiebung des Wahrnehmungsinteresses verdeckt werden, ebenfalls wie in einem guten Kriminalroman. Zunächst geht es um die genaue Vorstellung der zeitlichen Inanspruchnahme: drei Stunden, viermal in der Woche, drei Jahre lang. Das Gefühl, daß diese selbstgewählte Zeitverfügung fremdbestimmt sei, wird durch zwei nachgeschobene Wegweiser bekräftigt: Konditionstraining, Gewichtheben usw., usw. In der Distanzierung beginnt die polare Konstruktion: Kondition, das ist man nicht selber, sondern ist ein dem ganz anderen Ich äußerlicher Körper. Dieser wird zugleich überdeutlich in die Geschlechterverhältnisse eingeschrieben. Mit der sprachlichen Wendung "Mädchen in der Mannschaft" und dem auffällig als schmierig, klein, ältlich vorgeführten Trainer im gleichen Kontext legt sie eine breite Spur, die über "dumme Gedanken", "schöne Situationen", "einem Freund hie und da" bis zum "festen Freund" gegen die Eltern am Schluß der Geschichte durchgezogen wird. Fremdbestimmung, so legt sie sich und uns nahe, das sind verhinderte und von anderen gewollte

Geschlechterbeziehungen und Selbstbestimmung ist die selbstgewählte. Unser Zögern bei der Zustimmung verdankt sich dem Umstand, daß die Schreiberin für die Konstruktion diesen Dualismus von Innen und Außen benötigt, und in der Tat alles Leben aus dem gelebten Leben auslöschte, um es solcherart verneinen zu können. Der Sport tritt ausschließlich auf als Zeitschlucker und nicht als Erleben eigener Art; ihre eigene Tätigkeit beim Ballspielen bleibt unerwähnt, auch, ob sie eine gute oder schlechte Spielerin, welches ihr Beitrag zur Meisterschaft war und von daher, welche Integration in die Gruppe sie wie erfuhr. Überhaupt fehlt dieses Kollektiv Mädchen ganz, das geht bis zur grammatikalischen Ungenauigkeit - sie sagt es dem Trainer und den Mädchen ..., und er reagiert mit Schweigen. Daß sie selbst nur dieses "Ja-und- ..."-Gefühl hatte am Tag der Meisterschaft macht sie uns glaubwürdig durch die Verschiebung des Höhepunktes. Das Drama ist ihre Entscheidung, nicht mehr mitzumachen.

Am Ende stehen wir vor dem Fazit, daß das Selbst eine Innenkonstruktion ist, die sich wesentlich in der Zeit ausdehnt. Darin mag eine Ahnung stecken von der möglichen Bedrohung der individuellen Lebenserhaltung durch vielfältige gesellschaftliche Anforderungen und ebenso eine Vermutung, daß die Instanzen, die diese Aufgaben artikulieren, herrschaftlich durchsetzt sind - wie Eltern, Sportverein, Schule (die hier nur nebenher vorkommt) -, zugleich aber sehen wir in solcher Entleerung den Boden bereitet für eine Sinnlosigkeit ungesellschaftlichen Lebens und damit für eine überstürzte Flucht nach vorn. Selbstbestimmt wird ein Freund in die freigeboxte Zeit gesetzt. So findet er Einlaß in den Innenraum des Ich, seine Teilhabe an der Zeitverfügung wird sich zur Alleinherrschaft steigern können. Die Innen-Außen-Konstruktion hat ihn schon als Torhüter zur Außenwelt konstruiert, bevor er überhaupt konkret auftaucht. Die trotzige Widerständigkeit findet schließlich im geheimen Innenraum nichts. Die Einsetzung des Freundes erlaubt der Antiautoritären die Unterwerfung unter nur eine Autorität, die sie selbst in den Innenraum gebracht hat und verunmöglicht jede konkrete Auseinandersetzung und Einschreibung in die als Außen, im ganzen feindliche gedachte Gesellschaft. Der Widerstand gegen gesellschaftliche Fremdbestimmung kann in der Folge - durch eben diese frühe Innen/Außen-Konstruktion - in der Zweierbeziehung als eine Art Ehekrach um "freie Zeit" ausgetragen werden. In dieser Weise vermuten wir, daß die so auffällige Fährte in Richtung auf die Geschlechterverhältnisse zugleich von der Lebenskonstruktion, die die Schreiberin hinter ihrem Rücken vollzog, ablenkte, wie ebenso dieser Konstruktion einen Sinn verleiht. Es waren nicht der Zugriff von älteren Männern, nicht die Behinderung durch die Familie, nicht die Vorenthaltung von schönen Stunden und dummen Gedanken, die sie zum Kampf um eigene Zeitverfügung zwangen, sondern die widerständige Konstruktion eines Innenraumes gegen ein Äußeres ist schon die Selbstpositionierung als weibliches Geschlechtswesen. Die Einladung an den Freund, ihr in den freigekämpften Innenraum zu folgen, ist der Schritt zur erwachsenen Frau, die sich dem Manne als Hüterin des Privaten unterordnen wird und ihm die weitere Auseinandersetzung mit dem Äußeren überläßt, während sie über seine Lebensweise verfügt.

Während wir gewöhnlich die Gedanken, Gefühle, Haltungen von uns selbst und von anderen nicht ernst genug nehmen, laufen wir bei unserer Erinnerungsarbeit umgekehrt Gefahr, uns allzu intensiv und ernsthaft auf jedes Wort und jede Nuance in den Gefühlen einzulassen. Hat man einmal mit Erinnerungsgeschichten und ihrer Bearbeitung angefangen, könnte der Prozeß unendlich weitergehen. Eine Kunst besteht jetzt darin, irgendwann loszulassen. In unserem konkreten Fall standen wir nach dem ersten recht umfangreichen Schritt der Bearbeitung der Geschichten nach (allen gemeinsamen) Schwerpunkten vor einer zweiten Menge an neuen Geschichten und Ausführungen. Wir haben uns entschlossen, nur einige uns besonders wichtige Ergebnisse dieses Bearbeitungsschrittes und eine "zweite Geschichte" vorzustellen. Sicher ist dieses Arbeitsergebnis noch sehr vorläufig und bedarf weiterer methodischer und theoretischer Durchdringung. Unsere Fragen an die Zweitbearbeitungen verfolgten zwei Ziele:

1. Wir hatten nach den Gefühlen beim Lesen unserer Analyse gefragt, weil wir annahmen, daß die Gefühle der einzelnen hinter ihren theoretischen Einsichten hinterherhinken, weil sie es nicht gewohnt sind, ihre Gefühle zu bearbeiten. Nach unserer eigenen Erfahrung sind die Gefühle häufig ein Hemmnis, welches uns in unseren politischen Handlungen blockiert (so zum Beispiel stoßen wir bei aufgeklärten Forderungen, die wir etwa hinsichtlich der "Gastarbeiter" aufstellen und unterstützen, unvermutet auf eigenen Rassismus, der unsere Überzeugungskraft unterminiert). Aus den Antworten über die Empfindungen beim Lesen unserer theoretischen Analysen hofften wir, etwas über den Zusammenhang von Gefühlen, Denken und Handlungsfähigkeit zu erfahren.
2. Indem wir die Schreiberinnen aufforderten, diejenigen Leerstellen zu füllen, die die eindeutige Kohärenz ihrer

Geschichten erst ermöglichten, hofften wir, eine Unruhe in die stimmige Erinnerung zu bringen, die die einzelnen selbst in die Lage versetzen würde, auf der Grundlage ihrer heutigen Einsichten, die alten Zusammenhänge neu anzuordnen, so daß ihre Vergangenheit nicht wie Ballast an ihnen hänge, sondern die Kraft für die Erweiterung ihrer Handlungsfähigkeit hier und heute freisetzen könnte. In dieser Weise, so nehmen wir an, können sie ihr Leben eingreifender gestalten und ihre Politik mit mehr Leben füllen.

Die Verfasserin der Geschichte über den Turnverein schrieb uns:
(1) Zur Frage nach meinem emotionalen Umgang mit der Bearbeitung der Geschichte:
- Viel Heiterkeit, die ich auch schon beim Schreiben hatte (durch den Eindruck, mich selber beim Konstruieren zu beobachten);
- Verwunderung: Wieso mache ich mir selber (euch allen anderen schon) Interpretationsangebote? Wo ich doch "eigentlich" weiß, wie es "wirklich" war ...;
- beleidigt: Wieso sollen meine Konflikte altbekannte sein statt eigenartige?
- geschmeichelt, daß ich eine gute Romanschreiberin bin;
- schon wieder beleidigt: Wieso sollte "mein" Innen abstrakt sein, wo doch in seinem Verborgenen Fähigkeiten schlummern, die ich jedenfalls kenne oder zumindest ahne;
- beleidigt: Da ihr so uneinfühlsam seid und nicht versteht, wie hart die verbotene erschwerte Geschlechterbeziehungssuche ist ... außerdem, wenn ihr wüßtet, wie stumpfsinnig dieses Konditionstraining war;
- zustimmend: Stimmt, daß ich den Genuß im Sport verschwieg;
- sehr beleidigt: durch die überstürzte Flucht nach vorne, der der Boden bereitet werden soll. Das ist spekulativ, kommt in der Geschichte nicht vor;
- unzufrieden: "Selbstbestimmt wird der Freund in die freigeboxte Zeit eingesetzt.": Gerade weil dies mit dem Gefühl der Selbstbestimmung geschehen sei, wirkt es um so fesselnder? Außerdem liegt bei Alleinherrschaft nur ein Gegner vor und somit die Illusion, sich nach Belieben befreien zu können;
- beleidigt: "die Antiautoritäre" hört sich vernichtend an;
- begeistert: durch den Gedanken, daß die widerständige Konstruktion eines Innenraumes gegen ein Äußeres schon die Selbstpositionierung als weibliches Geschlechtswesen

sei ... und Wunsch nach Männergeschichten zu diesem Punkt.

(2) Leerstellen füllen
Ich war 18, und seit drei Jahren machte ich Leistungssport, Faustball, was Volleyball sehr ähnelt. Vier Mal in der Woche ... Jedesmal nach dem Training war ich sehr angenehm erschöpft, hatte das Gefühl, mich ausgetobt zu haben. Während des Trainings machten vor allem die Übungen zum richtigen Fallen auf dicksten Matratzen viel Spaß, Konditionstraining am wenigsten (Gummi in den Knien, Seitenstiche, die Puste geht aus und Atmen tut weh). Uns allen machte es Spaß, beim Training möglichst gut zu sein, vor allem in Probespielen. Was mich aber sehr störte, das war das unangenehme Konkurrenzgefühl, dieses "ich bin besser als du", wonach ich auch strebte, und gleichzeitig dieses Gefühl in mir verabscheute. Dann war das Lob des Trainers sehr wichtig, wir hingen alle an seinen Lippen - ich auch. Direkt angespornt fühlte ich mich, wenn er mich lobte. Dies kam relativ oft vor und war doch jedesmal ein Genuß, der auf der Zunge zerging. Auch das find' ich oft bei mir selber sehr blöd, weil ich ihn zum großen Teil nicht leiden konnte und es mich auch in der Schule aufregte, wenn alle so auf den Lehrer fixiert waren und um ihn herumscharwenzelten. Dieser Trainer war ein etwas schmieriger, kleiner alter Mann. Er starrte uns oft auf den Busen und auf die Beine, was ich, glaube ich, deswegen besonders scheußlich fand, weil ich fast keinen Busen hatte und schwarze, lange Haare auf den Beinen. Außerdem fand ich an ihm blöd, daß er seine zwei Töchter, die auch in der Mannschaft waren, immer so bevorzugte. Außerdem war er so ein richtig sturer Siegerländer, redete auch dauernd diesen von mir aus vielen Gründen eher verabscheuten Dialekt und legte viel Wert darauf, daß ich eben keine Siegerländerin sei und deswegen arrogant.

Auch die anderen Mädchen in der Mannschaft sagten mir öfter, daß ich nicht "von hier" sei und daß ich irgendwie komisch sei und sie wahrscheinlich für primitiv halte. Ich sei ja so gut in der Schule und würde mich ihnen wohl überlegen fühlen. Dies tat mir einerseits weh (ausgeschlossen), andererseits erfüllte es mich aber auch mit Stolz, anders als sie zu sein: Sie gingen bis auf eine nur auf die Realschule, hatten alle schon feste Freunde und richteten sich total nach diesen, gingen lieber in Discos, fanden so blöde Opel-Autos toll (wie ich diese Opel im Siegerland haßte und hasse). Außerdem, wenn wir weg waren bei Turnieren oder so, zählten in Gesprächen immer nur die Knaben; das alles kam mir doch irgendwie sehr beschränkt vor.

Ich spielte immer vorne rechts, was mich einerseits beleidigte, da dort in vielen Mannschaften immer die schlechtesten hingestellt wurden; andererseits war es aber auch ein delikater Posten: Wenn gegnerische Mannschaften gegen uns spielten, schlugen sie immer dort den Aufschlag hin (weil sie ja dachten, dort stehe die Schlechteste). Sich drehende, fiese, unberechenbare Bälle kamen dort an. Die hinten stehenden Frauen mußten solide die ankommenden Bälle der Schlagfrau vorgeben. Ich fand meine Tätigkeit also irgendwie interessanter. Die Deutschen Meisterschaften waren in Wangen im Allgäu, schön war es dort. Im Endspiel standen wir gegen unsere Lieblingsfeindinnen aus Rodheim-Bieber (die sagten immer, wir wären blöde Zicken und hassenswert, und wir sagten dasselbe von ihnen). Ganz knapp gewannen wir, ich glaube mich zu erinnern, daß dies aufgrund meiner Leistung vorne rechts erheblich beeinflußt wurde, ich bekam alle Bälle. Jahrelang sprach unser Trainer von nichts anderem als dieser Meisterschaft, die wir gewinnen müßten. Nur, als es dann soweit war, bekam jede von uns einen übrigens häßlichen Trainingsanzug geschenkt.

Zu unserer Überraschung verwiesen beide Fragen auf den gleichen Zusammenhang. Durch unsere analytischen Zweifel an den eindeutigen Stimmigkeiten der Geschichten hatten wir überall widerstreitende Gefühle hervorgerufen: Zorn, Freude, Begeisterung, Bedrückung, Einverständnis, Wut usw. Der Versuch, in diesem emotionalen Durcheinander die Geschichte an den entsprechenden Stellen "neu" zu schreiben, zeigte die Falschheit unserer Annahme, die Gefühle würden der Erkenntnis einfach hinterherhinken. Gefühle in dieser Weise statisch zu denken, erwies sich also ebenso unzulänglich wie die Eindeutigkeit, die die Schreiberinnen ihren Erinnerungen angedichtet hatten. Tatsächlich folgen die Gefühle dem Denken ebenso widersprüchlich, wie dieses selbst, eingelassen in widersprüchliche Verhältnisse, sich bewegt. Was als Behinderung weiterer Bewegung auftritt, scheint der Versuch zu sein, im Widerspruch Eindeutigkeit zu behaupten und in dieser Weise Handlungsfähigkeit zu erlangen. Was überlebensnotwendig wichtig wird, wäre demnach eine Widerspruchskultur, eine Lebensweise, die es uns ermöglicht, Widersprüche auszuhalten, mit ihnen zu leben, ja, sie als den Lebensatem zu erkennen, der zur Fortbewegung nötig ist.

Die zweiten Bearbeitungen zeigen uns auch, daß die einzelnen als Forschungssubjekte gute Bündnispartner ihrer selbst bei strategischen Veränderungen sind. Ihre Neugier an sich selbst verweist sie auf die gesellschaftlichen Strukturen, deren Veränderung als Energiezuwachs gespürt wird. Solche Arbeit mit sich selbst wird den Rückzug ins Private, den wir eingangs als Zeitgeist beklagten, keineswegs befördern, wiewohl sie auf ein "Innen" gerichtet scheint. Im Gegenteil scheint es uns so möglich herauszuarbeiten, auf welchen Momenten in uns selbst eine Rechtspolitik bauen kann; welche Strukturen ihr dabei behilflich sind; welche Verarbeitung und Aneignung solcher Strukturen verändert werden muß, um uns massenhaft in die Lage zu versetzen, die Bedingungen unseres Handeln selbst zu verändern.

In unseren Geschichten fanden wir die Frauen/Mädchen nicht umstandslos "Privates" für sich reklamierend oder auf unmittelbare Teilhabe an Gesesllschaft Stück um Stück verzichtend; auch strebten sie nicht ihren Müttern nach oder hielten die häusliche Sorge für die nächsten Angehörigen für ein erstrebenswertes Lebensziel - im Gegenteil, ihre Vergesellschaftung verlief durchweg zerreißend widerständig. Zugespitzt könnten wir formulieren: Gerade der unvermittelte Widerstand gegen die vorgefundenen Strukturen erweist sich als Falle. Indem er bloße Reaktion ist, verzichtet er gleichsam auf eine Strategie, die die Veränderung der Zwangsstrukturen erbringen könnte. Statt einer Verbesserung ihrer Lage, bereitet der vereinzelte Protest die Frauen darauf vor, als private Individuen Gesellschaft im kleinen Kreis herzustellen. So wäre es gerade die Ungesellschaftlichkeit und Unzumutbarkeit von Weiblichkeit in unserer Gesellschaft, die den einzelnen Widerstand hervorrufen muß und Weiblichkeit wiederherstellt als untergeordnet unter Männlichkeit, nicht eingelassen in unmittelbare Gesellschaftlichkeit und beschäftigt damit, die Schäden, die die gesellschaftliche Arbeit hinterläßt, im familiären Umkreis unter Hintanstellung der eigenen Person zu reparieren. Es ist die Absage an die Elternfamilie, die zur Gründung einer neuen, eigenen Familie führt; der Kampf um Freiheit, der zur Unfreiheit führt. Die gesellschaftlichen Anforderungen treten nicht als Arbeitsaufgaben auf, sondern als Fessel von Ordnung, Regel, Disziplin. Der allseits gerichtete Widerstand führt so zu einem Ausbruch, der schließlich wieder in Vereinzelung endet, für die sich die Familie als willkommener Fluchtpunkt anbietet. Wo unmittelbar gesellschaftliche Arbeit bei den erwachsenen Frauen vorkommt, wird weder der soziale Sinn, noch die gesellschaftliche Verfügung, werden schon gar nicht Eigentumsverhältnisse ins Blickfeld gerückt. Kritik an Arbeit mündet vielmehr in den Wunsch nach einer Ausdehnung des Körpers im Alleinsein.

Die Situation ist zirkulär. Die Frauen müssen ihre Lebensbedingungen verändern, um Menschen sein zu können; aber in den Strukturen entwickeln sie Widerstände, die solche Veränderung nicht befördern. So müssen sie gleichzeitig ihre Persönlichkeiten verändern, wie die Umstände, die sie formten. Dies kann nur kollektiv, bewußt und also begreifend geschehen.

Im wesentlichen entzifferten wir zwei Methoden, die die Reproduktion untergeordneter Weiblichkeit stützten: Die eine besteht darin, wie die einzelnen Erfahrungsmomente zusammengefügt werden, in der Anordnung, die die Richtung des Widerstands bestimmt. Die Elemente, die als zueinandergehörig erfahren und behauptet werden, verraten eine fast abergläubische Struktur, die sich zumeist als unmittelbare Reaktion auf die strukturelle Anordnung der Gesellschaft liest. So ist es immer hilfreich, in den Geschichten zunächst zu untersuchen, welche Aspekte zusammengefaßt ins "Reich der Freiheit" gerückt werden und welche dem Zwang, der Not, der Unfreiheit angehören. - Die in gemeinsamer Diskussion erfolgende Umordnung der Elemente kann hier durch die nachfolgende, notwendige Umorientierung eine Erweiterung der Handlungsfähigkeit ermöglichen. Eine zweite durchgängig entzifferbare Methode ist es, Konflikte, die in den Verhältnissen liegen, in der Unmöglichkeit, in den Strukturen sinnvoll zu leben, so lebbar zu machen, daß nicht die Bedingungen des Handelns verändert, sondern die Konflikte nach innen genommen werden, als wären es Fragen des Charakters. Solche Konstruktionen erbringen eine schwierige Balance. In der ungemütlichen Stellung ausharrend, schrieben die Frauen Alltagsgeschichten, die in jedem harmlosen Moment das Zerrissenwerden durchscheinen lassen. Ein weiteres Moment, welches die ungenügenden Lebensstrukturen aushaltbar machen soll, ist das häufig ausgesprochene Gefühl der vorläufigen Uneigentlichkeit, von uns als Verkennung und Täuschung bezeichnet. Auch hier erinnert die Jenseitigkeit, in die die Menschwerdung verlebt wird, an religiöse Verarbeitungsformen entfremdeter Gesellschaftlichkeit.

Durchgängig erfahren die Frauen die gesellschaftlichen Strukturen als fremd und feindlich und antworten mit dem Versuch, ein gesellschaftsunabhängiges Ich zu entwerfen, zu behaupten und zu konstruieren, welches, um überhaupt sozial zu werden, sich anderen Menschen unterstellen muß. In solchen Konstruktionen erkennen wir altbekannte philosophische, soziologische und sozialpsychologische Theorien über Individuum und Gesellschaft. Unsere eigenen Voran-nahmen, daß die Menschen gesellschaftliche Wesen seien und ihre Entwicklungsbehinderungen nicht der Tatsache zu verdanken seien, daß sie in Gesellschaft kämen, sondern umgekehrt, daß sie in ihrer Gesellschaftlichkeit behindert würden, scheinen durch die "Geschichten" der Frauen widerlegt. Die Gesellschaft wird als fremd und feindlich erfahren, Vergesellschaftung geschieht im Widerstand.

Wir lernen daraus zweierlei: Daß unsere theoretischen Vorannahmen nicht umstandslos auf der Erfahrungsebene wiederzufinden sind, weil sie auf einer höheren Abstraktionsstufe verstanden werden müssen; und ferner, daß die gängigen Sozialisationstheorien umgekehrt zwar den empirischen Augenschein für sich haben, zugleich der Alltagswelt aber zu nahe sind, um sie zu begreifen. Eine Theorie, die davon ausgeht, daß die Gesellschaft den einzelnen fremd ist und zum empirischen Resultat kommt, daß dies tatsächlich so erfahren wird, liefert uns keine Handlungsmöglichkeiten, wie dies zu ändern wäre. Für unsere eigenen Vorahnungen der behinderten Gesellschaftlichkeit der Menschen bedarf es konkreterer Begrifflichkeiten für die empirischen Analysen. In unserer Untersuchung griffen wir zurück auf Begriffe wie Identität, Subjekt, Selbstwahrnehmung, Privatheit und Öffentlichkeit, Kultur und Sinn, Produktion und Reproduktion. Eine Reihe dieser Begriffe finden wir in höchst umstrittenem Gelände. Wir benutzen sie mit Vorsicht.

Was können wir mit unseren Ergebnissen aus den Analysen der Frauengeschichten anfangen? Positiv könnten wir die Proteste um den Leib und um die Zeit wenden in die Entwicklung einer praktisch-politischen Perspektive, die in der sinnhaften Ausnutzung von Zeit die umfassenden kulturellen Leibbedürfnisse einzuschließen sucht. Dabei denken wir nicht, daß dies harmonisch enden könnte. Gerade darum aber gälte es, eine Art "Krisenkultur" zu entwickeln. Dabei bleibt uns die dringliche Frage, ob wir unter unseren heutigen Zuständen dafür nicht eine weibliche, also geschlechtsspezifische Kultur brauchen. Gerade weil wir als Effekt der Produktionsverhältnisse diese praktische Arbeitsteilung zwischen den Geschlechtern finden, scheint zu ihrer Aufhebung - und damit auch zur Veränderung der Verhältnisse überhaupt - die bewußte Einsetzung und Entwicklung geschlechtsspezifischer Kultur notwendig. Die Frauen müssen die bürgerliche Kleinfamilie stürzen, um ihre Persönlichkeit durchzusetzen. Notwendig scheint uns daher auch die Entwicklung einer Politik, die die Trennung von "Privatheit" und Öffentlichkeit umfassend angeht. Seit der feministischen Losung, daß das Private das Öffentliche sei, die sicher wichtig und fruchtbar war, haben wir eine ständige Rechtsentwicklung offizieller Politik , in die wir einzugreifen hätten. Wir können faktische Trennungen nicht nur theoretisch und auch nicht einseitig aufheben - sie verlangen praktische Veränderungen, so zum Beispiel Frauen im traditionellen öffentlichen Politikbereich. Wir müssen Strategien entwickeln, der Selbstkonstruktion von Frauen in die Ortlosigkeit entgegenzuwirken. Die Hoffnung auf eine bessere Gesellschaft, die selbst in der Suche nach dem "Ich" steckt, wäre herauszuarbeiten und in Handlungsfähigkeit zu übersetzen. Dabei ist es notwendig, vom Ich zum Wir zu kommen, vom Allein- und Einzelnsein zum Zusammensein. Zeit für mich, das müßte Zeit für uns werden. Erst die nicht-antagonistische Aufgehobenheit im "Wir" ermöglicht die volle Entfaltung von Individualität.

2. Privatisierung und Politik in der Krise

Die derzeitige gesellschaftliche Krise betrifft auch den Zusammenhang von Arbeitswelt und Privatwelt. Im Rückzug ins Private steckt ein Protest gegen die Ungastlichkeit der Gesellschaft. Insofern können wir den Kampf ums Private auch entziffern als ein Zeichen für größere Umbauten in der gesellschaftlichen Gesamtstruktur. Große gesellschaftliche Fragen - wie die ökologische oder die nach der Art der Energie, die industriell genutzt werden soll - bleiben nicht fern und abstrakt, sie werden als individuelle Bedrohung erfahrbar. Die saubere Trennung zwischen kranker Gesellschaft und heiler Privatwelt funktioniert nicht mehr. Die vielfältigen Unverträglichkeiten verweisen allesamt auf eine Krise unseres Zivilisationsmodells. Die automatisierte Arbeitswelt stellt andere Anforderungen an die Fähigkeiten und das Engagement der Arbeitenden, macht eine allgemeine Verkürzung der vermarkteten Arbeit notwendig. Umgewälzt werden Familienordnungen und Freizeitverhalten. In diesem Zusammenhang erleben wir auch eine Krise der Arbeitsteilung, in der ein Teil der Menschheit (Frauen) für solche Fragen wie Leben und individuelle Lebenserhaltung privat und marginal zuständig sind, während das gesamtgesellschaftliche Interesse auf die Lebensmittelproduktion und Verwaltung ohne besondere Rücksicht auf Leben/Natur gerichtet ist. In dieser Hinsicht wird die Frauenfrage zur Frage des Überlebens der Menschheit. Das, was nebensächlich und randständig ist in unserer Gesellschaft, muß einen zentralen Platz erhalten. Aber dafür muß auch die andere Hälfte der Menschheit - die Frauen - an der Regelung des gesamtgesellschaftlichen Lebens teilhaben. Ein neues Zivilisationsmodell müßte für alle einen stark verkürzten gesellschaftlichen Erwerbsarbeitstag vorsehen; ein zweiter Teil des menschlichen Arbeitstages sollte für gesellschaftlich-politische Tätigkeit genutzt werden; ein dritter schließlich der gemeinsamen Bewältigung der individuellen Produktion gelten , wobei hier Fragen der Kultur und des Lernens ebenso eingeschlossen wären wie die Pflege der Kinder (vgl. dazu HAUG 1986).

3. Frauen als politische Wesen

Da die umfassende Beteiligung aller an allen drei Bereichen des Lebens gesellschaftlich wie individuell überlebensnotwendig scheint, haben wir ein Forschungsprojekt begonnen, welches die Frage der Politikfähigkeit von Frauen, ihre Haltung zur Politik und ihre politische Praxis erkunden soll. Erste vorläufige Ergebnisse, die eher Aufgaben formulieren als schon Auskünfte erteilen, möchte ich abschließend thesenhaft vorstellen (vgl. dazu HAUG/HAUSER 1986).

Als Dimensionen weiblicher Identität hatten wir herausgearbeitet, daß Frauen sich wesentlich familiär orientieren, ihre Selbstkonstruktion sie auf Unmittelbarkeit, Körperlichkeit, Nähe und Zweisamkeit lenkt. Die Hoffnung, die wir in solche weibliche Ausrichtung legen, gilt der Notwendigkeit, das Leben zu retten in einer Gesellschaft, die sich anschickt, es endgültig zu zerstören. Hier haben die Frauen alles zu gewinnen. Allerdings wäre es eine Voraussetzung, ihre "Zuständigkeit" aus den Privatfesseln zu lösen und auf die Gesamtgesellschaft zu übertragen. Vereinfacht gesprochen gilt heute mehr denn je: Frauen müssen in die Erwerbsarbeit und in die Politik. Unsere Frage lautet jetzt: Wie sind denn Frauen auf solches Ausschreiten psychisch bzw. in ihrer Selbstkonstruktion vorbereitet?

Wir stellten Fragen im Feld der Politik, nach der Wahrnehmung und dem Erleben von Widersprüchen. Ein erstes eigenartiges Resultat: Selbst dann, wenn die Frauen unmittelbar politisch tätig sind, erfahren sie auch diese Tätigkeit als "uneigentlich". Sie beschäftigen sich mit ihren Motiven zu solchen Taten und geben als Quelle die Liebe zu einem Mann oder die Enttäuschungen über ihn an. In dieser Weise lassen sie eine Hintertür offen, durch die sie jederzeit wieder aus der Politiksphäre verschwinden können, wenn der oder das Eigentliche auftaucht.

Inhaltlich wird das Politische im wahrsten Sinn des Wortes abstrakt gelebt. Politische Probleme - etwa die Situation in der Dritten Welt - wird als eine Art Notruf vernommen und sofort persönlich als Aufgabe akzeptiert. Um aber solch vielfältigem Rufen nachzukommen, studieren Frauen nicht etwa das Feld der Politik als Handwerk und als Kunst, eignen sich nicht Schritt um Schritt die erforderlichen Qualifikationen an, sondern sie begeben sich in eine Art psychischer Selbstbearbeitung. Erfahren sie sich als ängstlich, erschrocken, kraftlos, werden eben diese Dimensionen durch allerlei Strategien überlistet, nicht behoben. Die einzelnen bleiben so nicht nur relativ inkompetent. Sie scheinen auch als Personen hochgradig gefährdet. In gewisser Weise programmieren sie ihren Eintritt in die Politiksphäre als Scheitern. Die Abstraktion von den wirklichen Anforderungen und der Dimension der politischen Aufgaben verdankt sich unseres Erachtens der objektiven und subjektiven Konstruktion von Frauen in dieser Gesellschaft. Diese zu überwinden erscheint mir als dringliche Aufgabe. Sie zu erkennen ist eine Forschungsfrage, zu der auch Psychologen Wichtiges beizutragen hätten.

Anmerkung

Im Zentrum dieses Beitrags steht ein Auszug aus einer umfangreicheren Arbeit, die ich zusammen mit Kornelia Hauser unter dem Titel "Probleme mit weiblicher Identität" veröffentlichte, in: HAUG u. HAUSER (Hg.) 1985.

Literaturverzeichnis

BELOTTI, E.G.: Was geschieht mit kleinen Mädchen? München 1977

FOUCAULT, M.: Sexualität und Wahrheit. 1. Band: Der Wille zum Wissen. Frankfurt/M. 1979

HAUG, F. (Hg.): Frauenformen 1. Alltagsgeschichten und Entwurf einer Theorie weiblicher Sozialisation. Argument-Sonderband 45. Berlin/W. 1980a

HAUG, F.: Opfer oder Täter? Über das Verhalten von Frauen. In: Das Argument 123, 1980b

HAUG, F. (Hg.): Frauenformen 2. Sexualisierung der Körper. Argument-Sonderband 90. Berlin/W. 1983a

HAUG, F. und HAUSER, K. (Hg.): Subjekt Frau. Kritische Psychologie der Frauen. Argument-Sonderband 117. Berlin/W. 1985

HAUG, F. und HAUSER, K.: Subjekt Frau 2. Argument-Sonderband 130. Berlin/W. 1986

HAUG, F.: Zeit der Privatisierungen? In: Das Argument 156. Berlin/W. 1986

HOLZKAMP, K.: Grundlegung der Psychologie. Frankfurt/M., New York 1983

IRIGARAY, L.: Speculum. Spiegel des anderen Geschlechts. Frankfurt/M. 1980

SCHEU, U.: Wir werden nicht als Mädchen geboren - wir werden dazu gemacht. Zur frühkindlichen Erziehung in unserer Gesellschaft. Frankfurt/M. 1977

II. ZER-STÖRUNGEN

Nicola Böhm

FRAUEN - DAS KRANKE GESCHLECHT?

Zur Epidemiologie psychischer Erkrankungen bei Frauen

"Eine umfassende Statistik über Art und Häufigkeit psychischer Erkrankungen in der BRD gibt es nicht" beklagt der Deutsche Bundestag (1985, 107). Sieht hier also die Datenlage generell schon schlecht aus, so verfinstert sich das Bild noch weiter, versucht frau Aussagen über die geschlechtsspezifische Verteilung psychischer Erkrankungen zu machen (1).

Anders sieht es in den USA aus, wo die Pharmaindustrie ihre Daten offenlegen muß, und die Frauengesundheitsforschung seit mindestens 10 Jahren auf flächendeckende Datensammlungen mit geschlechtsspezifischen Diagnosestellungen zurückgreifen kann. Ähnliche Ausgangslagen finden sich in Skandinavien, Holland und England, die jedoch aufgrund der differierenden Diagnosekriterien (vgl. DAVISON & NEALE 1979, 63ff., 342ff.) und der unterschiedlichen gesellschaftlichen Situation auf uns nur bedingt übertragbar sind.

Insofern muß ich in der nachfolgenden Übersicht für die BRD von kleineren Erhebungen ausgehend Schlußfolgerungen ziehen und Daten verwerten, die ursprünglich zu angrenzenden Fragestellungen erhoben wurden. So liefern beispielsweise Krankenstandsdaten der Krankenkassen und Verordnungen von Psychopharmaka durch die niedergelassenen Ärzte eher indirekte Möglichkeiten zur Ergänzung des epidemiologischen Bildes, das sich letztlich nur durch Befunde entsprechender Studien aus dem Ausland vervollständigen läßt.

Die essentiellen Ergebnisse dieser hierzulande nur mühsam möglichen Datensammlungen mögen eingearbeiteten Frauenforscherinnen bekannt erscheinen. In ihrer so erdrückend eindeutig anmutenden Zusammenschau lohnen sie sich meines Erachtens nach jedoch immer wieder einem breiteren Publikum vorgeführt zu werden, um von verschiedensten Standpunkten aus hinterfragt werden zu können.

Dabei sollte man eines schon vorab im Hinterkopf behalten: Abbildungen psychischer Labilität von Bevölkerungsteilen in Zahlen können aus verschiedenen Gründen nur ein verzerrtes, schein-objektives Bild der Realität abgeben, bzw. wir müssen uns fragen, was alles in dieser "Realität" mitbetrachtet wird. Immer fließen die kulturellen Traditionen der Epoche und das jeweilige gesellschaftliche Machtgefüge in solche Daten ein, was häufig nur am Rande erwähnt oder gänzlich verdrängt wird.

Angaben zur Morbidität beruhen zum Beispiel als erstes einmal auf dem derzeit aktuellen Krankheitsbegriff, der eine nur bedingt eindeutige Definitionsübereinkunft sein kann (wie in den Schwankungsbreiten von Diagnosehäufigkeiten später noch zu sehen sein wird).

Änderungen in der Festlegung, was als psychisch krank gilt und was nicht, fanden in diesem Jahrhundert bereits in gravierendem Maße statt (2) und haben die epidemiologischen Ergebnisse entsprechend beeinflußt (vgl. KLEIBER 1986).

In die Grenzziehung zwischen Normalität und Abweichung fließt schon über diejenigen, d i e definieren, aktuell anerkannte Macht ein, die sich durch die Ausgrenzung der Abweichenden selbst stabilisiert (vgl. hierzu KEUPP 1972; FOUCAULT 1969). Die Fortsetzung der Abbildungsverzerrungen findet in den Techniken der Datenerhebung statt. "Wer diagnostiziert mit welchen Vorkenntnissen und Instrumenten wen, bzw. welche Population?" sind nur einige der Fragen, die wir stellen könnten. Und last not least wird die Auswertung und Handhabung dieser Daten durch Veröffentlichung ebenfalls von politischen Interessen mitbestimmt.

Zum Vorkommen psychischer Erkrankungen in verschiedenen sozialen Schichten, in der Stadt und auf dem Land, in unterschiedlichen Berufen und Krankenkassen etc. liegen Übersichten und spezielle Veröffentlichungen vor. Die Geschlechtsvariable wurde dabei aber nur gelegentlich und dann beiläufig berücksichtigt. Vielleicht waren die gefundenen Unterschiede zwischen den Geschlechtern für die Forscher wegen ihrer "Selbstverständlichkeit" so wenig beachtenswert, jedenfalls begannen erst in den siebziger Jahren amerikanische Frauenforscherinnen und Feministinnen sich des Themas anzunehmen.

Nachfolgende Zahlen spiegeln demnach nicht einfach Tatsachen wider, die "so sind", sondern Teilaspekte von Realität, die durch Interaktion der Individuen mit dem Normgefüge der Gemeinschaft dieses reproduzieren. Die Gefahr der Referierung oder Rezeption epidemiologischer Forschungsergebnisse liegt daher in eben dieser unreflektierten Reproduktion der vorhandenen hierarchischen Verhältnisse.

1. Geschlechtsspezifische Daten zur psychischen Gesundheit

1.1 Untersuchungen aus der BRD

Die seit dem 2. Weltkrieg einzige bundesdeutsche Untersuchung zur sogenannten "wahren Prävalenz" (3) psychischer Erkrankungen wurde zwischen 1975 und 1977 in drei unterschiedlich strukturierten oberbayrischen Landkreisen durchgeführt (WEYERER und DILLING 1984). 1.536 Probanden wurden zufällig aus den Einwohnerkarteien einer Industrie-, einer Verwaltungsstadt und einer ländlichen Gemeinde gezogen. Ein Psychiaterteam suchte die Personen auf und beurteilte sie im Anschluß an eingehende diagnostische Interviews.

Bei 21,3% der Frauen und bei 15,2% der Männer fanden sie als behandlungsbedürftig eingestufte psychische Störungen. Die weibliche Morbiditätsrate lag also um das 1,4fache über der männlichen.

Alle weiteren verfügbaren Daten aus der BRD beziehen sich auf die sogenannte "behandelte Prävalenz", welche die tatsächliche Erkrankungsverteilung nur schätzen kann und einem größeren Ausmaß (auch geschlechtsspezifischer) Verzerrungsmöglichkeiten unterliegt (siehe weiter unten).

Die Arbeitsunfähigkeitsstatistiken der gesetzlichen Krankenkassen zeigen, daß von allen Erwerbstätigen, die 1981 in einer Ortskrankenkasse pflichtversichert waren, lediglich 6,6% der (6,3 Mio.) männlichen und 7,5% der etwa halb so vielen (3,3 Mio.) weiblichen Mitglieder wegen einer seelischen Störung oder Krankheit krankgeschrieben wurden (Statistisches Jahrbuch 1985). Danach wären kaum mehr Frauen als Männer psychisch beeinträchtigt: die Geschlechterrelation liegt bei 1,1:1.

Trotz der enorm hohen Zahl berücksichtigter Bundesbürger können diese Daten nicht als vollständig repräsentativ gelten. Nicht nur die Frauen, auch obere und mittlere Sozialschichten finden sich in ihnen unterrepräsentiert. Pflichtversicherte sind in der Regel Erwerbstätige. Überhaupt keine Aufschlüsse liefern diese Statistiken über mitversicherte Familienmitglieder, obwohl nach wie vor knapp 2/3 der weiblichen Bevölkerung auf diese Weise mitversichert ist (4). Würden die mitversicherten Ehefrauen und Töchter mit einbezogen, fiele das Geschlechterverhältnis aller Wahrscheinlichkeit nach ungünstiger für die Frauen aus, da Hinweise darüber vorliegen, daß berufstätige, d.h. selbstversicherte Frauen seltener psychisch erkranken als nichtberufstätige (siehe unten).

Betrachtet man die Krankenstandsdaten bezüglich psychischer Störungen im historischen Verlauf, so zeichnet sich ein interessanter Trend ab, nämlich: eine tendenzielle Angleichung der Geschlechter. War das Verhältnis von männlichen zu weiblichen psychisch Kranken in den 60er Jahren bereits 1:2,7, so verschob es sich im Laufe der 70er Jahre bereits zu einem Verhältnis 1:2 und lag, wie bereits erwähnt, im Jahre 1981 bereits bei 1:1,1.

Das heißt, daß in den 60er Jahren noch dreimal soviel weibliche wie männliche Beschäftigte wegen psychischer Beeinträchtigungen krankgeschrieben wurden (zu Daten der 60er und 70er Jahre siehe HENKEL & ROER, Berechnungen aus Tabelle 5, 10 und 11). Im letzten Jahrhundert (vgl. JARVIS 1850) sowie zu Beginn dieses Jahrhunderts (DOHRENWEND & DOHRENWEND 1980) wurden überhaupt bei M ä n n e r n und nicht bei Frauen mehr psychische Krankheiten festgestellt. Die Raten lagen allerdings insgesamt auch erheblich niedriger und bezogen nur Psychosen und körperlich bedingte Geisteskrankheiten mit ein. Erst seit dem 2. Weltkrieg wurden mit zunehmender Häufigkeit Neurosen diagnostiziert und für behandlungsbedürftig erachtet, was zu einem sprunghaften Anstieg der Gesamtrate psychischer Erkrankungen geführt hat (KLEIBER 1986).

Einen weiteren Indikator für die epidemiologische Verteilung psychischer Leiden auf die Geschlechter bildet die Inanspruchnahme psychotherapeutischer Behandlung. An der Münchner Abteilung für Psychotherapie und Psychosomatik der dortigen Psychiatrie wurden in den letzten Jahren zum Beispiel zu 61% Frauen und nur zu 39% Männer behandelt (katamnestische Erhebung an 364 Patienten). Das Ungleichgewicht zuungunsten der Frauen von 1,6:1 läßt sich laut Autor nicht aus der altersentsprechenden Bevölkerungsverteilung erklären (v. CUBE 1983, 6).

Diese Geschlechtsaufteilung im therapeutischen Klientel befindet sich in Übereinstimmung mit administrativen Registrierungen behandelter Patienten in Fachkrankenhäusern Mannheims aus den 70er Jahren (HÄFNER & KLUG 1980) und mit psychodiagnostischen Untersuchungen der Klientel in Hausarztpraxen in Mannheim und im Landkreis Traunstein (ZINTL-WIEGAND et al. 1978, 1980; DILLING et al. 1978; DILLING & WEYERER 1978b): Überall lag der Anteil der weiblichen Behandelten um ein Ähnliches über der Rate der männlichen Patienten.

Das Übergewicht der Frauen ergibt sich allerdings hauptsächlich durch die ambulante Versorgung. RIEDMÜLLER (1981) referiert zur Inanspruchnahme Münchner sozialpsychiatrischer Dienste einen Frauenanteil von 80%. Die Beratungsstellen für Erziehungs-, Ehe- und Familienschwierigkeiten werden dort viermal häufiger von Frauen aufgesucht als von Männern. Die Feldstudie von WEYERER und DILLING (1984) ergab ebenfalls im ambulanten Versorgungsbereich ein Verhältnis von 3,1:1 zwischen Frauen und Männern. Bei den stationär Vorbehandelten dagegen war es mit 1,1:1 in etwa ausgeglichen.

Es zeichnet sich also ab, daß gravierende Erkrankungen, wegen denen Patienten stationär aufgenommen werden, bei beiden Geschlechtern etwa gleich häufig diagnostiziert werden. Leichtere psychische Störungen werden dafür eindeutig mehr bei Frauen festgestellt und (ambulant) behandelt.

Häufiger als mit einer Krankschreibung oder Überweisung an psychiatrische und psychotherapeutische Einrichtungen versorgen niedergelassene Ärzte ihre psychisch beeinträchtigten Patient/inn/en mit einem Rezept. SICHROVSKY (1984) und GLAESKE (1985) analysierten die Verordnungspraxis von Psychopharmaka und die von den Ärzten zugrunde gelegten Diagnosen. Bei den Zahlen handelt es sich bereits um Hochrechnungen auf die Bevölkerung der BRD. Sie basieren auf Angaben von knapp 5% "vielverschreibender" Ärzte.

Danach diagnostizieren deutsche Praxis-Ärzte etwa 20 Millionen Mal im Jahr eine Neurose (5). Bei 1000 Patientinnen werden dabei im Durchschnitt 970 Diagnosen, die mit psychischen Erkrankungen in Verbindung stehen, gestellt. Auf 1000 männliche Patienten kommen im Vergleich dazu durchschnittlich 458 solcher Diagnosen (vgl. dazu Tab. 3). Dies ergibt ein Geschlechterverhältnis von 2,1:1, was bedeutet, daß niedergelassene Ärzte bei Frauen doppelt so häufig psychische Störungen diagnostizieren wie bei Männern. Neurosen und Schlafstörungen machen bei den hier einbezogenen Diagnosen mit 70% den größten Anteil aus.

Die Zahlen rechnen jedoch Mehrfachdiagnosen mit, so daß man nicht auf den ersten Blick entscheiden kann, ob insgesamt mehr Frauen betroffen sind, oder ob Frauen häufiger eine Mehrfach- oder Wiederholungsdiagnose erhalten.

Dies ist jedoch unwahrscheinlich, da die Daten aus einer Stichprobenzeit von einer Woche stammen, in der höchstwahrscheinlich jede Person nur einmal erfaßt ist.

Betrachtet man die Altersverteilung, so liegt der Gipfel des Geschlechterunterschieds in der Phase zwischen 40 und 55 Jahren (vgl. Tab. 1), das heißt für Frauen in einer Zeit, in der gewöhnlich die Kinder das Haus verlassen, die Berufstätigkeit und die Doppel- bzw. Dreifachbelastung ihre Folgen zu zeigen beginnt, oder eine Berufstätigkeit nach familiär bedingter Pause schwer wieder aufzunehmen ist. In diesem Lebensabschnitt liegen die Rate für seelische Störungen bei Frauen so hoch wie in keiner anderen Altersstufe (vgl. hierzu SICHROVSKY 1984, 147).

Tabelle 1: Vielfaches weiblicher Diagnoseraten im Vergleich zur männlichen Prävalenz (berechnet aufgrund von Daten GLAESKE 1985)

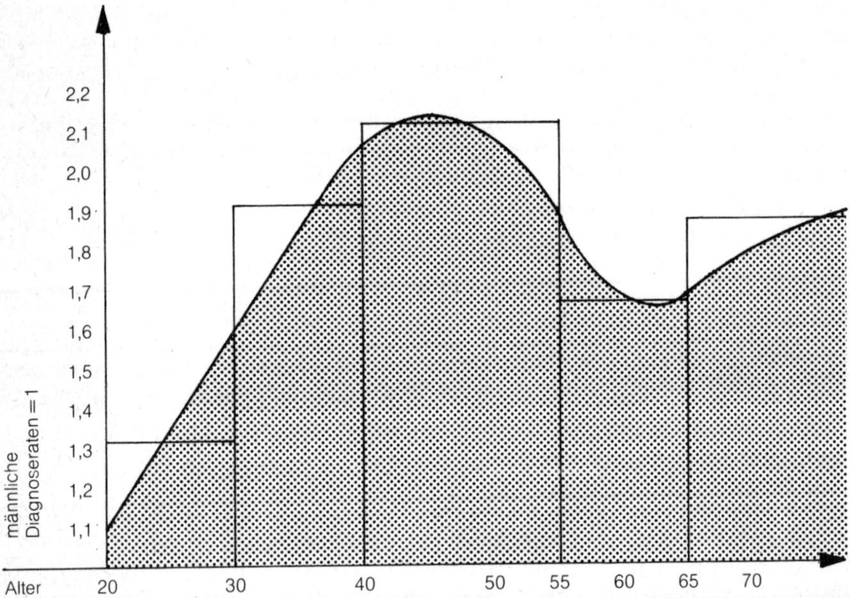

HAGNELL (1970, zit. nach KLEIBER 1986) berechnet das Risiko, an einer Neurose zu erkranken (= Inzidenz): Es liegt bei Frauen mit einer Wahrscheinlichkeit von 5,6 Episoden im Jahr pro 100 Frauen im Alter zwischen 40 und 50 Jahren am höchsten, für Männer liegt der Gipfel mit einer Wahrscheinlichkeit von 2,4 Episoden im Jahr pro 100 Männern nicht nur halb so hoch, sondern auch eine Dekade früher, nämlich im Alter zwischen 30 und 40.

Auf 100 Frauen zwischen 40 und 65 Jahren kamen 1982

laut SICHROVSKY folgende Diagnosezahlen: 64mal Neurosen, 32mal Schlafstörungen, 32mal Migräne, 29mal Kopfschmerzen, 19mal Depressionen, 18mal Psychosen und 12mal Nervosität und Schwäche.

Diese immensen Anhäufungen psychischer und psychosomatischer Diagnosen für Frauen im mittleren Lebensalter entspricht, daß Tranquilizer und Neuroleptika für diese Altersgruppen zu den am häufigsten (!) verschriebenen Medikamenten avancieren. In allen anderen Altersstufen rangieren Psychopharmaka auf niedrigeren Plätzen der "Medikamenten-Hitliste", immer jedoch bei Frauen einige Ränge höher als bei den Männern (SICHROVSKY 1984, 156-167).

Insgesamt verordnen Ärzte in der BRD 2,2mal mehr reine Psychopharmaka (6) an Frauen als an Männer. Bei einer Zusatzanalyse dieser Daten (MIELCK 1985) konnte nachgewiesen werden, daß nicht etwa pro Frau mehr psychoaktive Mittel oder höhere Dosen verordnet wurden als pro Mann, sondern daß tatsächlich doppelt soviele Patientinnen ein Rezept erzielten. Naheliegend wird dadurch, daß die oben erwähnten Diagnoseraten ebenfalls ungefähr doppelt soviele Frauen wie Männer betreffen. Eine Zusatzanalyse anhand der personenbezogenen Daten für die geschlechtsspezifischen Diagnosen steht jedoch noch aus.

1.2 Ergänzende Daten aus dem Ausland

Verblüffend einstimmig werden aus den Niederlanden, Schweden, England , den USA und Kanada ähnliche Ergebnisse zur geschlechtsspezifischen Medikalisierung mit Psychopharmaka berichtet. Überall liegen Frauen bei mindestens der doppelten Menge verschriebener Mittel und - falls miterhoben - bei knapp 100% mehr psychopathologischen Diagnosen im Vergleich zu den Männern (HAARJE-RUSKAMP & STEWART 1985; HANSEN 1985; HADDON 1984; VERBRUGGE 1982; COOPERSTOCK & PARNELL 1982; COOPERSTOCK 1979).

Sammelreferate zu Feldstudien über die wahre Prävalenz psychischer Erkrankungen aus denselben Staaten ergeben auch für die Diagnoseraten ähnliche Geschlechterverhältnisse, wie die eingangs zitierte einzige deutsche Erhebung: der Median (7) aus 22 Untersuchungen der Jahre 1950 bis 1975, die DOHRENWEND & DOHRENWEND (1976) referieren, lag für Frauen (mit 23,5%) 1,5mal so hoch wie für Männer (15,4%). Aus den von GOVE (1978) zitierten 16 Untersuchungen derselben Zeit ergibt sich bei den Frauen eine mittlere Prävalenz von 32,5% und bei den Männern eine von 8,2%, hier also sogar ein Verhältnis von 1,8:1.

Bis auf seltene Untersuchungen, in denen die Geschlechtsrelation ausgeglichen war, fanden beide Autoren für die Zeit nach dem 2. Weltkrieg nur Ergebnisse mit erhöhten Raten für Frauen. Das Phänomen der weiblichen Anfälligkeit für psychische Störungen erweist sich somit trotz kultureller und sozialer Unterschiede und über alle Verschiedenartigkeiten in den jeweiligen Gesundheitssystemen westlicher Industrieländer als erstaunlich konstant.

Ebenfalls durchgängig findet sich in allen epidemiologischen Studien die soziale Schicht als wichtiger Faktor im Zusammenhang mit psychischen Erkrankungen. Der Trend zeigt, daß die Gefährdung für psychische Beeinträchtigungen und Krankheiten um so größer ist, je niedriger die soziale Stellung.

WEYERER und DILLING (1984) ermittelten für die Unterschicht der BRD 4mal so hohe Raten wie für Angehörige der mittleren Mittel- bis Oberschicht. Selten wird jedoch berechnet, daß in jeder Einkommensschicht Frauen wiederum nochmals häufiger betroffen sind als die entsprechenden Männer (Daten hierzu in HENKEL & ROER 1980).

Einige letzte Aufschlüsse liefern nationale Feldstudien aus den USA, die weitere demographische Variablen wie Berufstätigkeit und Familienstand berücksichtigen. Verheiratete Frauen, die erwerbstätig sind, bezeichnen sich als psychisch gesünder und als glücklicher im Vergleich zu nicht Berufstätigen. Dies ändert sich selbst dann nicht, wenn sie gleichzeitig kleine Kinder zu versorgen haben. Die Erkrankungsrate berufstätiger Frauen liegt entsprechend niedriger als die vergleichbarer Hausfrauen.

Verheiratete Männer dagegen erkranken häufiger, wenn ihre Ehefrauen berufstätig sind (NORTHCOTT 1981; KESSLER & McRAE 1982).

Von den demographischen Variablen ist der Familienstand am engsten mit der Häufigkeit psychischer Erkrankungen verbunden. Unter Ledigen sind Erkrankungsraten bei Männern höher als die der Frauen. Erst in der Ehe leiden Frauen häufiger unter psychischen Beeinträchtigungen als Männer. Für Geschiedene und Verwitwete erhöht sich das Erkrankungsrisiko bei beiden Geschlechtern gegenüber der Zeit der stabilen Partnerschaft. Hier sind die Ergebnisse im Geschlechtsvergleich weniger konsistent, tendieren aber insgesamt wieder zu höheren Raten bei Männern (vgl. Überblick zu 17 Studien in GOVE 1972; siehe auch GOLDMAN & RAVID 1980).

1.3 Zusammenfassung der Daten

Genug der Zahlen. Werfen wir einen zusammenfassenden Blick auf die hier referierten Daten. Es ergibt sich erstaunlicherweise ein relativ einheitliches Bild: Frauen werden häufiger als psychisch krank befunden.

In psychiatrischen Untersuchungen mit größeren Bevölkerungsstichproben westlicher Industrieländer werden Frauen etwa 1,5mal öfter als psychisch krank diagnostiziert als Männer. Die Quoten psychotherapeutisch oder psychiatrisch Behandelter entsprechen entweder diesem Geschlechterverhältnis, oder aber sie teilen sich auf in eine für beide Geschlechter gleich häufig durchgeführte stationäre Behandlung und eine bei Frauen ca. 3-4mal häufiger als bei Männern durchgeführte ambulante Psychotherapie bzw. Beratung.

In Arztpraxen der BRD liegt die Rate für Diagnosen psychischer Beeinträchtigungen bei Frauen 2mal so hoch wie bei Männern, das heißt, eine fachlich weniger qualifizierte und abgesicherte Beurteilung ergibt noch eklatantere Unterschiede. Die hier am häufigsten verwandte medikamentöse Behandlung mit Psychopharmaka wird in derselben Relation (2:1) auf die Geschlechter verteilt angewendet, nicht nur in der BRD, auch in anderen westlichen Industrieländern.

An Bedingungen, unter denen psychische Krankheiten vermehrt auftreten, wurden hier nur grobe Eckpfeiler demographischer Variablen wie Schicht, Familienstand und Berufstätigkeit kurz erwähnt. Am gefährdetsten erscheint hiernach die Gruppe der Frauen unterer Sozial- und Einkommensschichten, die verheiratet und nicht berufstätig sind.

1.4 Diskussion der Daten

Die Epidemiologie zeigt also durchgängig über Zeit, Ort und Untersuchungsmethode hinweg Frauen verglichen mit Männern als die häufiger psychisch Gestörten. DOHRENWEND (1980, 130) bezeichnet den Geschlechterunterschied als "eine der härtesten Fakten, die es in bezug auf unser Problem (gemeint sind Fragen zur Epidemiologie psychischer Störungen) gibt". Obwohl die absoluten Erkrankungszahlen (Morbidität) immensen Schwankungen unterliegen (von 0,2% bis 32% nach einer Übersicht von WEYERER & DILLING 1984), bleibt die Relation zwischen den Geschlechtern durch alle Studien hinweg konstant.

Worauf diese beeindruckende Konstanz zurückgeführt werden kann und was sie inhaltlich aussagt, ist mit den Zahlen allein jedoch keineswegs so klar festgelegt, wie es auf den ersten Blick hin scheinen mag. Die augenscheinliche Eindeutigkeit ist aus verschiedenen Gründen mit Vorsicht zu genießen.

Zunächst einmal entbrannte die Diskussion an der in der Psychologie altbekannten Divergenz, ob bereits das genetische Erbmaterial Frauen für eine spätere psychische Störung prädisponiere (vgl. DOHRENWEND & DOHRENWEND 1976; EYSENCK 1982), oder ob die Umweltbedingungen unserer Kultur mit ihren benachteiligenden Lebensbedingungen für Frauen eine hinreichende Erklärung für die häufigeren Beschädigungen bieten (vgl. GOVE 1978). Die erste Betrachtungsweise nutzt die Epidemiologie psychischer Erkrankungen dazu, das traditionelle Bild vom schwachen Geschlecht, welches aus biologischen Gründen anfälliger reagiert, zu perpetuieren und zu zementieren. Der Nachweis über den Zusammenhang scheiterte jedoch an den widersprüchlichen Daten (FRANKS & ROTHBLUM 1983), wobei anzumerken bleibt, daß keiner der Autoren das Wirken von Umweltfaktoren gänzlich verneint.

So kümmerte man sich in der Frauenforschung lieber um die Frage, welche Umweltbedingungen genau für Frauen schädlich sind und wie sie wirken könnten. Die ökonomischen und sozialen Benachteiligungen von Fragen wurden thematisiert und bis in die Wirksamkeit von Alltagssituationen auf die Psyche der Frau verfolgt.

Man denke hier allein an den eindeutigen Zusammenhang von psychischer Erkrankung und sozialer Schicht und halte sich den allgemein niedrigeren beruflichen Status der Frau und ihre vergleichsweise geringe Bezahlung vor Augen. Studien, die epidemiologische Daten berufsspezifisch analysieren, zeigen sozial niedrig bewertete und körperlich anstrengende Berufssparten, wie etwa die der Raumpflegerin weit an der Spitze der Erkrankungsraten (vgl. zum Beispiel THIELE 1981). Dabei stellt Berufstätigkeit an sich einen gewissen Schutz vor psychischer Dekompensation dar, wie wir aus den Daten entnehmen konnte, das heißt, gar kein eigener Erwerb belastet offensichtlich noch mehr als ein schlechter.

Die Darstellung einzelner Alltagsbelastungen möchte ich an dieser Stelle schon aus Raumgründen nicht erneut aufgreifen. Sie ist bei Autorinnen wie PROSS (1973, 1975), PROKOP (1976), der PSYCHOLOGINNENGRUPPE MÜNCHEN (1976), GIPSER & STEIN-HILBERS (1980), BURGARD (1980), um hier nur einige zu nennen, detailliert dargestellt. Dabei werden zwar - im Gegensatz zur Erbtheorie - die krankmachenden Belastungen als veränderbare begriffen, die Frauen werden jedoch auch in diesen Analysen vielfach als passive Opfer äußerer Verhältnisse dargestellt, denen sie hilflos ausgeliefert sind.

Eine Umbewertung liefert meines Erachtens folgende Überlegung: Könnte man die Häufigkeit psychischen Leidensdrucks nicht auch als Ausdruck und Auswirkung spezifisch weiblicher Arbeit und Fähigkeiten verstehen? Frauen obliegt in unserer Gesellschaft die Verantwortung für den familialen Reproduktionsbereich. In diesem kümmern sie sich nicht nur um das leibliche Wohl, sondern auch um Beziehungen, Stimmungen und Atmosphärisches. Psychische Wahrnehmung von Unausgesprochenem und von Gefühlen ist harte Arbeit. Das erfahren Therapeuten tagtäglich. Das weibliche Leben schließt allein durch die Geschlechtszugehörigkeit den Auftrag zu dieser Leistung in der Familie ohne jedes Entgelt und ohne Entlastung durch Supervision oder Selbsterfahrung ein. Würde man also die weibliche "Beziehungsarbeit" als Arbeit im üblichen Sinne achten, so könnte der erhöhten Rate psychischer Störungen bei Frauen die Bedeutung einer "Berufskrankheit" zukommen, ähnlich den Lungenerkrankungen von Chemie- oder Bergbauarbeitern.

Als weiteren Schritt weg vom Bild der passiven Frau kann man das Nachdenken über Selbstbilder von Frauen und den daraus folgenden Rahmen ihrer Verhaltensmöglichkeiten betrachten.

Richter veröffentlichte 1973 die Ergebnisse einer Befragung von erwachsenen bundesdeutschen Bürgern (repräsentativer Querschnitt) zu ihrem Selbstbild und dem gegenseitigen Fremdbild von Ehepartnern. Die Antworten führen uns die Verinnerlichung der häufig als Klischee zu den Akten gelegten Rollenbilder vor Augen: Frauen schildern sich im Vergleich zu Männern als eher ängstlich, depressiv, erotisch gehemmt und selbstunsicher. Sie betrachten sich als ordentlicher, fürsorglicher und weniger ehrgeizig, sie ordneten sich lieber unter und sahen sich als eher schwach beurteilt.

Das Selbstbild der Männer hingegen ist gekennzeichnet durch Eigenschaften wie Angstunterdrückung, Demonstration von Selbstsicherheit, Stärke, Dominanz und Ehrgeiz. Sie beurteilten sich außerdem als egozentrischer, unordentlicher und bequemer. Die gegenseitigen Fremdbilder der beiden Geschlechter voneinander gingen in derselben Richtung noch krasser auseinander und bestätigten den jeweils anderen damit in seiner Sicht.

Richter schlug den Bogen von der größeren Offenheit

der Frauen gegenüber ihrer Emotionalität und vorhandenen Schwächegefühlen zur weiblichen Bereitschaft über Beschwerden und Schwierigkeiten zu klagen. Die Unterschiede zwischen den Geschlechtern in ihrem Hilfesuchverhalten wurde zum Thema.

Machen wir uns klar: Wer seine psychischen Spannungen und Belastungen gar nicht erst wahrnimmt, sondern verdrängt, oder sich trotz ihrer Wahrnehmung nicht an den Arzt wendet, bzw. auch nicht auf direkte Nachfrage hin Auskunft über seine innere Verfassung gibt, der kann auch nicht so schnell als krank diagnostiziert werden. Männern wird in unserer Kultur weniger gestattet, auf ihre körperliche oder gar psychische Befindlichkeit zu achten. Ihr Äußern von Schwäche ist sozial weniger erwünscht.

SICHROVSKY (1984) beschreibt anschaulich, wie sehr für Männer im Alter zwischen 20 und 40 Jahren die berufliche Karriere, Erfolg und Durchsetzungsfähigkeit gegenüber Konkurrenten im Vordergrund des Erlebens stehen. Er berichtet (172) von deutschen Großkonzernen, die von sich aus ihre Führungskräfte alle zwei Jahre gesundheitlich untersuchen lassen. Sie begründen diese Maßnahme mit ihrer Erfahrung, daß Männer vor allem ab 30 von selber nicht mehr über ihre Krankheiten sprechen wollten, und zwar weder mit ihrer Ehefrau noch mit einem Arzt. Schließlich wollen sie ihren Wert als Arbeitskraft nicht verringern.

In Dänemark wurde bei einer Erhebung zu Depressionen und Angstzuständen im Laufe der vergangenen sechs Monate (HANSEN et al. 1978, zit. in HANSEN 1985) u.a. danach gefragt, wie die Betroffenen (30% der befragten Männer und 42% der Frauen) in solchen Fällen reagieren: Für die Frauen stand an erster Stelle der Versuch, mit anderen Leuten über ihre Probleme zu reden. Sie reagierten darüber hinaus häufiger als Männer mit dem Aufsuchen eines Arztes oder anderer Professioneller und der Einnahme von Medikamenten.

Für Männer stand dagegen im Vordergrund "das Problem einfach zu vergessen". Sie versuchten häufiger als Frauen, sich "möglichst wenig darum zu kümmern".

Schätzen sich jedoch Männer wie Frauen (nationale Befragung in den USA) als gleich gefährdet ein - hier: kurz vor einem psychischen Zusammenbruch - so unterscheidet sich auch ihr Hilfesuchverhalten nicht mehr. Zumindest suchen dann beide Geschlechter gleich häufig einen Arzt oder ein Krankenhaus auf (GOVE 1978, 193). Die ähnliche Ausprägung von Selbsterhaltungstrieben in Extremsituationen kann aber keineswegs darüber hinwegtäuschen, daß sich bei Schwierigkeiten geringeren Ausmaßes Frauen bereitwilliger spontan in psychotherapeutische Behandlung begeben und der Therapie auch weitaus offener gegenüberstehen als Männer (vgl. zum Beispiel Äußerungen von Patienten in Katamnesedaten von CUBE 1983). Das unterschiedliche Hilfesuchverhalten der Geschlechter könnte daher ein wichtiger erklärender Faktor für den Befund sein, daß Frauen zwar dreimal so häufig wie Männer eine ambulante Therapie in Anspruch nehmen, in stationären Behandlungsraten jedoch keine Unterschiede zu finden sind (siehe oben WEYERER & DILLING 1984).

Aufgrund der Geschlechtsrolle und einem entsprechenden Selbstbild scheinen Frauen also ihren eigenen psychischen Problemen offener gegenüber zu stehen als Männer. Zumindest bei leichteren Störungsformen - die den Hauptteil der Behandlungsfälle ausmachen (siehe weiter unten) - fällt ihnen die Suche nach Hilfe offensichtlich leichter. Bei häufigeren Kontakten mit dem Gesundheitssystem aber ergeben sich entsprechend mehr Möglichkeiten zur Diagnose. Betrachtet man die psychischen Erkrankungsraten aus diesem Blickwinkel, eröffnet sich bereits die Möglichkeit, daß die Geschlechter sich in ihrer Labilität vielleicht ähnlicher sind als öffentlich zutage treten darf.

Man kann sich hier einen sich selbst verstärkenden Zirkel vorstellen, in dem durch tradiertes Rollendenken die Problemwahrnehmung der Frauen und ihre Bereitschaft, Hilfe zu suchen, verstärkt wird. Dies kurbelt das entsprechende Angebot im Gesundheitssystem an, was wiederum die Nachfrage aktiviert.

Insofern wird die stärkere Nachfrage der Frauen einerseits und das Bagatellisieren von Problemen bei den Männern andererseits wesentlich zu dem vorhandenen Ungleichgewicht in den berichteten Erkrankungsraten beitragen - und zwar in Form einer künstlichen Verzerrung.

Im unterschiedlichen Hilfesuchverhalten tragen die Geschlechter ihren Teil zur Konstituierung des unterschiedlichen Patientenstatus bei. Nun schließt sich hier die Frage an, wie sich die Geschlechter im einzelnen als Patienten anbieten. Es fragt sich, ob Männer und Frauen in unterschiedlichen Formen (Symptomen) erkranken, ob also ihr Selbstbild und ihre unterschiedliche Lebenssituation zu verschiedenem Abweichungsverhalten führt. Zur Klärung dieser Frage wird ein erneuter Einschub von Daten notwendig; den Diskussionsfaden greife ich anschließend wieder auf.

2. Zur Verteilung einzelner Störungsbilder auf die Geschlechter

2.1 Die Datenlage

Überblicke zu "wahren" Prävalenzstudien, in denen Raten einzelner Diagnosen und Gruppen von Diagnosen geschlechtsgetrennt aufgeschlüsselt werden, ergeben für die großen Diagnosegruppen zunächst folgende allgemeine Tendenz:
- Für Psychosen sind insgesamt keine konsistenten Geschlechtsunterschiede feststellbar (bei 52 der 57 Studien).
* Die eine große Unterform der Schizophrenie kommt etwa gleich häufig bei Männern und Frauen vor (in 27 von 35 Studien),
* die andere große Unterform, die affektiven Psychosen, finden sich häufiger bei Frauen (in 29 von 33 Studien).
- Bei Neurosen liegen die Raten für Frauen konsistent höher (in 46 der 57 Studien), während bei den Persönlichkeitsstörungen durchweg die Männer häufiger vertreten sind (in 42 der 57 Studien).

Diese Tendenzen erwecken den Eindruck einer Ausgewogenheit, die im Widerspruch zu stehen scheint zur bisher konstatierten Geschlechterdifferenz. Um das Bild wieder kongruent zu sehen, muß man die quantitative Bedeutsamkeit der jeweiligen Störungsgruppen hinzuziehen: Den weitaus größten Anteil der gesamten Prävalenz machen seit 1950 die Neurosen aus. Sie werden, je nach Studie, mit Raten zwischen 0,3-53% in der Bevölkerung diagnostiziert, während Psychosen vergleichsweise seltener, nämlich bei nur 0-8% der Bevölkerung vorkommen sollen (NEUGEBAUER et al. 1980).

Aufschlußreich ist, daß Persönlichkeitsstörungen, die immerhin eine Inzidenz von 0,1-36% der Bevölkerung aufweisen, aus Überblicken zu psychopathologischen Prävalenzdaten häufig ausgeschlossen (zum Beispiel GOVE 1978; ZERSSEN & WEYERER 1982), oder sehr unterschiedlich definiert werden. In der deutschen Feldstudie von WEYERER & DILLING (1984) faßte man ihre Definition beispielsweise so eng, daß die Rate mit 0,7% im Vergleich zu anderen Studien unrealistisch niedriger ausfiel.

Betrachtet man also, wie hier geschehen, die einzigen, für Männer typischen, Störungsbilder einfach nicht oder nur eingeschränkt als psychische Symptome, so verschiebt sich damit das epidemiologische Bild wieder zu Lasten höherer Raten für die Frauen. Als verbreitetste psychische Störung bleiben dann die Neurosen mit ihrem Frauenübergewicht an der Spitze der Inzidenzen stehen.

Schon bei diesem Überblick zu den Diagnosegruppen ergeben sich auch inhaltliche Schwerpunkte in der Symptomatik. Als gemeinsamen Nenner der häufiger bei Frauen auftretenden Störungen bezeichnet DOHRENWEND (1980, 131ff.) depressive Züge, bei den typisch männlichen Störungen gehe es dagegen um antisoziales und verantwortungsloses Verhalten. Schauen wir uns die Daten zu einigen Diagnosen aus der Gruppe der Neurosen und der Persönlichkeitsstörungen im einzelnen an, so finden wir die Tendenz bestätigt:

Bei einer internationalen Übersicht zu 14 Prävalenzstudien (9), die das Auftreten von Depressionen untersuchen (WEISSMANN & KLERMANN 1977), lagen in 13 Fällen die Raten der Frauen höher und nur in einer Studie für beide Geschlechter gleich hoch. Im Durchschnitt litten Frauen etwa doppelt so häufig unter depressiven Störungen. In der BRD wird bei etwa 6,2% der männlichen und bei 13,7% der weiblichen Patienten in Allgemeinarztpraxen die Diagnose "Depression" gestellt. Einheitlich überwiegt also bei der am häufigsten diagnostizierten Neuroseform der Frauenanteil in einem Verhältnis von ca. 2,1:1.

Zu den demographischen Variablen der Risikogruppen für depressive Störungen wurde in den USA weiter geforscht. Wiederum erwiesen sich insgesamt die verheirateten Frauen mit niedriger Bildungsstufe und geringem Einkommen als die Gefährdetsten.

In Studien, in denen Erwerbstätigkeit systematisch mit affektiven Symptomen variierte, zeichnete sich eine geringere Prävalenz bzw. günstigere Behandlungsprognose für erwerbstätige Frauen im Vergleich zu nicht erwerbstätigen ab (HAMM 1982). Von den verheirateten Frauen bildet die Gruppe, die mit Kindern zu Hause lebt und größtenteils nicht als arbeitslos gemeldet ist, die stärkste Risikogruppe, was dazu paßt, daß 40-50% aller weiblichen Depressionen im Alter von 25 bis 45 Jahren auftreten (GUTTENTAG & SALASIN 1978). Unter Arbeitslosen erwiesen sich dafür Männer als die Depressionsgefährdeteren (GOLDMANN & RAVID 1980).

In engem Zusammenhang mit Depressionen steht die Wahrscheinlichkeit für einen Selbstmord/-versuch. Dies gilt insbesondere für depressive Frauen, da bei ihnen die Suizidalität höher liegt als bei depressiven Männern (BECK & WEISSMANN 1978). Frauen begehen doppelt so häufig wie Männer einen Selbstmordversuch (BECK & WEISSMANN 1978;

BAECHLER 1981; MOSCHEL & HÄBERLE 1978). Die insgesamt seltener vorkommenden erfolgreichen Suizide werden zweimal so häufig von Männern verübt (in der BRD, im Ausland sogar 2,5:1). Auch hier wieder ein Blick auf Hinweise durch demographische Daten: Erwerbstätigkeit übt auch auf Suizidraten einen protektiven Einfluß aus. Unter den Frauen sind nicht erwerbstätige Verheiratete zwischen 45 und 55 Jahren am stärksten gefährdet (ORNSTEIN 1983).

Den zweitgrößten Anteil an den Neurosen haben die psychosomatischen Beschwerden, falls sie nicht als eigenständige Kategorie aufgeführt werden. 18-71% der Bevölkerung fühlen sich psychosomatisch beeinträchtigt (APFEL 1982).

Ein Überblick zu sieben repräsentativen Befragungen in der bundesdeutschen Bevölkerung aus den 70er Jahren (BRÄHLER & SCHEER 1979) zeigt dabei konsistent höhere Testwerte bei Frauen, die sich als häufiger oder stärker beeinträchtigt bezeichnen. Das Geschlechterverhältnis kann mit 1,6:1 eingeschätzt werden (APFEL 1982: 5 Studien aus den USA; FAHRENBERG 1969: 2 Studien aus der DDR).

Zu den frauenspezifischen neurotischen Störungen zählen neben den bisher erwähnten die Phobien. Sie machen mit einem Vorkommen von etwa 0,6% in der Bevölkerung zahlenmäßig einen eher geringen Anteil an der psychopathologischen Morbidität aus. Nach einer Übersicht von 12 Studien (FRANKS & ROTHBLUM 1983; AL-ISSA 1982) sind phobische Patienten im Durchschnitt zu 86% weiblichen Geschlechts. Diese Diagnose extremer Ängstlichkeit und Hilflosigkeit betrifft also 6mal soviel Frauen wie Männer. FODOR (1982) berichtet von einer Häufung der Agoraphobie bei jungen, frisch verheirateten Frauen und von einer höheren Prävalenz unter Hausfrauen, die nach eigenen Angaben lieber außer Haus arbeiten würden, aber nicht können, im Vergleich mit Hausfrauen, die mit ihrer Stellung zufrieden sind.

Schließlich erhalten von den Neurosen noch mehr Frauen als Männer die Diagnose Hysterie, Männer dagegen werden häufiger als zwanghaft und schizoid beurteilt (VON CUBE 1983). Zu diesen Diagnosen liegen mir keine detaillierten Datensammlungen vor (vgl. ergänzend die Tabellen 2 + 3).

Bei den Persönlichkeitsstörungen verhält sich die Geschlechterrelation gegensätzlich zu der bei den Neurosen. Hier sind die Männer stärker betroffen. Von den gut 80 epidemiologischen Studien, die DOHRENWEND & DOHRENWEND (1976) zusammenfassen, zeigen 17 geschlechtsspezifische Raten für Persönlichkeitsstörungen, 14 davon berichten von höheren Raten für Männer, 3 von höheren Raten für Frauen. Das männliche Übergewicht entstand dabei hauptsächlich durch die Diagnose der antisozialen und soziopathischen Persönlichkeit. Ansonsten gibt es zur Soziopathie wenig epidemiologisches Material. Die Diagnose wurde wie bereits erwähnt nicht immer als Unterform psychischer Störungen gesehen. Nicht erstaunlich ist daher, daß es trotz ähnlicher Morbidität (siehe oben) weitaus mehr Therapiestellen für die Behandlung von Neurosen gibt, als für Persönlichkeitsstörungen (AL-ISSA 1982). Das antisoziale Verhalten wird außerdem eher von formalen Gesetzen als von der Psychiatrie kontrolliert.

Erfassungen von Delinquenz (nicht gleichzusetzen mit Soziopathie) zeigen, daß seit Beginn der Kriminalstatistiken Frauen einen Anteil von 20% an den erfaßten Straftaten nie überstiegen (GIPSER 1980), das heißt, Männer werden 4mal häufiger straffällig. Das Hauptgewicht weiblicher Delinquenz machen leichte Diebstähle (zum Beispiel Ladendiebstähle) aus, während Männer eher schwere Diebstähle und gewalttätige Straftaten begehen (zum Beispiel Mord, Raub, Sachbeschädigung, Körperverletzung). Bemerkenswert ist, daß auf weibliche Kriminalität vornehmlich psychopathologische Erklärungsmodelle angewendet werden und männliche Delinquenz eher unter Berücksichtigung von soziologischen Faktoren betrachtet wird. Dementsprechend erhalten fast doppelt soviel Frauen wie Männer in Gefängnissen psychopathologische Diagnosen (AL-ISSA 1982).

Zum zweiten großen Bereich innerhalb der Persönlichkeitsstörungen, der Sucht, liegen detailliertere Angaben vor. War in den 60er Jahren noch lediglich jeder 10. süchtige Mensch eine Frau, so stieg der weibliche Anteil an den Suchtpatienten im Laufe der 70er Jahre auf fast ein Drittel. Seit Mitte der 70er Jahre konnte allerdings keine weitere signifikante Zunahme weiblicher Klienten in Suchtberatungsstellen (HELAS 1981) oder Krankenhäusern (AN DER HEIDEN & KISTNER 1983) festgestellt werden. Das Verhältnis weiblicher zu männlichen Süchtigen hat sich bei etwa 1:2,5-3 eingependelt.

Wegen der weitaus verbreitetsten Unterform, der Alkoholabhängigkeit, werden in deutschen psychiatrischen Krankenhäusern (übereinstimmend mit Daten aus Kanada, vgl. NAEGELE 1982) 4mal soviel Männer wie Frauen stationär aufgenommen. Von anderen Rauschmitteln (Cannabis, Opiate etc.) sind etwa doppelt soviel Männer wie Frauen abhängig und von einer Arzneimittelabhängigkeit sind wiederum doppelt soviel Frauen wie Männer betroffen (WARNKE 1981).

In der ambulanten Suchtberatung liegt der Frauenanteil mit Alkoholproblemen höher als in der stationären Behandlung. Hier schrumpft die Geschlechterrelation auf 1:2,5.

Bei den suchterkrankten Männern dominiert das Alkoholproblem (91% reine Alkoholabhängigkeit), süchtige Frauen sind nur etwa zur Hälfte von Alkohol, aber zu fast einem Drittel von Medikamenten abhängig (HELAS 1981). Außerdem sind Frauen häufiger mehrfachabhängig, wobei es sich in der Regel um eine Mischung von Alkohol- und Medikamentenproblemen handelt (WARNKE 1981).

Ähnlich der Situation bei Delinquentinnen erhalten Alkoholikerinnen, die in der Psychiatrie behandelt werden, zu 75% eine psychiatrische Nebendiagnose. Bei den ebenfalls dort behandelten Alkoholikern ist dies nur in 35% der Fall.

Der Prozentsatz von Alkoholabhängigen ist für beide Geschlechter unter getrennt oder geschieden Lebenden erhöht. Für Frauen steigt er sogar auf das Doppelte der Rate, die sie unter Verheirateten erreichen (AL-ISSA 1982). Allerdings lassen sich laut MATTHÄY (1983) 90% aller Ehemänner von Alkoholikerinnen trennen, Ehefrauen von Alkoholikern verlassen diese dagegen nur in 30% der Fälle. Im Gegensatz zur protektiven Rolle der Erwerbstätigkeit bei Neurosen (siehe oben) liegt das starke Trinken bei berufstätigen Frauen um 68% höher als in der Vergleichsgruppe der Hausfrauen. Die Gruppe der Geschiedenen und der Berufstätigen könnte sich hier jedoch zum Teil decken.

Zum Abschluß der langen Datenaufzählung ein Überblick zur Verteilung der Diagnosen auf die Geschlechter aus einer Felduntersuchung zur Standardisierung des aktuellen amerikanischen Diagnoserasters DSM III (erstellt: 1980). In Tabelle 2 sind solche psychopathologischen Diagnosen aufgeführt, die bei der Untersuchtung der Normalbevölkerung signifikant (*,p<.05) oder hochsignifikant (**,p.<.01) geschlechtsspezifisch diagnostiziert wurden (berechnet aus: KASS, SPITZER & WILLIAMS 1983).

Tabelle 2: Bei Frauen (N=1,415) wurden häufiger diagnostiziert:

	F	M	F:M
Affektive Störungen**	32,2%	21,0%	1,5:1
-Depressive**	16,4%	7,7%	2,1:1
-disthyme Störungen**	9,1%	5,2%	1,8:1
Anpassungsstörungen**	18,4%	11,3%	1,6:1
Eßstörungen*	1,2%	0,4%	3,0:1
Somatisierungen**	0,9%	0,1%	9,0:1
Abhängige Persönlichkeit**	10,8%	4,9%	2,2:1
Hysterische Persönlichkeit**	6,4%	0,8%	8,0:1

Tabelle 3: Bei Männern (N=1,297) wurden häufiger diagnostiziert:

	F	M	F:M
Drogenmißbrauch**	9,3%	22,9%	1:2,5
Organische Hirnstörung durch Drogenmißbrauch*	2,2%	3,8%	1:1,7
Hypochondrie*	0,6%	1,6%	1:2,7
Paraphilie**	0,0%	1,2%	1:2,7
Antisoziale Persönlichkeit	1,1%	5,6%	1:5,1
Schizoide Persönlichkeit**	1,2%	3,1%	1:2,6
Passiv-aggressive Persönlichkeit*	2,9%	4,5%	1:1,6

Zusammengefaßt zeigen Frauen also eher abhängige und vor allem depressive Symptome. Sie werden eher psychosomatisch krank, phobisch oder hysterisch und begehen in Notsituationen eher einen Selbstmordversuch als Hilfeschrei.

Männer werden dagegen auffällig durch antisoziales und aggressives, wenn nicht gar kriminelles Verhalten. Sie begehen häufiger Gewalttaten gegen andere oder gegen sich selbst (Selbstmord). Sie verhalten sich häufiger schizoid oder zwanghaft und sind wesentlich häufiger alkoholabhängig.

Damit bestätigt sich die Tendenz, daß Frauen eher zurückgezogen intrapunitiv mit depressiver Symptomatik und Männer vorzugsweise mit verantwortungslos-aggressivem acting-out-Verhalten reagieren.

Bevor wir nun die möglichen Hintergründe dieser geschlechtstypischen Verteilung von Störungsbildern diskutieren, müssen wir uns allerdings zunächst fragen, wie diese Diagnosen überhaupt zustande kommen, und inwieweit bereits in der Diagnosestellung schon geschlechtsspezifische Vorurteile Eingang finden.

2.2 Zur Entstehung der Diagnosen

Zunächst sollte man sich fragen, wer die Mehrzahl der Diagnosen stellt. Die weitaus größte Zahl psychischer Erkrankungen, aufgrund deren Psychopharmaka verordnet werden, wird von praktischen Ärzten diagnostiziert (SICHROVSKY 1984). Nimmt man die Berufsgruppe der Internisten hinzu, sind in der BRD bereits 90% der Diagnosen abgedeckt (61). Lediglich 7% aller Diagnosen, auf denen Verordnungen von Psychopharmaka basieren, werden von den dafür qualifizierten Fachärzten für Psychiatrie und Neurologie gestellt. Praktischen Ärzten fehlt demgegenüber zumindest in der Ausbildung sehr viel an Anleitung und Übung für das Diagnostizieren von Neurosen und Psychosen. Psychiater und Hausärzte befanden in der Untersuchung von WEYERER und DILLING (1984) auch nur mit 50% Übereinstimmung dieselben Patienten für behandlungsbedürftig wegen einer psychischen Störung. In der anderen Hälfte der Fälle waren sich beide Gruppen uneinig. Dennoch werden für epidemiologische Erhebungen noch vielfach Diagnoseraten niedergelassener Hausärzte benutzt.

Ein weiterer und möglicherweise folgenreicher Punkt ist, daß - zumindest in der BRD - 90% der Psychiater, 75% der klinischen Psychologen (FRANSSEN 1981) und über 80% der niedergelassenen Ärzte (SICHROVSKY 1984, 154) männlichen Geschlechts sind. Zu vermuten ist, daß hiermit ein vorwiegend männlicher Blick auf beide Geschlechter in Theorien, Beschreibungen von Krankheitsbildern, Erstellungen von Diagnosekriterien und Erhebungsinstrumenten sowie in ihre Anwendung einfließt.

In den USA gab es im Laufe der 70er Jahre eine Reihe von Studien zu geschlechtsspezifischen Gesundheitskonzepten und klinischen Urteilen von Ärzten und Psychotherapeuten.

Die berühmteste dieser Untersuchungen stammt von BROVERMANN et al. (1970). Sie zeigte, daß klinische Psychologen (N=79) unabhängig voneinander einen seelisch gesunden Erwachsenen sehr ähnlich beschreiben und sich dieses Konzept weitgehend mit dem des seelisch gesunden Mannes deckt. Die Beschreibung einer psychisch normalen Frau wich dagegen signifikant vom Bild des seelisch gesunden Erwachsenen ab ($p<.01$). Frauen wurden per se enger mit seelischer Störung und Schwäche verknüpft, denn unter seelischer Gesundheit stellte man sich "männliche" Eigenschaften wie Aktivität, Durchsetzungsvermögen und Rationalität vor. Diese damals aufsehenerregenden Ergebnisse wurden inzwischen von HAUNERT (1980) für die BRD repliziert und durch weitere Belege aus den USA gestützt:

Eine fiktive Klienten-Lebensgeschichte, die mit weiblichem Namen versehen war, wurde von Professoren für klinische Psychologie (N=71) bezüglich psychosozialer Abweichung härter beurteilt, als dieselbe Akte unter männlichem Namen (ABRAMOWITZ & ABRAMOWITZ 1973).

Sollen Psychotherapeuten gut integrierte Männer und Frauen beschreiben, so ähneln diese Bilder dem männlichen Eigenschaftsstereotyp. Zuschreibungen für schlecht integrierte Männer und Frauen liegen dagegen mehr in Richtung weiblichem Rollenstereotyp (JOHNSON 1974).

Der seiner Geschlechtsrolle entsprechende Mann wird von Therapeuten (N=182) als angepaßter im Sinne psychischer Gesundheit erlebt als die geschlechtskonforme Frau (GOMES & ABRAMOWITZ 1976). Weibliche Psychotherapiepatientinnen werden von Psychologen (N=30) als z u weiblich eingeschätzt, sowohl hinsichtlich sozial erwünschter als auch unerwünschter Eigenschaften. Die männlichen Klienten werden dagegen nicht als z u männlich beurteilt (COWAN 1976). Einige weitere Studien zu diesem Thema stellten keine oder nur geringfügige Tendenzen ähnlicher Art fest. Geschlechtsorientierte Beurteilungsverzerrungen in die gegenteilige Richtung werden nirgends referiert (vgl. ergänzend hierzu die Übersicht zu 15 Studien von SHERMAN 1980).

Die Aussage ist klar: Die Beurteilung seelischer Gesundheit orientiert sich an der männlichen Norm. Frauen werden zu einem Rollenverhalten erzogen, das näher an der Vorstellung von seelischer Störung liegt und laufen somit schneller Gefahr, eine entsprechende Diagnose zu erhalten (siehe oben Delinquentinnen und Alkoholikerinnen). Diese Rollenvorstellung prägt wohl alle westlichen Industrieländer, so daß die Parallelität der Geschlechterunterschiede bei den Erkrankungsraten möglicherweise auf die ähnliche Rollenverteilung und Sichtweise der Geschlechter zurückgeht. Hinzu kommen weitere Verzerrungen in entsprechenden Diagnosehilfsmitteln wie Fragebögen. Typische Erfassungsinstrumente zur Beurteilung von Depressionen, Ängstlichkeit oder dem Ausmaß psychosomatischer Beschwerden beinhalten vorherrschend Items, die weibliche Symptombilder der jeweiligen Störung abfragen (AL-ISSA 1982; HAMMEN 1982; VOGT 1985). So äußern sich Angst und Depression bei Männern beispielsweise stärker kognitiv und somatisch als rein psychisch, und sie leiden unter anderen psychosomatischen Beschwerden im Vergleich zu Frauen. Männliche Symptomatiken wie Aggressivität oder Reizbarkeit tauchen aber in den Fragebögen schon durch die sprachliche Formulierung der vorgegebenen Möglichkeiten nur unterrepräsentiert auf. Kein Wunder also, daß Frauen die höheren Mittelwerte erreichen.

Erste Konsequenzen des unterschiedlichen Diagnoseverhaltens der Ärzte gegenüber den Geschlechtern zeichnen sich in Ergebnissen einer Studie aus San Diego/USA ab: Die Behandlung von 52 Männern und 52 Frauen, die mit gleichen Symptomen zum Arzt gekommen waren, wurden einem Vergleich unterzogen. Dieselben Beschwerden (es handelte sich um Rücken-, Kopf- und Bauchschmerzen, Benommenheit und Erschöpfung) galten bei einer Frau eher als hysterisch oder psychosomatisch, bei einem Mann mit hoher Wahrscheinlichkeit somatisch bedingt. Der Untersuchungsaufwand für Männer übertraf den für Frauen signifikant, offensichtlich wurden hier die Symptome ernster genommen. Als Folge mußten die Frauen häufiger den Arzt aufsuchen (ARMITAGE et al. 1980). Ähnliche Einflüsse auf die Häufigkeit der Arztbesuche deuten sich an, wenn CUBE (1983) katamnestisch erhebt, daß männliche Psychotherapiepatienten vorzugsweise verhaltenstherapeutische Maßnahmen empfohlen werden, während Frauen eher die zeitaufwendigere analytische Psychotherapie nahegelegt wird.

2.3 Diskussion der Daten

Damit wird nun deutlich, daß nicht allein das weibliche Hilfesuchverhalten für ihre höhere Diagnoserate verantwortlich ist, sondern ebenso die überwiegend männlichen Diagnostiker und die von ihnen erstellten Diagnoseinstrumente. Diese sexistische Voreingenommenheit wird allerdings wohl nicht erschöpfend die Unterschiede in den Diagnosen, das geschlechtstypische Abweichungsverhalten erklären. Hierzu sollten wir nochmals die Diskussion um das Selbstbild der Frau, geschlechtliche Rollenstereotype und die unterschiedlichen Lebenssituationen von Frauen und Männern aufgreifen.

Tatsächlich paßt die Art, wie Männer und Frauen psychisch von den gesellschaftlich erwarteten Verhaltensnormen abweichen, auffällig gut zu den Erwartungen, die die Gesellschaft an sie stellt: Die sozial isolierte Hausfrau, die sich weiblich-passiv den Einschränkungen dieser Rolle unterwirft, reagiert am ehesten mit Depressionen, Phobien und ängstlich-hilflosem Rückzug. In der Übererfüllung der Rollenerwartung verweigert sie sich im stummen Protest (CHESSLER 1981). Auch bei den Männern stellt die Abweichung oftmals eine Überspitzung einzelner Aspekte ihres Rollenstereotyps dar. Haben Männer eher die Tendenz, anderen gefährlich zu werden, so schädigen sich die Frauen vielmehr selbst. Dies ist Bestandteil ihres Rollenstereotyps: in erster Linie die Schuld bei sich selbst zu suchen, die Verantwortung für psychische Probleme sich selbst aufzubürden und zugleich im äußeren Handlungsspielraum, in der realen gesellschaftlichen Verantwortung äußerst beschränkt zu sein. Diese Anforderung birgt in sich den Widerspruch, weiblich und zugleich lebenstüchtig zu sein. Es ist kein Zufall, daß gerade die Frauen, die am ehesten dem Rollenstereotyp entsprechen, also junge Mütter, die nicht berufstätig sind, das höchste Erkrankungsrisiko tragen. Sie sind mit der schwierigen Aufgabe der Kindererziehung weitgehend allein gelassen, haben aber zugleich als junge Ehefrau die Verantwortung für ihre Lebensperspektive der des Mannes untergeordnet.

Ebenso wie das "normale" Verhalten geschlechtsspezifisch geprägt ist, so ist es auch das Abweichungsverhalten. PIVEN und CLOWARD (1984) sehen diese These nicht nur in bezug auf Geschlechtsrollenstereotype, sondern auch bezüglich alters- und schichtspezifischer Normen bestätigt. Dies erklärt sich allerdings auch durch die unterschiedlichen Lebensumwelten, denen Männer und Frauen zugeordnet sind. So haben Männer in unserer Gesellschaft sehr viel mehr Handlungsspielräume, und damit auch mehr Möglichkeiten, psychischen Druck oder Widerstand auszuagieren: sei es im Sport, in den Vereinen, in Jugendbanden oder in politischer Betätigung. Sie haben eine breitere Palette kulturell sanktionierter Abwehrmittel zur Verfügung. In diesem Sinn erklärt auch DEVEREUX (1974) die stärkere psychische Gefährdung unterdrückter Klassen, als ihnen systematisch der Zugang zu den Abwehrmechanismen verwehrt wird, welche die Kultur den Privilegierten vorbehält. Darüber hinaus ist die Toleranzbreite - insbesondere für aggressives und sexuelles Verhalten - für Männer in unserer Gesellschaft sehr viel größer.

Es ist jedoch nicht allein die Enge des Handlungsspielraums, die die Lebensumwelt der Frau prägt, sondern, wie wir oben sahen, läßt sich die spezifische psychische Belastung der Frau auch aus der Art ihrer Arbeit - der Beziehungsarbeit - heraus erklären. Psychische "Erkrankung" als Berufskrankheit der Frau, lautete die oben aufgestellte These, was auch bedeutet: Überbelastung durch spezifische Rollenanforderungen nicht mehr der einzelnen abwertend zuschreiben und ihr die Bearbeitung selbst zu überantworten.

Daß die leichteren Störungen und die Einnahme von Psychopharmaka heutzutage Ausmaße einer Epidemie (SICHROVSKY) angenommen haben, hängt nicht zuletzt damit zusammen, daß die Familie für die Reproduktion des Mannes und der Kinder die Frau vorgesehen hat, für die Frauen selbst dagegen niemand vorgesehen ist, der sich um sie sorgt, sie tröstet, sie psychisch unterstützt und auffängt. Das wird unterstrichen durch die Tatsache, daß die Ehe für den Mann einen gewissen Schutz vor psychischer Erkrankung darstellt, für Frauen hingegen eher einen Belastungsfaktor. Früher konnten Frauen in Verwandtschaft und Nachbarschaft ihre Probleme loswerden. Heute sind diese Frauengemeinschaften kaum mehr anzutreffen und so bleibt ihnen vielfach keine andere Möglichkeit als professionelle Dienste in Anspruch zu nehmen. Allerdings um den Preis, sich als Problemträgerin identifizieren zu lassen oder gar den Patientenstatus einnehmen zu müssen.

Wir sind an dem Punkt angelangt, wo sich die Frage "wer ist kränker, der Mann oder die Frau?" gar nicht mehr stellt, da sie sich als definitions- und zuschreibungsabhängig erwiesen hat. Es fragt sich vielmehr "was nutzt und schadet den Frauen der Patientenstatus?". Von der Gemeinschaft getragene und finanzierte Reproduktionsmöglichkeiten stehen der Festlegung auf negativ bewertete Schwäche als Rollenanhängsel gegenüber. Diese wiederum könnte dem ökonomischen Interesse dienen, die Frauen im Reproduktionssektor zu halten und sie -"weil zu sensibel und wenig belastbar" - vom Produktionsprozeß und seiner positiven Bewertung fernzuhalten.

Die relativ willkürliche Grenze der Behandlungsbedürftigkeit stellt sich her durch Aushandeln zwischen dem Leidensdruck von Patienten und ihrem Hilfesuchverhalten (beides durch Sozialisation überformt) einerseits und andererseits den wandelbaren Normvorstellungen der Gesellschaft (repräsentiert in den Instanzen des Gesundheitswesens) und den zur Verfügung gestellten Behandlungskapazitäten.

Insofern erhalten wir durch die Epidemiologie Aussagen darüber, wie beeinträchtigt und behandlungsbedürftig sich die Bevölkerungsteile einschätzen, vermischt damit, wie hoch die Normanforderung der Gesellschaft an bestimmte Gruppen ist (je höher, desto mehr Ausgrenzung) und damit, wieviel sie sich im Dienste des Bruttosozialprodukts an Auffangmöglichkeiten leisten will und kann.

Die Gruppe der Frauen erscheint somit seelisch belasteter und bedürftiger. Sie wird gemessen an einer für sie nicht zuständigen Norm (und daher diskriminiert). Sie erhält ein umfangreicheres Auffangangebot auf psychischem Sektor, das allerdings an ihrer traditionellen Rollenfestlegung mitarbeitet und ihre tatsächlichen Bedürfnisse und berechtigte Reproduktionswünsche zum Teil in fataler, wiederum krankmachender Weise mißversteht, wie wir an der massenhaften Medikalisierung mit Psychopharmaka ablesen können.

Und darin liegt wohl die Herausforderung an feministische Arbeit: den Anspruch und das Recht der Frauen auf Zuwendung und Unterstützung politisch zu vertreten, zugleich aber ihre Diskriminierung durch Klientifizierung zu bekämpfen.

Anmerkungen

1 Die Pharmaindustrie verfügt höchstwahrscheinlich noch über den detailliertesten Informationsschatz, der Rückschlüsse zuließe. Doch zu einer Veröffentlichung ihrer Daten wurden die Konzerne bisher nicht veranlaßt. Stattdessen wertet dieser Wirtschaftszweig seine bundesweiten Statistiken allein zu ökonomischen Zwecken aus (SICHROVSKY 1984, 16).

2 Von den schweren Geisteskrankheiten und Intelligenzstörungen, die noch Ende des vergangenen Jahrhunderts das Spektrum der psychischen Störungen begrenzten, hat sich das Feld auf vielfältige Formen der noch relativ jungen Diagnose "Neurose" erweitert und findet inzwischen eine weitere Ergänzung in den verschiedenen "Persönlichkeitsstörungen".

3 Sogenanntes tatsächliches Erkrankungsvorkommen in der Bevölkerung, das heißt, in die administrative oder "behandelte Prävalenz" fließen im Gegensatz dazu nur die behandelten Fälle ein.
Prävalenz= Häufigkeit aller Fälle zu einem bestimmten Zeitpunkt,
Inzidenz= Neuerkrankungsrate innerhalb eines bestimmten Zeitraumes.

4 Dabei steigt inzwischen der Anteil der Frauen, die sich - vermutlich aufgrund zunehmender Berufstätigkeit - selbst versichern. In den 70er Jahren nahmen weibliche Pflichtmitglieder und Rentnerinnen um 27% zu (männliche nur um 7%), und zwar nicht durch Neuzugänge, sondern aus den Reihen der mitversicherten Familienmitglieder (BMFJG 1983, 197).

5 Für detaillierten Überblick zur Morbidität vgl. KLEIBER 1986.

6 Mischpräparate wurden aus dieser Analyse ausgeschlossen.

7 Von NEUGEBAUER et al. (1980) als Abschätzungsmaß empfohlen.

8 Eingeschlossen wurden 34 Studien, die bei DOHRENWEND & DOHRENWEND 1977 referiert werden, weitere 22 Studien aus GOLDMAN & RAVID 1980 (alle aus westlichen Industrieländern, mehrheitlich aus den USA) und die eine deutsche Studie von WEYERER & DILLING 1984 (siehe oben).

9 Zur Hälfte aus den USA, die andere Hälfte bezieht sich auf Skandinavien, England, Indien und Iran.

Literaturverzeichnis

ABRAMOWITZ, Stephen & ABRAMOWITZ, Christine: "Should prospective women clients seek out women practitioners? Intimations of a "ding-bat" effect in clinical evaluation" in: Proceedings, 81st Annual Convention, American Psychological Association 8 (1) 1973, 503-504

AL-ISSA, Ihsan: "Gender and Psychopathology in Perspective" in: ders. (Hg.), "Personality and Psychopathology", Academic Press 1982

AN DER HEIDEN, Wolfram & KISTNER, Karlheinz: "Inanspruchnahme psychiatrischer Institutionen durch alkoholkranke Frauen" in: Berger, H. et al. (Hg.), "Frauenalkoholismus", Stuttgart: Kohlhammer 1983, 87-97

APFEL, Roberta: "How are Women Sicker than Men? An Overview of Psychosomatic Problems in Women" in: Psychother. Psychosom. 37, 1982, 106-118

ARMITAGE, Karen; SCHNEIDERMAN, Lawrence; BASS, Robert: "Response of Physicians to Medical Complaints in Men and Women" in: Intern. Journ. of Women Studies 3 (2), 1980, 111-115

BAECHLER, Jean: "Tod durch eigene Hand. Eine wissenschaftliche Untersuchung über den Selbstmord", Frankfurt: Ullstein 1981

BARTHOLOMEYCZIK, Sabine: "Was kann sozialmedizinische Forschung zum Gesundheitszustand von Frauen sagen?" in: "Arbeit, Frauen, Gesundheit", Berlin: Argument-Verlag, Sonderband 107, 1983, 16-27

BECK, Aaron & WEISSMAN, Myrna: "Depression and Suicide" in: Fisher, A., Womens world. NIMH supported research on women. Rockville: Science Monographs 1978, 74f.

BELLE, Deborah & GOLDMAN, Noreen: "Patterns of Diagnoses Received by Men and Women" in: Guttentag, Marcia; Salasin, Susan; Belle, Deborah, "The Mental Health of Women", Academic Press 1980

BRÄHLER, E. & SCHEER, J.: "Skalierung psychosomatischer Beschwerdekomplexe mit dem Gießener Beschwerdebogen (GBB)" in: Psychother. med. Psycho. 29, 1979, 14-27

BROVERMAN, I. D.; BROVERMAN, D. M.; CLARKSON, F. E.; ROSENKRANTZ, P. S. & VOGEL, S. R.: "Sex-role stereotypes and clinical judgments of mental health" in: Journal of Consulting and Clinical Psychology, 1970, 34, 1-7

BUNDESMINISTER FÜR JUGEND, FAMILIE UND GESUNDHEIT: "Daten des Gesundheitswesens. Ausgabe 1983", Stuttgart: kohlhammer 1983

BURGARD, Roswitha: "Wie Frauen 'verrückt' gemacht werden", Berlin-West: Frauenselbstverlag 1980

BUSFIELD, John: "Gender and mental illness" in: Intern. Journ. of Mental Health, 11 (1-2), 1982, 46-66

CHESSLER, Ph.: "Frauen - das verrückte Geschlecht?", Reinbek: Rowohlt 1977

COOPERSTOCK, R. & PARNELL, P.: "Research on Psychotropic Drug Use. A review of findings and methods" in: Soc. Sci. & Med. 1982, 1179-1182

COOPERSTOCK, R.: "A review of women's psychotropic drug use" in: Canadian Journ. of Psychiatry, 1979, 24, 29-33

COWAN, Gloria: "Therapist judgments of clients sex-role problems" in: Psychology of Women Quarterly, 1 (2) 1976, 115-122

CUBE, Thomas von: "Katamnese von Patienten der Abteilung für Psychotherapie und Psychosomatik an der Psychiatrischen Klinik der Universität München" in: Zeitschr. psychosom. Med., 29, 1983, 49-75

DAVISON, Gerald & NEALE, John: "Klinische Psychologie. Ein Lehrbuch", München, Wien, Baltimore: Urban & Schwarzenberg 1979

DEUTSCHER BUNDESTAG: Bundesdrucksache 7/4200, 1975

DERS.: Bundesdrucksache 10/3374, 1985

DEVEREUX, Georges: "Normal und anormal", Frankfurt: Suhrkamp 1974

DILLING, H.; WEYERER, S.; ENDERS, I.: "Patienten mit psychischen Störungen in der Allgemeinpraxis und ihre psychiatrische Überweisungsbedürftigkeit" in Häfner, H. (Hg.), "Psychiatrische Epidemiologie", Berlin, Heidelberg, New York: Springer 1978

DILLING, H. & WEYERER, S.: "Patienten mit psychischen Störungen in der Allgemeinpraxis und ihre psychiatrische Überweisungsbedürftigkeit", Bericht an die Deutsche Forschungsgemeinschaft über das Projekt A 2b im Sonderforschungsbereich 116, München 1978b

DOHRENWEND, B. & DOHRENWEND, B. S.: "Sex differences in psychiatric disorders" in: American Journal of Sociology 81, 1976, 1447ff.

DOHRENWEND, B. & DOHRENWEND, B. S.: "Social and cultural influences on psychopathology" in: Ann. Rev. Psychol., 1974, 25, 417

DOHRENWEND, B.: "Soziokulturelle und sozialpsychologische Faktoren in der Entstehung psychischer Störungen" in: Katschnig, H. (Hg.), "Sozialer Streß und psychische Erkrankung", München: Urban & Schwarzenberg 1980, 125-158

EYSENCK, J.: "Gender, Genes and Psychopathology" in: Al-Issa, I. (Hg.), "Personality and Psychopathology", Academic Press 1982, 260-277

FAHRENBERG, J.: "Körperlich-funktionelle Beschwerden und Persönlichkeitsmerkmale" in: Der Nervenarzt 40 (3) 1969, 111-116

FODOR: "Phobia" in: Al-Issa, I. (Hg.), "Gender and Psychopathology in Perspective", Academic Press 1982, Chap. 8

FOUCAULT, Michel: "Wahnsinn und Gesellschaft", Frankfurt: Suhrkamp 1969

FRANKS, Violet & ROTHBLUM, Esther (Hg.): "The stereotyping of women: its effects on mental health", New York: Springer Publishing Company 1983

FRANSSEN, Marianne: "Krankheit als Konflikt - Krankheit als Protest" in: Schneider, U. (Hg.): "Was macht Frauen krank?", Frankfurt: Campus 1982, 90-99

GIPSER, Dietlinde & STEIN-HILBERS, Marlene (Hg.): "Wenn Frauen aus der Rolle fallen. Alltägliches Leiden und abweichendes Verhalten von Frauen", Weinheim: Beltz 1980

GLAESKE, Gerd: "Frauentypische Diagnosen und Arzneiverordnungen. Zur Epidemiologie des Arzneiverbrauchs bei Frauen", unveröff. Manuskript zur Tagung "Medikamente für Frauen - Chemie für die Seele", Bremen November 1985

GOLDMAN, Noreen & RAVID, Renee: "Community Surveys: Sex Differences In Mental Illness" in: Guttentag, Marcia et al. (Hg.), "Personality and Psychopathology. The Mental Health of Women", Academic Press 1980, 31-53

GOMES, Beverly & ABRAMOWITZ, Stephen: "Sex-related patient and therapist effects on clinical judgment" in: Sex Roles 2 (1) 1976, 1-13

GOVE, Walter: The relationship between sex roles, mental illness and marital status" in: Social Force 51, 1972, 34ff.

GOVE, Walter: Sex differences in mental illness among adult men and women: an evaluation of four questions raised regarding the evidence of the higher rates of women" in: Social Science and Medicine 12B, 1978, 187-198

GUTTENTAG, Marcia & SALASIN, Susan: "High Risk Groups for Depression" in: Fisher, Anne, Womens world. NIMH supported research on women. Rockville: Science Monographs 1978, 65f.

HAARJE-RUSKAMP, F. & STEWART, R.: "The Medication of Pain and Frustration in Women: the case of the Netherlands", unveröff. Manuskript zur Tagung "Medikamente für Frauen - Chemie für die Seele", Bremen, 4.-6.11.1985

HADDON, Celia: "Women and tranquilizers", London: Sheldon Press 1984

HÄFNER, H. & KLUG, J.: "First evaluation of the Mannheim community mental health service" in: Acta Psychiatr. Scand. (Suppl.) 1980, 285, 68-78

HÄFNER, H. (Hg.): "Psychiatrische Epidemiologie. Geschichte, Einführung und ausgewählte Forschungsergebnisse", Berlin: Springer 1978

HAGNELL, O.: "The Incidence and Duration of Episodes of Mental Illness in a Total Population" in: Hare, E. & Wing, J. (Hg.), Psychiatric Epidemiology. London: Oxford University Press 1980

HAMMEN, Constance: "Gender and Depression" in: Al-Issa, Ihsan (Hg.), "Personality and Psychopathology", Academic Press 1982, 133-152

HANSEN, Ebba: "Use of Mood-Modifying Medicines Among Danish Men and Women", unveröff. Manuskript zur Tagung "Medikamente für Frauen - Chemie für die Seele", Bremen, 4.-6.11.1985

HAUNERT, D.: "Geschlechtsspezifische Idealvorstellungen von Medizinern und Diplompsychologen über psychische Gesundheit" unveröff. Diplomarbeit, Gießen 1980, zit. in: Mohr, G. et al. (Hg.), Frauen. München: Urban & Schwarzenberg 1982

HELAS, Irene: "Zahlen zum Rauschmittelmißbrauch bei Frauen - Statistische Ergebnisse aus den Suchtberatungsstellen des Diakonischen Werkes" in: DHS "Frau und Sucht", Hamm: Hoheneck 1981, 40-49

HENKEL, Dieter & ROER, Dorothee: "Sozialepidemiologie psychischer Störungen. Empirische Daten aus der BRD", Berlin-West: Argument-Verlag, Sonderheft 38, 1980

JOHNSON, Patricia: "The relationships between sex-role stereotypes and concepts of mental health" in: Dissertation Abstracts International 34 (B) 1974, 5195

KASS, F.; SPITZER, R. L. & WILLIAMS, J. B.: "An Empirical Study of the Issue of Sex Bias in the Diagnostic Criteria of DSM III" in: American Psychologist, July 1983, 799-801

KATSCHNIG, Heinz: "Sozialer Streß und psychische Erkrankung", 1980

KESSLER, Ronald & McRAE, James: "The effects of wives employment on the mental health of married men and women" in: American Sociological Review 47 (2) 1982, 216-226

KEUPP, Heiner: "Der Krankheitsmythos in der Psychopathologie", München: Urban & Schwarzenberg 1972

KLEIBER, Dieter: "Immer mehr psychisch Kranke? Überlegungen zur Epidemiologie und zur Versorgungssituation" in: Rommelspacher, Birgit & Kleiber, Dieter (Hg.), "Die Zukunft des Helfens. Neue Wege und Aufgaben psychosozialer Praxis", Weinheim: Beltz 1986

MATTHÄY, Jutta: "Frauen in der Psychiatrie" in: Peyton, Christine & Holewa, Michael (Hg.), "Psychosoziale Versorgung von Frauen. Selbstzeugnisse - Strategien - Perspektiven", Berlin: Hofgarten Verlag 1983, 51-64

MIELCK, Andreas: "Verordnete Anpassung - Ergebnisse einer personenbezogenen Auswertung von Verordnungsdaten", unveröff. Manuskript zur Tagung "Medikamente für Frauen - Chemie für die Seele", Bremen, 4.-6.11.1985

MOSCHEL, G. & HÄBERLE, H.: "Selbstmord und seine sozialräumlichen Bedingungen in Mannheim" in: Häfner, H. (Hg.), Psychiatrische Epidemiologie, Berlin: Springer 1978, 59-80

NAEGELE, B. E.: "The prevalence of alcoholism among canadian women" in: Intern. Journ. of Mental Health 11 (1-2) 1982, 67-70

NEUGEBAUER, R.; DOHRENWEND, B. P.; DOHRENWEND, B. S.: "Formulation of hypotheses about the true prevalence of functional psychiatric disorders among adults in the United States" in: Dohrenwend, B. P. et al. (Hg.), "Mental illness in the United States. Epidemiological estimates", New York: Praeger 1980

NORTHCOTT, Herbert: "Women, work, health and happiness" in: Intern. Journ. of Women Studies 4 (3) 1981, 268-276

ORNSTEIN, Michael: "The impact of marital status, age and employment on female suicide in British Columbia" in: Canadian Review of Sociology and Anthropology 20 (1) 1983, 96-100

PIVEN, Francis & CLOWARD, Richard: "Die unsichtbare Auflehnung: Steuerung der Innovationskraft und des Widerstandspotentials von Frauen" in: Kickbusch, Ilona & Riedmüller, Barbara (Hg.), "Die armen Frauen. Frauen und Sozialpolitik", Frankfurt: Suhrkamp 1984, 135-162

PROKOP, Ulrike: "Weiblicher Lebenszusammenhang. Von der Beschränktheit der Strategien und der Unangemessenheit der Wünsche", Frankfurt: Suhrkamp 1976

PROSS, Helge: "Gleichberechtigung im Beruf?", Frankfurt: Suhrkamp 1973

PROSS, Helge: "Die Wirklichkeit der Hausfrau", Reinbek: Rowohlt 1975

PSYCHOLOGINNENGRUPPE MÜNCHEN: "Spezifische Probleme von Frauen und ein Selbsthilfe-Ansatz" in: Keupp, H. & Zaumseil, M., Die gesellschaftliche Organisation psychischen Leidens. Frankfurt: Suhrkamp 1978, 221-265

RICHTER, Horst-Eberhard: "Konflikte und Krankheiten der Frau" in: Claessens, D. & Milhoffer, P. (Hrsg.), "Familiensoziologie", Frankfurt 1973

RIEDMÜLLER, Barbara: "Gesundheitsforschung für Frauen aus der Sicht der Sozialpolitik" in: Schneider, Ulrike (Hg.), "Was macht Frauen krank?", Frankfurt: Campus 1981

SHERMAN, J. A.: "Therapist attitudes and sex-role stereotyping" in: Brodsky, A. M. & Hare-Mustin, R. T. (Hg.), Women and Psychotherapy. An assessment of research and practice. New York: Guilford 1980

SICHROVSKY, Peter: "Krankheit auf Rezept. Die Praktiken der Praxisärzte", Köln: Kiepenheuer & Witsch 1984

STATISTISCHES BUNDESAMT WIESBADEN (Hg.): Statistisches Jahrbuch für die Bundesrepublik Deutschland 1985". Stuttgart, Mainz: Kohlhammer 1985

THIELE, W.: "Inanspruchnahme medizinischer Leistungen durch Frauen" in: Schneider, Ulrike (Hg.), "Was macht Frauen krank?", Frankfurt: Campus 1981, 52-59

VERBRUGGE, Lois: "Sex differences in legal drug use" in: Journal of Social Issues 38 (2) 1982, 59-76

VOGT, Irmgard: "Frauen im Medizinsystem - Frauensyndrom und 'Krankheit Frau'" in: Aspekte sozialer Konstitution von Medizin 10 (3 + 4) 1985, 127-138

WANKE, Klaus: "Unterschiedliches Suchtverhalten bei Frau und Mann" in: Deutsche Hauptstelle für Suchtgefahren (Hg.), Frau und Sucht, Hamm: Hoheneck 1981, 11-27

WEISSMAN, M. & KLERMAN, G.: "Sex Differences and the Epidemiology of Depression" in: Archives of General Psychiatry 34, 1977, 98-111

WEYERER, S. & DILLING, H.: "Prävalenz und Behandlung psychischer Erkrankungen in der Allgemeinbevölkerung. Ergebnisse einer Feldstudie in drei Gemeinden Oberbayerns" in: Der Nervenarzt 55, 1984, 30-42

ZERSSEN, von D. & WEYERER, S.: "Sex differences in rates of mental disorders" in: Intern. Journ. of Mental Health 11 (1-2) 1982, 9-45

ZINTL-WIEGAND, A.; SCHMIDT-MAUSHART, C.; LEISNER, R.; COOPER, B.: "Psychische Erkrankungen in Mannheimer Allgemeinpraxen - Eine klinische und epidemiologische Untersuchung" in: Häfner, H. (Hg.), "Psychiatrische Epidemiologie", Berlin, Heidelberg, New York: Springer 1978

ZINTL-WIEGAND, A.; COOPER, B.; KRUMM, B.: "Psychisch Kranke in der ärztlichen Allgemeinpraxis. Eine Untersuchung in der Stadt Mannheim", Weinheim, Basel: Beltz 1980

Irmgard Vogt

VERNACHLÄSSIGT DIE PSYCHOLOGIE DIE GESUNDHEITSBEDÜRFNISSE VON FRAUEN?

Sucht man in deutschen und englischsprachigen Handbüchern zur Klinischen Psychologie nach den Stichworten: Geschlecht, geschlechtsspezifische Unterschiede, geschlechtsspezifisches Verhalten, Geschlechtsrolle sowie nach Frau, weiblich, und Mann, männlich, so findet man erstaunlich wenig, in vielen Fällen einfach nichts (FLIEGEL et al. 1983; FRANKS 1969; KANFER & PHILLIPS 1970, YATES 1970). Im Handbuch für Psychologie/Klinische Psychologie ist das Stichwort Geschlechtsunterschiede zwar vermerkt, jedoch beziehen sich alle Verweise auf einen einzigen Beitrag zum Thema Enuresis. Von dieser Besonderheit abgesehen, scheint die Klinische Psychologie einen eher bescheidenen Beitrag zu leisten, wenn es darum geht, Geschlechtsunterschiede und geschlechtsspezifisches Verhalten herauszuarbeiten. Von dieser Regel weichen, von wenigen Ausnahmen abgesehen (BLECHMAN 1984), vornehmlich diejenigen Publikationen ab, die eindeutig der feministischen Literatur zugeordnet werden können.

Die Feststellung, daß das Geschlecht in der Literatur der traditionellen Klinischen Psychologie keine oder höchstens eine ganz untergeordnete Rolle spielt, hat mich zuerst einmal nicht überrascht, aber nach längerem Nachdenken doch ganz erheblich irritiert. Diese Irritation wird zudem verstärkt durch die Tatsache, daß frauenbezogene Themen insbesondere in den neueren Sammelbänden, zum Beispiel zur Verhaltenstherapie, durchaus vorkommen. Frauentypische Themen sind folgende: Schwangerschaft und Geburtsvorbereitung, Geburtsschmerzen, nachgebürtliche Anpassungsprozesse, Abtreibung, Vergewaltigung, Sexualfunktionsstörungen (gynäkologische Beschwerden und Krankheiten), Agoraphobie, Anorexia Nervosa, Bulimie sowie die Therapie bei Übergewicht, die man dann, wenn es sich um ein "Frauenproblem" handelt, gern als Dicken-Therapie umschreibt (zum Beispiel ROSENBAUM et al. 1983; MEICHEN-

BAUM et al. 1983). Haben Männer Gewichtsprobleme, die therapeutisch angegangen werden sollen, dann werden sie im Kontext der Prävention oder der Nachsorge von Herz-Kreislauf-Erkrankungen abgehandelt (BADURA 1981; BASLER et al. 1983). Bei allen anderen Themen wird der geschlechtsspezifische Aspekt aus den Erklärungsmodellen und aus der Darstellung angemessener therapeutischer Maßnahmen ausgeblendet. Das gilt für die Angst ebenso wie für Depressionen, für versuchten Selbstmord und für die Schmerztherapie. Da ist dann stets vom Patienten die Rede, über dessen Geschlecht der Leser nur spekulieren kann, wenn er nicht unterstellen will, daß die Wortwahl selbst die Geschlechtszuordnung deutlich machen soll. Allerdings stünde dieser Schluß im Widerspruch zu den epidemiologischen Daten, die zumindest für die Depressionen und den versuchten Selbstmord gut belegen, daß mehr Frauen als Männer depressive Phasen durchleben oder einen Selbstmordversuch unternehmen (KICKBUSCH 1982; KEUPP 1983; STENGEL 1969; WEISSMAN 1977; vgl. N. BÖHM in diesem Band). Ähnlich liegen die Verhältnisse in den Zeitschriften, die sich alles in allem genommen nur wenig von den Sammelbänden und Handbüchern zur Klinischen Psychologie unterscheiden (davon abweichend vgl. zum Beispiel KEUPP & ZAUMSEIL 1978; KEUPP & RERRICH 1982).

So unsystematisch diese ersten Recherchen auch sind, so darf man doch schon den Schluß ziehen, daß der Geschlechtsspezifik in der Klinischen Psychologie keine systematische Bedeutung zugemessen wird, mit entsprechenden Auswirkungen auf die Theorie und die Praxis. Die Geschlechtsspezifik wird vielmehr immer dann betont, wenn die biologischen Unterschiede zwischen den Geschlechtern unübersehbar sind. Von einigen wenigen Ausnahmen abgesehen, beschränkt sich die Klinische Psychologie bei der Betrachtung der Geschlechtlichkeit von Frau und Mann auf die Biologie und den Geschlechtsapparat.

Dieser Vorgang, das Geschlecht im Umgang mit der Patientin und dem Patienten für etwas ganz und gar Nebensächliches zu halten, es sei denn, es handele sich um sogenannte Frauenleiden, weist eine Reihe von Parallelen zur Medizin auf. Auch diese hat, als sie den Leib als aus Organen zusammengesetzten Organismus zu verstehen begann (FISCHER-HOMBERGER 1983; FOUCAULT 1973), geschlechtsspezifische Betrachtungen aus dem ärztlichen Blick weitgehend ausgeblendet und konstatiert, daß die Organfunktionen bei beiden Geschlechtern gleich seien. Von dieser Grundregel weichen nur die Geschlechtsorgane ab sowie alle mit der Fortpflanzung verbundenen Organfunktionen. Je nachdem, welches Gewicht man nun den Fortpflanzungsfunktionen zumißt, variiert dann auch die Bestimmung von Frau und Mann, worüber sich die Medizin wenigstens seit dem 19. Jahrhundert ausführlich ausgelassen hat. Aus dieser Zeit stammen die Schlag- und Kampfworte wie das vom "physiologischen Schwachsinn des Weibes" (MÖBIUS 1900), von der "Krankheit Frau" (FISCHER-HOMBERGER 1984) und so fort. Im wesentlichen geht es also der Medizin darum, die physiologische Minderwertigkeit der Frau im Vergleich zum Mann herauszuarbeiten, die sich eben unter anderem an ihren Fortpflanzungsfunktionen festmachen läßt.

Nimmt man die Parallele zwischen Medizin und Klinischer Psychologie ernst, dann heißt das, daß sich letztere ebenfalls daran macht, die Psyche ganz im Sinne von Organen aufzuteilen, die, zusammengenommen, das Psychische ausmachen sollen. Hat man erst einmal psychische Organe gefunden, dann lassen sich an diesen - ganz analog zur Medizin - keine Geschlechtsunterschiede mehr feststellen. Als Beispiel mag man sich vergegenwärtigen, daß für den Mediziner die Leber einer Frau im Prinzip genauso funktioniert wie die eines Mannes (1). Für die Klinische Psychologie folgt daraus, daß zum Beispiel Angst bei Frauen gleichermaßen funktioniert wie bei Männern und also nach denselben therapeutischen Regeln zu behandeln ist. Genau dieses Faktum belegen die Hand- und Lehrbücher zur Klinischen Psychologie, die im Zusammenhang mit Angst gewöhnlich nicht auf geschlechtsspezifische Unterschiede im Erleben oder Verhalten verweisen, auf die die Behandlung dann ja auch Rücksicht zu nehmen hätte. Die Angst der Frauen ist also gleich der Angst der Männer, sie wird interpretiert als unangepaßte Angst, die die Frauen in derselben Weise behindern soll wie die Männer. Dieses Konzept, das läßt sich ganz leicht durchsichtig machen, funktioniert natürlich nur, wenn man von allen sozialen und ökonomischen Lebenszusammenhängen absieht und Angst ganz so begreift wie der Mediziner die Leber: als Organ in einem Organismus.

Spinnt man das Beispiel mit der Angst weiter, dann wird sehr schnell klar, daß unser aller Alltagswissen über Frauenangst und Männerangst begründet ist auf die Kenntnis der geschlechtsspezifischen Unterschiede: Es gehört ja gerade zum Stereotyp der Frau, daß diese vor allem und jedem Angst hat, also auch vor der berühmten Maus, die unterm Bett hervorlugt und vor der sie regelmäßig der furchtlose Mann errettet. Angst, das weiß Lieschen Müller ebenso wie Franz Meier, ist für beide Geschlechter nicht dasselbe und das gilt sowohl für die ihr zugeschriebene

Bedeutung wie für ihre Funktion. Die Gesundheitsforschung hat mittlerweile auch eine ganze Reihe von empirischen Belegen beigebracht, die zeigen, daß Angst im Leben von Frauen einen anderen Stellenwert einnimmt als in dem von Männern (PROKOP 1976; VOGT 1985).

Betrachtet man Angst nicht als eine Art geschlechtsneutrales psychisches Organ, sondern im Kontext von sozialen und ökonomischen Tatbeständen, dann läßt sich leicht nachweisen, daß Frauen sehr viele Gründe haben, mehr Angst zu haben als Männer. Ich will hier nur eine typische Situation herausgreifen, die für Frauen gewöhnlich mit Angst verbunden ist. Solch eine Situation ergibt sich immer dann, wenn Frauen potentiell mit Vergewaltigung rechnen müssen. Wie wir wissen, nimmt die Gefahr für Frauen, vergewaltigt zu werden, mit dem Einbruch der Dunkelheit erheblich zu, das heißt, es handelt sich dabei um eine ganz und gar alltägliche Situation. Besonders gefährdet sind Frauen dann auf Straßen, großen und unübersichtlichen Parkplätzen usw. Weil die Gefahr, vergewaltigt zu werden, so groß und auch so real ist, haben zum Beispiel viele amerikanische Universitäten auf ihrem Campus einen Geleitschutz eingeführt für Frauen, die nach Einbruch der Dunkelheit das Gelände betreten bzw. verlassen. Für die Bundesrepublik Deutschland kann man die Diskussion über die Einführung von Nacht-Taxis für Frauen als einen Indikator nehmen für ein ebenfalls langsam ansteigendes Problembewußtsein. Es handelt sich also um mit Angst verbundene Problemlagen, deren Realitätswert durchaus erkannt worden ist. In mancher Hinsicht kann man die Angst der Frauen in entsprechenden Problemlagen als adaptive Angst beschreiben: Frauen, die aus Angst vor Vergewaltigung ihren Handlungsspielraum nach Einbruch der Dunkelheit erheblich einschränken, handeln realitätsangepaßt. Zugleich beschneiden diese Frauen ihren Aktivitätsspielraum erheblich, denn sehr viele, vor allem auch sozial interessante Veranstaltungen finden abends und nach Einbruch der Dunkelheit statt. Ihre Vorsicht bezahlen die Frauen mit Handlungseinschränkungen im Bereich sozialer Kontakte, die sehr schnell ganz massive Ausmaße annehmen können. Gegen die zunehmende Vereinsamung, der die Frauen dann ausgesetzt sind, würden Klinische Psychologen wahrscheinlich ein Training sozialer Kompetenzen für angesagt halten, was allerdings meilenweit am Kern des Problems vorbeiführt.

Zieht man die sozio-ökonomischen Gegebenheiten mit in die therapeutischen Überlegungen ein, dann kann man die Angst der Frauen vor Vergewaltigung nicht behandeln. Was zu behandeln ist, sind die

A g g r e s s i o n e n v o n M ä n n e r n g e g e n ü b e r F r a u e n, nicht aber die Ängste der letzteren, die ja ganz real sind. Darüber findet sich aber beim Thema Angst nichts in den Lehrbüchern der Klinischen Psychologie. Lediglich das Krisenmanagement nach stattgefundener Vergewaltigung wird zum Thema therapeutischer Intervention, wenn es also darum geht, den Frauen Verarbeitungswege aufzuzeigen gegenüber der Gewalt, die ihnen angetan worden ist (VERONEN & KILPATRICK 1983).

Das Thema läßt sich viel breiter ausdifferenzieren auch in Richtungen, die in diesem Beispiel nur implizit enthalten sind, etwa Drohungen mit ökonomischer Macht, die Männer ja sehr häufig gegenüber Frauen ins Spiel bringen. Ich will das hier nicht tun. Festzuhalten ist jedenfalls, daß die Angst von Frauen vor Männern durchaus wirklichkeitsbezogen ist und handfeste soziale und ökonomische Hintergründe hat. Sie ist keineswegs das Ergebnis von neurotischen Fehleinschätzungen der Lage, sondern sie spiegelt zentrale Lebenserfahrungen von Frauen wider.

Nun hat die Gesundheitsforschung aber auch belegt, daß Frauen nicht nur über mehr Angst berichten als Männer, sondern auch über eine Vielzahl von anderen Beschwerden, die wir gewöhnlich als psychosomatische Krankheitszeichen diagnostizieren und entsprechend erklären. Dazu gehören neben anderem Schlaflosigkeit und Schlafstörungen, Unruhe und Nervosität, Kopfschmerzen und Migräne sowie Rückenschmerzen. Auch depressive Verstimmungen und Depressionen gehören zu den Belastungen, die Frauen häufiger heimsuchen als Männer. Beschränkt man sich bei der Suche nach einer Erklärung dafür, warum Frauen unter diesen Beschwerden häufiger leiden als Männer, nicht auf die Allerweltsformel von der größeren Klagsamkeit der ersteren (HINKLE 1960; PROSS 1975) und reduziert man sich nicht auf innerpsychische Prozesse, dann kann man bei genauer Analyse der sozioökonomischen und der psychosozialen Lage der Frauen eine Reihe von Ursachen für die größere gesundheitliche Belastung von Frauen finden. Dazu gehört auch die soziale Minderbewertung, die mit dem weiblichen Geschlecht verknüpft ist und die die Grundlage abgibt für die Einschätzung der Frauen als Kinder oder als Kranke (BROVERMAN et al. 1972; FRANKE und JOST 1985; SHERMAN 1980; VOGT 1983). Es ist an der Zeit, die Ergebnisse der Frauenforschung über die Lage der Frauen in der Industriegesellschaft in die Klinische Psychologie mit aufzunehmen und nach und nach sowohl auf der theoretischen wie der praktischen Ebene umzusetzen in therapeutische Konzepte.

Tatsächlich ist es aber doch sehr verwunderlich, daß die Klinische Psychologie auf die Geschlechtsspezifik gewöhnlich nicht eingeht. Wenn mehr Frauen als Männer unter bestimmten psychosomatischen Beschwerden leiden, dann müßte sich diese Sachlage doch in der Klinischen Praxis auswirken, insofern eben mehr Frauen mit eben diesem Leiden in die Praxis kämen. Die klinischen Fälle wären dann in der Regel Krankengeschichten von Frauen, wie das ja in der Psychoanalyse nachgewiesenermaßen der Fall ist. Dieser Effekt müßte sich zudem verstärken, wenn man bedenkt, daß Frauen aller Erfahrung nach bereitwilliger therapeutische Beratungs- und Behandlungsangebote annehmen als Männer. In der Praxis der Erziehungsberatung müßten es dann Psychologinnen und Psychologen zum Beispiel viel häufiger mit Frauen als mit Männern zu tun haben. Wenn diese Annahmen richtig sind - und einige davon sind ja durchaus empirisch belegt -, dann wäre zu erwarten, daß die Fülle der Daten der Klinischen Psychologie von Frauen stammt, nicht von Männern, und das daher die an der Praxis orientierten Anweisungen sich auf den Umgang von Psychologen mit Frauen beziehen würden, nicht auf Männer. Das ist aber meines Wissens nicht der Fall.

Aus alledem ist der Schluß zu ziehen, daß Klinische Psychologinnen und Psychologen derzeit entweder gar nicht oder nur ganz unzulänglich darauf vorbereitet werden, daß sie es in der Praxis mit Frauen und Männern zu tun haben und dabei weit häufiger mit Frauen als mit Männern. Sie sind weder darauf vorbereitet, die besondere Lebenssituation von Frauen zu sehen noch darauf, die aus dieser Lebenssituation erwachsenden Problemlagen realistisch einzuschätzen. Sie lernen vielmehr, die Geschlechtsspezifik aus der Klinischen Diagnostik und Problemanalyse auszublenden und von der Konstruktion eines Einheitsgeschlechts auszugehen, auf das alle Fragen gleich gut passen. Allerdings zeigt sich bei genauerem Hinsehen, daß das Modell des Menschen, von dem die Klinische Psychologie ausgeht, männlichen Geschlechts ist, unter das die Frauen subsumiert werden nach der Devise, daß sie die verkleinerte, schwächere und passivere Ausgabe des Mannes seien (RICHTER 1973). Da wird dann die Angst der Frauen gleich der Angst der Männer, unbeschadet aller sozialstrukturellen Unterschiede der Lebenslage beider Geschlechter. Ähnlich geht man mit anderen geschlechtsspezifischen Unterschieden bei Krankheiten und Beschwerden um. Unversehens hat sich so das medizinische Modell in der Klinischen Psychologie etabliert. Das hat zur Folge, daß die Gesundheitsbedürfnisse von Frauen, wie mir scheint, nicht nur nicht berücksichtigt werden, sie werden erst gar nicht wahrgenommen. Welche Konsequenzen die fast völlige Ausblendung der sozioökonomischen und der psychosozialen Lebensbedingungen der Frauen aus der Klinischen Diagnostik und der Therapie hat, läßt sich derzeit wohl nicht einmal abschätzen.

Literaturverzeichnis

BADURA, B.: Soziale Unterstützung und chronische Krankheit. Frankfurt 1981

BASLER, H.D., BRINKMEIER, U., BUSER, K., HAEHN, K.D. & MÖLDERS-KOBER, R.: Essentielle Hypertonie - Theoretischer Leitfaden zur Verhaltensänderung von übergewichtigen Hypertonikern. Hannover 1983

BLECHMAN, E. A.: Behavior Modification with Women. New York 1984

BROVERMAN, J. K., VOGEL, S. R., BROVERMAN, D. M., CLARKSON, F. E. & ROSENKRANZ, P. S.: Sex-role Stereotypes: A Current Appraisal, in: Journal of Social Issues 1972, 28, 59-78

FISCHER-HOMBERGER, E.: Neue Materialien zur "Krankheit Frau", S. 308-339, in: L. F. Pusch (Hg.), Feminismus. Inspektion der Herrenkultur. Frankfurt 1983

FISCHER-HOMBERGER, E.: Krankheit Frau. Zur Geschichte der Einbildungen. Neuwied 1984

FLIEGEL, S., GROEGER, W. M., KÜNZEL, R., SCHULTE, D. & SORGATZ, H.: Verhaltenstherapeutische Standardmethoden. München 1981

FOUCAULT, M.: Die Geburt der Klinik. München 1973

FRANKS, C. M. (Hg.): Behavior Therapy. Appraisal and Status. New York 1969

FRANKE, A. & JOST, I. (Hg.). Das Gleiche ist nicht dasselbe. Tübingen 1985

HANDBUCH FÜR PSYCHOLOGIE: Klinische Psychologie, I. und II. Halbband, Göttingen 1977

HINKLE, L. E., Jr., REDMONT, R., PLUMMER, M. & WOLFF, H. G.: An Examination of the Relation between Symptoms, Disability, and Serious Illness, in Two Homogeneous Groups of Men and Women, in: American Journal of Public Health 1960, 50, 1327-1336

KANFER, F. H. & PHILLIPS, J. S. (Hg.): Learning foundations of Behavior Therapy. New York 1970

KEUPP, H.: Depression bei Frauen - im Kontakt der sozialepidemiologischen Forschung, Argument-Sonderband 107, 1983, 131-141

KEUPP, H. & RERRICH, D. (Hg.): Psychosoziale Praxis - gemeindepsychologische Perspektiven. München 1982

KEUPP, H. & ZAUMSEIL, M.: Die gesellschaftliche Organisation psychischen Leidens. Frankfurt 1978

KICKBUSCH, I.: Vom Verlust des Kontextes und der Leere der Autonomie. Überlegungen zur Depression bei Frauen, Argument-Sonderband 77, 1982, 135-148

MEICHENBAUM, D. & JAREMKO, M. E. (Hg.): Stress Reduction and Prevention. New York 1983

MÖBIUS, P. J.: Über den physiologischen Schwachsinn des Weibes. Halle 1900, Freiburg 1900

PROKOP, U.: Weiblicher Lebenszusammenhang. Von der Beschränktheit der Strategien und der Unangemessenheit der Wünsche. Frankfurt 1976

PROSS, H.: Die Wirklichkeit der Hausfrau. Frankfurt 1975

RICHTER, H. E.: Konflikte und Krankheiten der Frau, S. 281-292, in: Claessens, D. & Milhoffer, P. (Hg.), Familiensoziologie. Frankfurt 1973

ROSENBAUM, M., FRANKS, C. M. & JAFFE, Y. (Hg.): Perspectives on Behavior Therapy in the Eighties. New York 1983

SHERMAN, J. A.: Therapist Attitudes and Sex Role Stereotyping, S. 35-66, in: Brodsky, A. M. & Hare-Mustin, R. T. (Hg.), Women and Psychotherapy. New York 1980

STENGEL, E.: Selbstmord und Selbstmordversuch. Frankfurt 1969

VERONEN, L. J. & KILPATRICK, D. G.: Stress Management for Rape Victims, S. 341-374, in: D. Meichenbaum & Jaremko, M. E. (Hg.), Stress Reduction and Prevention. New York 1983

VOGT, I.: Frauen als Objekte der Medizin: Das Frauensyndrom, in: Leviathan 1983, 161-199

VOGT, I.: Für alle Leiden gibt es eine Pille. Wiesbaden 1985

WARTBURG, J. P. von: Genetische Suchtdisposition: Mögliche biochemische Mechanismen, S. 15-30, in: W. Keup (Hg.): Biologie der Sucht. Berlin 1985

WEISSMAN, M. M. & KLERMAN, G. L.: Sex Differences and the Epidemiology of Depression, in: Archives of General Psychiatry 1977, 34, 98-111

YATES, A. J.: Behavior Therapy, New York 1970

Roswitha Burgard

WECHSELWIRKUNG ZWISCHEN FRAUENFEINDLICHEN PSYCHOLOGISCHEN THEORIEN UND DEREN AUSWIRKUNGEN IN DER PRAXIS AM BEISPIEL VON GEWALT GEGEN FRAUEN

Der folgende Artikel basiert auf einer mehrjährigen qualitativen Untersuchung mit Frauen (1), die in ihren jeweiligen Beziehungen mit Männergewalt konfrontiert waren. Es geht mir hierbei vor allem darum, die Wechselwirkung zwischen frauenfeindlichen psychologischen Theorien und deren Auswirkungen in den Bereichen, mit denen vor allem mißhandelte Frauen zu tun haben, aufzuzeigen. Eine genaue Kenntnis der Analyse von Gewalt gegen Frauen ist notwendig, um innerhalb der Psychotherapie Frauen die Unterstützung zukommen zu lassen, die sie bei der Veränderung ihrer Situation benötigen.

Die Analyse von Gewalt gegen Frauen, die mit Hilfe der Frauenhausbewegung erarbeitet wurde, ist paradigmatisch für alle anderen Ausbeutungsverhältnisse und sollte nicht nur auf den psychotherapeutischen Bereich angewandt werden. Durch meine langjährige Arbeit im ersten Frauenhaus in Berlin habe ich erfahren, daß Sexismus gegen Frauen in allen gesellschaftlichen Bereichen, von der Sozialarbeit über Medizin und Psychiatrie bis zur Rechtsprechung besteht.

Für feministische Therapeutinnen gibt es keine neutrale Haltung zu Gewalt gegen Frauen, das heißt, ich werde im therapeutischen Prozeß eindeutig Gewalt gegen Frauen benennen und verurteilen. Klientinnen bedienen sich häufig der bekannten Realitätsleugnung, indem sie zum Beispiel Ohrfeigen oder erzwungenen Geschlechtsverkehr noch nicht als Mißhandlung bzw. Vergewaltigung definieren, weil sie Angst vor eigenen Konsequenzen haben bzw. keine Möglichkeit der Veränderung sehen. Das erspart mir als Therapeutin nicht, "harmlose Ausrutscher" als Gewaltanwendung zu benennen und mit der Klientin an ihrer Wahrnehmung und Überwindung von Männergewalt zu arbeiten. Ein Psychoanalytiker wird dagegen möglicherweise bei einer Patientin, die über einen in der Kindheit erlebten sexuellen Mißbrauch berichtet, folgendes im Kopf haben: Indem die Patientin Sexualverkehr mit dem Vater phantasiert, will sie ihre biologische Unzulänglichkeit ausgleichen. So wird häufig in der Psychoanalyse die Scham, die sich in der Regel nach sexuellem Mißbrauch beim Kind einstellt, als Folge des eigenen inzestuösen Verlangens interpretiert und mit Penisneid die Beteiligung des Opfers bei sexuellem Mißbrauch erklärt (2). Hier wird deutlich, wie relevant der theoretische Hintergrund bezüglich einer Definition von Gewalt gegenüber Frauen im psychotherapeutischen Bereich ist.

In einem Handbuch für Frauen aus Mißhandlungsbeziehungen, das in den USA erschienen ist, spricht die Amerikanerin Ginny NiCARTHY (3) sowohl eindeutig mißhandelte Frauen als auch Frauen an, die im Zweifel sind, ob es sich in ihrem Fall um Mißhandlung handelt. Ihre Definition von Frauenmißhandlung ist ein breites Spektrum von Einschüchterung, über Entmündigung und Bedrohung bis zur direkten physischen Gewaltanwendung. Sie unterscheidet zwischen physischer, psychischer und sexueller Mißhandlung und liefert damit die differenzierteste Unterteilung, die mir bekannt ist:

> Unter physische Mißhandlung fällt: Frauen schlagen, treten; mit Gegenständen bewerfen; aus der Wohnung aussperren; an der Trennung hindern; Hilfe verweigern bei Krankheit, bei Verletzungen oder bei Schwangerschaft; Vergewaltigung; mit Waffen bedrohen oder verletzen.
>
> Unter psychische Mißhandlung fällt: Er verspottet oder beleidigt Frauen als Gruppe; beleidigt ihre Freunde oder Familie; demütigt sie privat oder öffentlich; hindert sie an der Erwerbstätigkeit; kontrolliert ihr Geld; trifft alle Entscheidungen allein; nimmt ihr das Auto oder Geld weg; droht, sie zu verlassen; quält die Kinder, wenn er ärgerlich auf sie ist; droht, die Kinder zu kidnappen, falls sie ihn verläßt; erzählt ihr von seinen Affären; quält sie für Affären, die er ihr andichtet.
>
> Unter sexuelle Mißhandlung fällt: Der Ehemann oder Freund macht frauenfeindliche Witze oder abfällige Bemerkungen über Frauen; behandelt sie als Sex-Objekt; quält sie mit seinem Verdacht, daß sie mit jedem Mann Sex macht; kritisiert ihre Sexualität, nennt sie frigide; zwingt sie, Sex mit anderen oder mit ihm vor anderen zu machen; zwingt sie, ihn dabei zu beobachten.

Dies sind nur einige Beispiele von Mißhandlungsformen aus dem umfangreichen Handbuch für Frauen, die der Realität vieler Frauen entsprechen, gleichgültig, ob sie sich als mißhandelt bezeichnen.

Unterschiedliche Definitionen von Frauenmißhandlung

Das Tabu gegenüber Frauenmißhandlung wurde erst in den letzten Jahren mit der Errichtung von Häusern für mißhandelte Frauen und Kinder angetastet. Dieses Tabu setzt sich aus Unwissen, Ignoranz und Verachtung gegenüber betroffenen Frauen zusammen und ist durch die jahrhundertalte Tradition theoretischer und praktischer Frauendiskriminierung gestützt und weitergegeben worden. Was Mißhandlung ist, wird gesellschaftlich jeweils bestimmt durch den erlaubten Gebrauch von Gewalt, der jeweils unterschiedlich definiert und gehandhabt wird.

In der BRD existiert heute kein Züchtigungsrecht mehr (4), sondern der § 223 STGB, der jede körperliche Verletzung unter Strafe stellt: "Wer einen anderen körperlich mißhandelt oder an der Gesundheit beschädigt, wird mit Freiheitsstrafe bis zu drei Jahren oder mit Geldstrafe bestraft." Warum also zeigen Frauen ihre gewalttätigen Männer nicht an? Nach den Erfahrungen meiner Gesprächspartnerinnen findet dieser Paragraph kaum bis gar keine Anwendung in dem Falle, wo ein Ehemann bzw. Freund seine *eigene* Frau bzw. Lebensgefährtin mißhandelt. Die jeweilige Beziehung, also der soziale Kontext, in dem der Schläger zu seinem Opfer steht, ist juristisch für eine Strafverfolgung entscheidend. Es sieht so aus, als ob der im Artikel 6 GG verankerte besondere Schutz von Ehe und Familie als Rechtfertigung dient, Straftaten innerhalb der Familie von der Strafverfolgung auszunehmen. Einerseits wird mit Hilfe dieses Artikels verhindert, daß der Staat sich zum Richter von Privatangelegenheiten aufspielt, andererseits läuft diese staatliche Nichteinmischung in der Praxis darauf hinaus, daß Frauen in der Ehe bzw. eheähnlichen Beziehung keinen effektiven Rechtsschutz zugebilligt bekommen. Indem die Familie unter dem besonderen Schutz des Staates steht, scheint es gar, als ob auch die Mißhandlung von Frauen in der Familie unter diesem Schutz steht. Der soziale Kontext zwischen demjenigen Mann, der Gewalt anwendet, und derjenigen Frau, die sie erleidet, macht die Gewaltanwendung in dieser alltäglichen Form einerseits erst möglich und leugnet sie andererseits. So existiert juristisch keine Vergewaltigung in der Ehe und in den Polizeiberichten ist niemals von Frauenmißhandlung, sondern von "Familienstreitigkeiten" die Rede. Realität ist jedoch, daß täglich in der Ehe vergewaltigt wird und täglich Polizeibeamte mit zusammengeschlagenen Frauen und nicht mit zusammengeschlagenen Männern zu tun haben.

Nach meinen Erfahrungen im Frauenhaus Berlin werden mißhandelte Frauen von Polizeibeamten nicht dazu ermutigt, Strafanzeige zu stellen. Die Beamten wissen aus ihrer Praxis, daß die Staatsanwälte die Strafanzeigen von mißhandelten Frauen einstellen aus "Mangel an öffentlichem Interesse" (5). Darüber hinaus geschieht es oft, daß Ehefrauen bzw. Verlobte von ihrem Zeugnisverweigerungsrecht Gebrauch machen, weil sie vom Mann unter Drohungen dazu gezwungen werden.

Meiner Meinung nach muß dann von Mißhandlung gesprochen werden, wenn eine Person physisch oder psychisch auf dem Hintergrund einer gesellschaftlich vorgegebenen, relativen Machtposition angegriffen wird (6). Diese gesellschaftlich vorgeprägte relative Machtposition besitzt prinzipiell jeder Mann gegenüber einer Frau in unserer Gesellschaft. Die Ausnutzung dieser Machtposition mag unterschiedliche Formen annehmen. Die sichtbarste und brutalste Form ist die Anwendung von physischer Gewalt, die immer mit psychischer Demütigung und Erniedrigung verbunden ist. Die Demütigung verdoppelt sich in dem Fall für die Frau, wenn sie vom Freund oder Ehemann mißhandelt oder vergewaltigt wird. Der Mann, mit dem sie ein Leben geplant, dem sie vertraut, der ihr eventuell Schutz und Sicherheit versprochen hat, wird zum Angreifer. Dieser persönlicher Kontext zwischen einem mißhandelnden Mann und einer mißhandelten Frau erschwert bzw. verunmöglicht die Definition einer strafbaren Handlung durch § 6 GG und wird zum Anlaß genommen, keine Strafverfolgung vorzunehmen. Dies setzt Frauen in der Ehe bzw. eheähnlichen Beziehungen männlicher Gewalttätigkeit aus.

Bisherige Erklärungsansätze zu Frauenmißhandlung

Im folgenden werde ich auf einzelne Erklärungsansätze kurz eingehen, die mir typisch zu sein scheinen für eine bestimmte Richtung, die das Problem Gewalt gegen Frauen zu individualisieren versucht.

Die Vertreter des *psychopathologischen Ansatzes* gehen von einem biologistischen Hintergrund aus: Natürliche, biologische Unterschiede zwischen Frauen und Männern sind die Ursache der Geschlechtsunterschiede und somit auch der heute existierenden Dominanz des Mannes und der Unterlegenheit der Frau. Weil Frauen die biologische Fähigkeit besitzen, Kinder zu gebären, sind ihnen auch angeblich andere Fähigkeiten angeboren: Fähigkeiten, die dazu gehören, Haushalt, Mann und Kinder zu versorgen. Frauen werden an der männlichen Norm gemessen, sie sind in Relation zu Männern weniger wert, also minderwertiger. Dies zeigt sich an der geschlechtsspezifischen Aufteilung der Arbeit und den Funktionen in unserer Gesellschaft. Diese männliche Dominanz wird auch auf den psychopathologischen Bereich übertragen: weiblich = passiv = masochistisch und männlich = aktiv = sadistisch.

Einer der bekanntesten Vertreter dieses psychopathologischen Ansatzes, der englische Psychiater FAULK (7), geht davon aus, daß nur psychisch fehlentwickelte Männer ihre Frauen körperlich mißhandeln. Seine Untersuchung basiert auf der Befragung von 23 Männern, die sich in Untersuchungshaft befanden, weil sie ihre Frauen körperlich schwer mißhandelt oder umgebracht hatten. Hierbei stand die Frage im Vordergrund: Welche Männer mißhandeln ihre Frauen? Von diesen 23 Männern bezeichnet FAULK 14 als "psychiatrisch gestört". Die psychologischen Merkmale dieser Männer dienten zur Erklärung, warum sie ihre Frauen mißhandelten oder töteten (8).

Den gleichen biologistischen Hintergrund aus der Psychoanalyse, gewalttätiges Verhalten mit anlagebedingten Faktoren wie FAULK zu erklären, haben die Vertreter der Masochismustheorie. Hierbei wird allerdings gefragt: Was sind das für Frauen, die sich mißhandeln lassen?

SNELL u.a. (9) wollen in ihrer Untersuchung Masochismus bei Frauen festgestellt haben. Die Beziehungen zwischen den untersuchten Paaren wurde von den Autoren als "Rollentausch" bezeichnet: Schüchterne und passive Männer, wovon viele auch übermäßig Alkohol konsumierten, waren von dominanten und tüchtigen, also nach der Terminologie der Psychoanalyse "kastrierenden" Frauen abhängig. Bei diesen Frauen wurden "auffallend masochistische Persönlichkeitszüge" festgestellt. Laut SNELL u.a. haben beide Ehepartner von dieser Beziehung eine große Befriedigung: Die Frau hat Schuldgefühle, weil sie als dominanter Teil die Beziehung beherrschen möchte. Beide gehen jedoch davon aus, daß ihr diese Rolle nicht zusteht. Der Mann, der im Grunde von ihr abhängig und ohne Verantwortung bleiben möchte, muß ihr durch Schlagen seine zumindest körperliche Überlegenheit beweisen. Mit keinem Wort wird in dieser Untersuchung die Gewalt selbst, der die Frau ausgesetzt ist, verurteilt. Das Hauptproblem der Männer ist für die Autoren nicht ihre Gewalttätigkeit, sondern ihre Schwäche. Mit "Rollentausch" weisen die Autoren darauf hin, daß bei Frauen Dominanz und Selbstbewußtsein und bei Männern Abhängigkeit und Entscheidungslosigkeit pathologisch sind und daß auf dieses pathologische Verhalten mit "weiblichem Masochismus" reagiert wird. So wird ihrer Meinung nach das scheinbare Gleichgewicht innerhalb der Beziehung immer wieder durch den "Masochismus" der Frau und die Gewalttätigkeit des Mannes hergestellt.

Auch der amerikanische Psychiater John R. LION, der klinische Aspekte bei der Mißhandlung von Frauen untersuchte (10), will 1977 herausgefunden haben "... daß gewisse mißhandelte Frauen eine psychische Befriedigung durch das Schlagen und Mißhandeln finden" (11).

Selbst wenn berücksichtigt wird, daß Masochismus bei Frauen als Versuch interpretiert werden könnte, eine hilflose Situation dahingehend umzudefinieren, daß aus ihr Befriedigung gezogen werden könnte, habe ich während meiner jahrelangen praktischen Arbeit mit mißhandelten Frauen keine Frau kennengelernt, die das Herausschlagen von Zähnen oder das Brechen eines Nasenbeins und eheliche Vergewaltigungen als befriedigend erlebt hat. Frauenmißhandlung mit dem Masochismus der Frau zu erklären, ist angesichts der Situation von Frauen in unserer Gesellschaft und angesichts des unbeschreiblichen Ausmaßes von Frauenmißhandlung zynisch, denn "solange Frauen keine realen Alternativen offenstehen (zum Beispiel gute Berufsaussichten, wirtschaftliche Unabhängigkeit, Erziehung zu Selbständigkeit und Selbstbewußtsein), können sie sich nicht freiwillig zum Erleiden von Mißhandlungen entscheiden und erst dann aber kann man von 'masochistischem Verhalten' sprechen" (12).

Im Grunde entspringt die Masochismustheorie, mit der Frauenmißhandlung erklärt werden soll, der gleichen Wurzel, die auch dem Provokationsargument (13) zugrunde liegt. Ob die Frau Mißhandlung "provoziert" oder "genießt", sie trägt in jedem Fall die Verantwortung für das Schlagen des Mannes. Diese Argumentation paßt in das Schema, nach dem Männer frei- und Frauen, die es angeblich nicht anders wollen, schuldiggesprochen werden. (Ähnliches geschieht in Vergewaltigungsprozessen.)

O'BRIEN (14) und GELLES (15) sprechen von einer "S t a t u s i n k o n s i s t e n z" in Beziehungen, die immer dann gegeben ist, wenn sich der Mann etwa ausbildungsmäßig oder beruflich seiner Frau unterlegen fühlt und deshalb zur Gewalt greift. Hierbei wird nicht die "natürliche Vormachtstellung" des Mannes in Frage, sondern im Gegenteil werden Überlegungen angestellt, wie Männergewalt gegen Frauen durch eine weitere Statusanhebung des Mannes reduziert, nicht etwa aufgehoben werden könnte. Dies sagt natürlich etwas über die Haltung dieser Wissenschaftler aus: Sie stellen nicht das Herrschaftsverhältnis zwischen Frauen und Männern in Frage, sondern gedenken lediglich ein Symptom, nämlich den exzessiven Mißbrauch dieser Herrschaft, zu reduzieren. "Es sollen öffentliche Maßnahmen getroffen werden, die den Status der Männer anheben, indem ihre beruflichen Aufstiegsmöglichkeiten verbessert werden. Dadurch kann die innerfamiliale Gewalt reduziert werden." (16)

Während FAULK, LION, SNELL u.a. Gewalt gegen Frauen zu einem Randproblem von Psychopathen oder masochistischen Frauen machen, ist es bei O'BRIEN, GELLES u.a. das Problem von statusinkonsistenten Beziehungen, in denen Männer durch Gewalt die ihnen zustehende Position innerhalb der Beziehung zurechtrücken. Alle bisher genannten Erklärungsversuche gehen mehr oder weniger von einer "natürlichen", nicht näher erklärten Dominanz des Mannes und der untergeordneten Stellung der Frau aus. Darüber hinaus ist für einige Vertreter der Masochismustheorie Gewalt von Männern an Frauen etwas "Natürliches", denn der Mann wie die Frau finden angeblich ihre Befriedigung in solch einer Beziehung. Damit ist dann auch schon erklärt, warum Frauen sich aus Gewaltbeziehungen nicht lösen und Hilfsangebote in diesem Fall überflüssig sein müssen.

Die L e r n t h e o r e t i k e r , die Gewalt als gelerntes Sozialverhalten interpretieren, heben sich deutlich von den bisherigen Erklärungsversuchen ab. Trotzdem liefern auch sie keine systematische Analyse darüber, wodurch Frauenmißhandlung möglich gemacht wird, sondern bleiben an der Oberfläche der Beschreibung. Sowohl aggressives als auch passives Verhalten sind demnach gesellschaftlich erworbene Verhaltensweisen. Es wird jedoch nicht genauer erklärt, warum diese Verhaltensweisen streng geschlechtsspezifisch auftreten und auch geschlechtsspezifisch sanktioniert werden.

STRAUS (17), STEINMETZ und GELLES versuchen, Frauenmißhandlung zu neutralisieren, indem sie feststellen: "Es ist klar, je mehr Konflikte in einer Partnerschaft existieren, je wahrscheinlicher kommt es zu einer physischen Auseinandersetzung." (18)

Diese Autoren gehen von einer "*Violent Culture Theory*" aus: Gewalt gegen Frauen ist hier nur *ein Aspekt* von Gewalt, die in der Familie gelernt und die durch eine gewalttätige Gesellschaft legitimiert wird. Sie erklären nicht, warum in der Regel Frauen die Opfer und Männer die Täter sind, obwohl beide Geschlechter in der gleichen gewalttätigen Kultur heranwachsen. LION, GAYFORD und GELLES kommen zu einem ähnlichen Ergebnis: Bei den mißhandelnden Männern bestand ein enger Zusammenhang zwischen erlebter Gewalt im Kindesalter und der eigenen Gewalttätigkeit als Erwachsener. GELLES (19) stellt die These auf: Der Mensch reagiert als Erwachsener um so gewalttätiger, je mehr er als Kind (sowohl als Beobachter wie als Opfer) Gewalttaten ausgesetzt war. Dies läuft bei GELLES wieder unhinterfragt geschlechtsspezifisch ab: "Eine Frau, je mehr sie von den Eltern verprügelt wurde, würde um so eher heranwachsen, um auch von ihrem Ehemann verprügelt zu werden." (20)

Hier werden wieder Ursachen mit Folgen verwechselt. Bei den vorhandenen ungleichen Machtverhältnissen und bei dem großen Ausmaß von Männergewalt gegenüber Frauen und Kindern ist es nur folgerichtig, wenn viele Frauen, die als Kinder bereits mißhandelt wurden, ähnliches in ihrer Ehe erleiden. Jedoch geraten sie nicht an einen mißhandelnden Ehemann, weil sie so "konditioniert" sind, sondern weil Gewalt an Frauen in unserer Gesellschaft legitim ist. Wenn sich dieser Gewaltkreislauf (Circle of Violence) der Lerntheoretiker immer so nahtlos wiederholen würde, hieße das auch, daß bei allen Frauen und Männern, die als Kind Gewalt direkt erlebt oder miterlebt haben, immer die gleichen Bedingungen ablaufen und keine individuumsspezifischen Entwicklungen möglich wären. Nur dadurch bestünde die Wahrscheinlichkeit, daß sie das einmal direkt oder indirekt erlebte Verhalten als Opfer oder Täter reproduzieren.

In der Praxis dient diese These zur Entlastung der eigenen Verantwortung. Einige meiner Gesprächsteilnehmerinnen berichteten, daß ihre mißhandelnden Männer immer wieder die eigene Kindheit als Erklärung und Entschuldigung für ihre eigenen Gewalttätigkeiten anführten.

Ebenfalls eine Vertreterin der Lerntheorie ist die amerikanische Psychoanalytikerin Leonore WALKER (21). Ihre These der "erlernten Hilflosigkeit" bei mißhandelten Frauen wird in den USA viel diskutiert. WALKER stützt sich auf Experimente mit Tieren von SELIGMANN (22), der an Hunden und Ratten das Phänomen der "erlernten Hilflosigkeit" untersucht hat. Das Fazit dieser Experimente mit Tieren: Je früher im Leben die Hunde mit Elektroschocks behandelt und an der Flucht gehindert werden, je länger hält die Wirkung der sogenannten "gelernten Hilflosigkeit" an. Sobald sie wieder lernen, mit ihrer Reaktion Erfolg zu haben, verschwindet ihre Hilflosigkeit. Dieses Ergebnis der Experimente mit Tieren überträgt WALKER auf das Verhalten mißhandelter Frauen.

Abgesehen davon, daß Tierversuche wegen ihrer Grausamkeit verboten werden müssen, läßt sich das Verhalten von Tieren im emotionalen Bereich nicht zwangsläufig auf Menschen übertragen. Ich habe in meiner Untersuchung nicht wie WALKER herausgefunden, daß sich mißhandelte Frauen in der Regel passiv, unterwürfig und hilflos verhielten. Im Gegenteil habe ich häufig festgestellt, daß Frauen in Mißhandlungsbeziehungen eine Zeitlang ihre ganze Kraft und Energie dafür einsetzten, die Beziehung wieder erträglicher, harmonischer und lebbarer zu machen. Damit verkennen sie ihre Realität, denn sie haben nicht die Macht, weiteren Gewalttätigkeiten prinzipiell zu entgehen, solange sie den Mann nicht verlassen. Andererseits werden mißhandelte Frauen durch das Verhalten der öffentlichen Einrichtungen (Polizei, Soziale Dienste) in dieser Fehleinschätzung bestärkt. Indem Frauen bei ihrer Hilfesuche konkrete Hilfe verweigert wird, werden sie auf sich selbst zurückgeworfen. Aufgrund dieser verweigerten Hilfeleistung sind sie - im Gegensatz zu den Experimenten mit Tieren - *zweidimensionalen Mißhandlungen* ausgesetzt: der direkten Mißhandlung und der gleichgültigen bis zynischen Reaktion von außen bei der Suche nach Unterstützung. Frauen werden nicht nur direkt mißhandelt, sondern sie erfahren darüber hinaus, daß es *ihr* Problem ist, wenn sie mißhandelt werden. Zum einen müßten sie sich anders verhalten, um nicht zu "provozieren", zum anderen haben sie ja nicht "blind" geheiratet. So solidarisierte sich der Vater einer Gesprächsteilnehmerin mit dem mißhandelnden Freund: "Ja, wenn du einen frechen Mund gehabt hast, verdienst du's ja auch."

Bezeichnend ist, daß WALKER die Gefühle von Opfern von Katastrophen, wie zum Beispiel Erdbeben oder Hurrikans, mit den Gefühlen mißhandelter Frauen vergleicht: Es geht um das Gefühl der totalen Machtlosigkeit. Damit setzt sie die Hilflosigkeit gegenüber Naturgewalten gleich mit der Reaktion auf Männergewalt. Gegen diese Männergewalt sind Frauen aber nicht per se machtlos wie Katastrophenopfer, sondern werden es u.a. durch die gesellschaftliche Billigung dieser Gewalt. Dies ist wahrscheinlich auch der Grund, warum viele Frauen ihre mißhandelnden Männer für omnipotent und mit unbeschreiblichen Kräften ausgestattet hielten (23). Frauen, die sich körperlich zur Wehr setzen, erfahren häufig gesellschaftliche Mißbilligung. In den Akten des Jugendamtes, die über das Sorgerecht der Kinder entscheiden, heißt es: "In dieser Ehe kommt es von beiden Seiten zu körperlichen Auseinandersetzungen." Die körperliche Gegenwehr von Frauen wird von vielen negativer ausgelegt als der gewalttätige Angriff der Männer, da "Aggressivität" nicht dem "Wesen der Frau" entspricht. Frauen, die sich wehren, gelten häufig als zweifache Aggressorinnen: Sie "provozieren" und schlagen selbst.

Nach den Berichten vieler Frauen bei WALKER wüten Männer häufig wie eine "Naturkatastrophe", so daß viele Frauen der Meinung sind oder es zumindest lange waren, daß er zeitweilig die totale Kontrolle über sein Handeln verliert. Ich gehe davon aus, daß Männer sehr genau wissen, daß sie sich einen Ausbruch wie eine "Naturkatastrophe" bei ihrer Frau - und in der Regel ausschließlich bei ihr - leisten können und so auch ganz bewußt den Eindruck erwecken, daß sie in dieser Situation keinen Einfluß mehr auf ihr Verhalten haben. Dieses "bewußtlose Ausrasten" wird von Männern als Entschuldigung für die eigene Gewalttätigkeit angegeben (24). Ähnliche Entschuldigungsgründe geben Männer an, wenn sie "nur" unter Einwirkung von Alkohol schlagen (25).

Unzutreffend finde ich WALKERS These, daß Frauen sich durch "Provokation" des Mannes einen gewissen Grad Kontrolle über ihre Mißhandlungssituation erhalten. Nach meinen Untersuchungserfahrungen versuchen Frauen vielmehr, sich durch das Einbringen ihrer eigenen Meinung ein Stück Selbstachtung zu erhalten: Indem sie nicht seine Meinung teilen und widersprechen, fühlt er sich "provoziert".

Die Unzulänglichkeit der dargestellten Erklärungsansätze

Gewalt gegen Frauen ist kein Randproblem bestimmter Frauen, die ausschließlich von Alkoholikern, beruflichen Versagern, Asozialen oder Psychopathen mißhandelt werden. Rund die Hälfte der mißhandelten Frauen entstammt "wohlhabenden Bevölkerungsschichten". Als Gewalttäter werden Professoren, Lehrer und Polizisten ebenso oft genannt, wie Arbeiter und Angestellte (26). Gewalt gegen Frauen kann auch nicht damit erklärt werden, daß angeblich bestimmte Frauen einen Lustgewinn beim Geschlagenwerden empfinden. Nach dieser Theorie bestünde unsere Gesellschaft überwiegend aus Psychopathen und Masochistinnen. Gewalt gegen Frauen läßt sich nicht mit erfahrener Gewalt in der Kindheit erklären. Es trifft zu, daß Erfahrungen aus der Kindheit das spätere Verhalten des Individuums beeinflussen. Jedoch läuft diese Beeinflussung nicht mechanisch ab und macht aus Kindern, die in gewalttätigen Familien aufwachsen, weibliche Opfer und männliche Täter. Auch das Gegenteil ist nach einer gewalttätigen Kindheit möglich: die totale Ablehnung von Gewalt. DOBASH und DOBASH haben herausgefunden, daß zum Beispiel Brüder von Männern, die ihre Frauen und Kinder mißhandelten, selbst keine Gewalt gegen ihre Frauen anwandten. Dies, obwohl beide in einem gewalttätigen Elternhaus aufgewachsen waren (27).

Gewalt gegen Frauen ist ebenfalls kein Problem von statusinkonsistenten Beziehungen, denn in den überwiegenden Fällen ist die Frau dem Mann statusmäßig unterlegen und wird trotzdem geschlagen.

Gewalt gegen Frauen läßt sich auch nicht mit WALKERs These von der "gelernten Hilflosigkeit" mißhandelter Frauen erklären. Zum einen haben fast alle Frauen irgendwann in der Mißhandlungsbeziehung versucht, Unterstützung zu finden (28), zum anderen gingen sie lange davon aus, durch den Einsatz ihrer eigenen Kräfte die Beziehung positiv verändern zu können. Obwohl die gesellschaftlich geforderte und geprägte Weiblichkeit impliziert, sich dem Manne anzupassen bzw. unterzuordnen und Familienangelegenheiten allein zu bewältigen - was übrigens auch für den Mann gilt -, finde ich bemerkenswert, daß sich so viele Frauen in Mißhandlungsbeziehungen um Hilfe von außen bemühen. Auf dem Wege ihrer Hilfesuche sind sie konfrontiert mit frauenfeindlichen Normen, Klischees, Institutionen und Gesetzen, die in unterschiedlicher Intensität und Deutlichkeit Frauen überreden, sich mit ihrer Situation als geschlagene Frau abzufinden. "Mißhandelte Frauen lernen, realistisch zu sein, nicht hilflos. Alle erzählen ihnen, sie sollen zurückgehen. Sie haben erfahren, nicht mehr um Hilfe zu bitten, weil dies Zeitverschwendung bedeutet. Diese Frauen sagen sich selbst: Es gibt keine Alternativen." (29)

Warum bleiben Frauen so lange beim Mißhandler

In dem Maße, wie das geschlechtsspezifische Herrschaftsverhältnis es Männern möglich macht, Frauen zu unterwerfen, als ihren Besitz zu betrachten, sie zu demütigen und zu schlagen, in dem gleichen Maße werden Frauen daran gehindert, diese Mißhandlungsbeziehung zu verlassen. Diese Tatsache hat Folgen für Frauen. Das bedeutet: Wenn Frauen sich aus einer jahrelangen Mißhandlungsbeziehung befreien wollen, dann haben sie nicht nur gegen die Bedingungen anzukämpfen, die ihre Mißhandlung überhaupt erst möglich machten. Hinzu kommen psychische Beeinträchtigungen und physische Verletzungen, die auch das Bewußtsein verändern können und sie in ihrer Situation schwächen, sich zu wehren, wie zusätzlich ein Mangel an Perspektiven und oft auch an Vorstellungsvermögen, als Frau ein sozial akzeptiertes, ökonomisch gesichertes Leben eventuell mit Kindern, aber ohne Mann führen zu können.

Viele Frauen geraten bei der zunehmenden Erkenntnis ihrer menschenunwürdigen Situation in einer Männerbeziehung in einen inneren Widerspruch: Einerseits wünschen sie sich ein Leben ohne Mißhandlung und mit mehr Selbstbestimmung, andererseits haben sie Angst, ihren sozialen Rahmen, in gewisser Weise ihre Existenz bei einer notwendigen Trennung zu gefährden. Eine Lösungsmöglichkeit ist die Konfliktabwehr, die von der Angst der Frau vor einer generellen Veränderung, das heißt vor dem Zugeben seiner willkürlichen Gewalttätigkeiten mit anschließenden Konsequenzen geprägt ist. Frauen, die in einer Mißhandlungsbeziehung ausharren, befinden sich in einer schizophrenie-ähnlichen Situation: Der Mann, der ihnen im traditionellen Sinne Schutz und Sicherheit bieten soll, wird zum Angreifer. In der Regel halten sie nach außen die "Normalität" einer menschenunwürdigen Beziehung aufrecht, die oft auch soziale Sicherheit und Anerkennung bedeutet, nach innen aber von Angst und Erniedrigung geprägt ist. Die Angst der mißhandelten Frau wird in dem Augenblick abgespaltet, wo er Reue zeigt und sich entschuldigt. Dadurch, daß sie ihm in dieser Situation oft genug glauben will und ihm verzeiht, muß sie ihre Gefühle von Erniedrigung und Demütigung abspalten, um seinen Trost annehmen zu können. In dem Augenblick muß sie verdrängen, sich von dem bewußten Verursacher ihrer Schmerzen und Demütigungen trösten zu lassen. Durch dieses Verdrängen bzw. Verleugnen ihrer tatsächlichen Gefühle von Schmerz, Wut und Empörung, die bei einem fremden Mißhandler oder Vergewaltiger eine automatische und "normale" Reaktion wären, beginnt die Frau sich von ihren eigenen Gefühlen und Wünschen zu entfernen.

Sowohl die Angst vor dem Mißhandler als auch bei einer Trennung vor einer ungesicherten Zukunft und die Erfahrung, von anderen kein Recht zu bekommen, lähmen ihre Handlungsfähigkeit. Da sie aber irgendwie überleben, das heißt weiter funktionieren muß, versucht sie, oberflächlich ihre Handlungsfähigkeit wiederzugewinnen. Dies geschieht, indem sie die erfahrenen Mißhandlungen und die damit verbundenen Gefühle der Demütigung verfälscht, und dadurch die bereits einmal erreichte Erkenntnis über eine notwendige Trennung aktiv (obwohl dieser Vorgang in der Regel unbewußt geschieht) abwehrt. In diesen Situationen greifen viele mißhandelte Frauen zu einer Realitätsverleugnung, die einer Selbstfeindschaft gleichkommt (30).

Je häufiger sich die Mißhandlungen wiederholen, je häufiger muß sie zu diesem Mechanismus der Konfliktabwehr greifen, je stärker wird der Grad der Abhängigkeit vom mißhandelnden Mann. Dies kann sich im Extremfall so zuspitzen, daß es zu psychosomatischen Krankheiten kommt. Die Symptome treten als emotionale Störungen, wie Gleichgültigkeit, Schlaflosigkeit, Angstzustände, Unruhe und Niedergeschlagenheit in Verbindung mit somatischen Beschwerden auf, wie Herzschmerzen, Neuralgien, Muskelschmerzen, Störungen im Bereich des Unterleibs und des Kreislaufs.

Die psychosomatischen Beschwerden können sich verstärken, je länger die Frau in der krankmachenden Situation ausharrt (31). Das Verhalten mißhandelter Frauen, die entweder beim mißhandelnden Mann bleiben oder nach versuchter Trennung noch einmal zurückgehen, als "Liebe" oder "sexuelle Hörigkeit" zu interpretieren, ist angesichts ihrer ökonomischen, sozialen und emotionalen Auslieferung an den Mann zynisch. Hier werden Ursachen mit Folgen verwechselt: Frauen sind in der Regel nicht freiwillig in die vielfältigen Abhängigkeiten geraten, sondern die gesellschaftlichen Bedingungen lassen ihnen wenig Wahlmöglichkeiten. Nicht alle Frauen sind sozusagen Heldinnen, die sich gegen das ihnen zudiktierte Geschlechtsrollenstereotyp von Anfang an erfolgreich wehren und als Frauen, die "aus der Rolle fallen", eventuell soziale Isolation und männliche wie weibliche Aggressionen auf sich ziehen. Diese Situation führt dazu, daß sich Frauen u.a. aus Mangel an vorstellbaren Alternativen in ihrer Mißhandlungsbeziehung "arrangieren". So scheinen Verhalten und Bewußtsein von Frauen zeitweilig dahin gebracht worden zu sein, daß sie sich scheinbar selbst an der Entwicklung einer eigenständigen Persönlichkeit hindern. Zum Beispiel gingen meine Gesprächspartnerinnen am Anfang der Gespräche davon aus, daß es das "gute Recht" eines Ehemannes ist, seine Frau sexuell zu benutzen. Dies entspricht der Realität: Indem die eheliche Vergewaltigung bisher nicht strafbar ist, wird per Gesetz die scheinbar berechtigte Verfügungsgewalt von Männern über den Körper der Frau geschützt (32). Frauen und Männer entwickeln ein Bewußtsein analog dieser Rechtslage zu seinen Gunsten. So gehen Frauen in vielen Fällen davon aus, daß Sex zu ihren "ehelichen Pflichten" gehört, wie sie auch davon ausgehen, daß sie für den Reproduktionsbereich verantwortlich sind. Das sagt nichts darüber aus, daß sie das gerecht finden oder dem freudig zustimmen. Sie sehen nur keine Möglichkeit, sich erfolgreich dagegen zu wehren.

Aufgrund dieser Realität legen sich viele Frauen ein Verhalten zu, daß aus ihrer juristisch und faktisch rechtlosen Situation erwächst: Indem sie sich sexuell nie verweigern, riskieren sie auch nie, sich als vergewaltigt durch den eigenen Mann oder Freund bezeichnen zu müssen. Nehmen sie ihr Recht auf körperliche Selbstbestimmung nicht in Anspruch, kann es ihnen auch nicht mit Gewalt genommen werden. Bei diesen Frauen ist die spezifische strukturelle Gewalt gegen Frauen, die ihnen die eigene körperliche Selbstbestimmung nimmt (§ 177, § 218), schon ein Teil ihres Bewußtseins geworden: Indem sie keine Möglichkeit sehen, sich gegen aufgezwungene Sexualität zu wehren, "arrangieren" sie sich mit einer Realitätsleugnung. Nur so ist zu erklären, daß sich bei vielen Untersuchungen nicht die Mehrzahl der Frauen, die mißhandelt wurde, als vergewaltigt bezeichnet. Aus Angst vor weiteren Mißhandlungen riskieren sie erst gar nicht, sich sexuell zu verweigern.

Die dargestellten Erklärungsansätze mögen vielen als längst überholt bzw. antiquiert erscheinen. Leider entsprechen sie noch immer der Realität. Im Bewußtsein und Verhalten zum Beispiel vieler Sozialarbeiter/innen, Richter/innen, Psycholog/en/innen und der Polizei spiegelt sie sich auch heute noch wider. Von den Auswirkungen betroffen sind alle Frauen, ganz besonders jedoch diejenigen, die sich in einer Mißhandlungsbeziehung befinden und auf Unterstützung angewiesen sind. Diese Unterstützung wird am ehesten durch fundierte Kenntnis der Realität und eine parteiliche Haltung mißhandelten Frauen gegenüber erreicht. Je bewußter mir als Therapeut der ganz alltägliche Sexismus in Theorie und Praxis wird, je überzeugender werde ich meine Klientinnen darin unterstützen, sich aus bedrükkenden und bedrohlichen Männerbeziehungen zu befreien.

Anmerkungen und Literatur

1 BURGARD, Roswitha: Mißhandelte Frauen: Verstrickung und Befreiung. Weinheim 1985.

2 Ernest BORNEMANN geht noch 1978 davon aus, daß in inzestuösen Verbindungen stets der weibliche Teil die "Verführerin" sei. (BORNEMANN, Ernest: Lexikon der Liebe, 1978.)

3 NiCARTHY, Ginny: Getting Free - Handbook for Women in Abusive Relationship, Washington 1982.

4 In Württemberg bestand noch bis 1928 rechtlich eine "Geschlechtsvormundschaft" über die "Weiber". Die Frau mußte untertänig sein, wurde gesellschaftlich isoliert und war in vielen Bereichen rechtlich unmündig (nicht geschäftsfähig), aus: Die Rechtstellung der Frau, Berlin 1952, HEDEMANN, H. W., Seite 4.

5 Nach den Richtlinien für das Strafverfahren (Nr. 86) ist das "öffentliche Interesse" im Sinne von § 376 STPO in der Regel dann gegeben, "wenn der Rechtsfrieden über den Lebenskreis des Verletzten hinaus gestört ist und die Strafverfolgung ein gegenwärtiges Anliegen der Allgemeinheit ist, z.B. wegen des Ausmaßes der Rechtsverletzung, Rohheit oder Gefährlichkeit der Tat, der niedrigen Beweggründe des Täters oder der Stellung des Verletzten im öffentlichen Leben".

6 Dies entspricht auch der Definition der wissenschaftlichen Begleitung im Frauenhaus Berlin: Hilfen für mißhandelte Frauen, S. 23.

7 FAULK, M.: Men who assault their wives, 1974.

8 Derartige Erklärungen sind in der Regel die Grundlage für "mildernde Umstände" in der Rechtsprechung. U.a. erhielten fünf Männer eine Strafe auf Bewährung, von denen zwei wegen Totschlags an ihrer Frau angeklagt waren.

9 SNELL, J. F.; ROSSENWALD, R. J.; ROBBEY, A.: The Wifebeaters Wife, 1964.

10 LION, John R.: Clinical Aspects of Wifebattering, in: Maria Roy: Battered Women, New York 1977.

11 Ebenda, S. 126.

12 KNAPPE, Margaret: Gewalt in der Ehe: Der Mythos vom Masochismus der Frau, in: Sexualität und Gewalt, Bensheim 1979.

13 Im STERN wurde im Juni/Juli 1983 eine Serie veröffentlicht unter dem Titel "Bei Scheidung Mord". In der 3. Folge kommentierte eine Psychologin das Verhalten der ermordeten Frau folgendermaßen: Sie war erstaunt, daß die Frau, die die Aggressivität ihres Mannes kannte

(sie war bereits geschlagen worden), ihn dennoch durch das Zugeben ihrer Untreue so sehr "provozierte", daß er angeblich die Kontrolle verlor und sie umbringen mußte.

14 O'BRIEN, J.E.: Violence in Divorce Prone Families. In: J. of. Marriage and the Family. No. 71. Vol. 33. S. 692ff.

15 GELLES, R.: The violent Home, Beverly Hills 1972.

16 O'BRIEN, J.E.: Violence in Divorce Prone Families, a.a.O., S. 697.

17 STEINMETZ, S.; STRAUS, M. (Hg.): Violence in the family, New York 1974.

18 STRAUS, M.; STEINMETZ, S.; GELLES, R.: Behind closed Doors: Violence in the American Family, 1980.

19 GELLES, R.: Mißhandelte Frauen: Weshalb bleiben sie bei ihren Männern, 1976, in: Wege zum Menschen. 30. Jg. Heft 2/3. Feb. 1978. S. 73ff.

20 GELLES, R., ebenda. (Dies zeigt wieder die Fragwürdigkeit von Prozentangaben: Von den 54 Frauen, die nie eine körperliche Auseinandersetzung ihrer Eltern gesehen hatten, waren 46% Opfer ehelicher Mißhandlungen, während 66% der 12 Frauen, die miterlebt hatten, wie sich ihre Eltern prügelten, später Opfer von Mißhandlungen wurden.)

21 WALKER, L. E.: The Battered Woman, New York 1978.

22 SELIGMANN machte Experimente, in denen Hunde gefangengehalten und/oder mit Elektroschocks in unterschiedlichen Intervallen behandelt wurden. Diese Hunde lernten schnell, daß sie keinen Einfluß auf die Elektroschocks hatten, egal, wie sie sich verhielten. Daraufhin stellten sie ihre vergeblichen Versuche zu fliehen oder den Schmerzen zu entgehen ein und wurden unterwürfig und passiv. Selbst als den Hunden die Gelegenheit gegeben wurde zu fliehen, reagierten sie weiterhin passiv und versuchten nicht mehr, der Schockbehandlung auszuweichen. Die Hunde wurden später gewaltsam zum Ausgang ihres Käfigs geschleppt, damit sie lernten, wieder "normal" zu reagieren.

23 L. WALKER fand in ihrer Untersuchung heraus, daß sehr viele mißhandelte Frauen ihren Mann für omnipotent hielten.

24 Davon ausgenommen sind die Fälle, bei denen es tatsächlich zu einem Bewußtseinsverlust kommt, wo also eine pathologische Entwicklung vorliegt.

25 Dies deckt sich mit den Untersuchungsergebnissen der wissenschaftlichen Begleitung im Frauenhaus Berlin und deckt sich auch mit meinen Untersuchungsergebnissen.

26 Dies ermittelte der Pressedienst "Fachtagung Soziales" in einer Umfrage bei 40 der rund 120 Frauenhäuser zwischen Flensburg und München sowie bei Polizei und Sozialverbänden. (SPIEGEL Nr. 52/1983 "Fest der Hiebe".)

27 DOBASH, E. R.; und DOBASH, R.: Violence against Wives, New York 1979.

28 Bei einer Mißhandlungsdauer von über 6 Jahren betrug der Anteil der Frauen, der Hilfe gesucht hatte, 70%. 40% der Frauen, die länger als 6 Jahre in der Mißhandlungsbeziehung lebten, hatten es mehr als fünfmal versucht. Dies entspricht auch meinen Untersuchungsergebnissen. (Hilfe für mißhandelte Frauen, S. 101.)

29 SCHECHTER, Susan: Woman and Male Violence, Boston 1982.

30 HOLZKAMP, Klaus: Grundlegung der Psychologie, Frankfurt 1983, S. 379ff.

31 Ein weiteres Beispiel dafür ist die zunehmende Krankheit von Hausfrauen, die unter dem Begriff "Hausfrauensyndrom" zusammengefaßt wird.

32 Trotz des jahrelangen Kampfes von Feministinnen, die eheliche Vergewaltigung unter Strafe zu stellen, ist in der BRD keine Gesetzesänderung durchgesetzt worden. Inzwischen existieren Gesetzentwürfe der SPD und der "Grünen", die die eheliche Vergewaltigung unter Strafe stellen wollen.

Sabine Scheffler

FRAUENSPEZIFISCHE KRANKHEITSBILDER AM BEISPIEL DER ESS-STÖRUNGEN

Die Symptomatik der Eßstörungen stellt einen vielschichtigen Schnittpunkt für die Möglichkeiten dar, überwiegend "weibliche Psychosomatik" feministisch zu betrachten.

Dabei ist es mein Anliegen zu verdeutlichen, daß diese frauenspezifischen Krankheitsbilder auch als Ausdruck der "Inneren Kolonisierung" von Frauen durch das Patriarchat und deren Symbolisierung auf der Körper- und Selbstbildebene zu verstehen sind. Diese "Innere Kolonisierung" (FANON 1960) drückt sich in mehreren Aspekten aus:

1. als Wunsch oder Weigerung, einem gesellschaftlichen Zwang zu genügen, wie es in der Diskussion über "Diätterror" und "Modediktat" deutlich wird. Das Spiegelzitat aus dem Artikel über "Freßsucht und Schlankheitswahn" verdeutlicht dies: "Nicht der in sich ruhende Leib ist das Ideal der Gegenwart, sondern der unbelastete, einsatzbereite, mobile Dienstkörper, nach der Art des Soldaten oder Dschungelkämpfers" (SPIEGEL 1985, 40). Ohne auf den offensichtlichen Sexismus dieses Zitates eingehen zu wollen, steht hier einmal mehr der Zugriff auf den Leib der Frau im Prozeß der patriarchalen Zivilisation zur Debatte. Dieser Zugriff ist Ausdruck der Notwendigkeit zur Naturbeherrschung (soziologischer Aspekt);
2. als überwiegend "weibliches Krankheitsbild" diagnostiziert gibt es eine neue Frauenkrankheit, die auch immer Möglichkeiten zur sozialen Kontrolle eröffnet. Die Bereitschaft, das Problem zu pathologisieren und zu individualisieren ist damit gegeben. Eine so "deformierte Frau hilft immer auch der Institution, die sich mit ihr befaßt, sie fördert den Objektcharakter und nährt "fast automatisch" das Selbstverständnis eigener Schwäche in bezug auf die Frauen (institutioneller und hierarchischer Aspekt).

3. Die "Innere Kolonisierung" als weibliche Leibverachtung ist weder zufällig, noch vereinzelt, noch krankhaft, noch marginal. Die Installation von Verachtung in den Körpern, Gefühlen und Gedanken hat System. Wenn Frauen die Systematik perfektionieren, wird ihnen Beachtung zuteil. So sind diese Krankheitsbilder Hinweise auf den psychosomatischen Alltag in dieser Kultur (symbolischer Aspekt).
4. Die "Innere Kolonisierung" wird weiterhin deutlich, indem die Störungen auf der intrapsychischen Ebene als Ausdruck des Wunsches nach autonomer Selbstdefinition verstanden werden kann. Diese autonome Selbstdefinition ist aber über das Symbol einer Störung nur unzureichend einzulösen. Die enge Verflechtung von Angleichung an die und Verneinung der Verhältnisse sowie der Rückzug auf den Kampfplatz "Seele" wirkt sich destruktiv auf die Betroffene aus. Der emanzipatorische Inhalt oder die Botschaft sind kaum noch sichtbar hinter Einschränkung und persönlichem Leid, abhängig geblieben von der umgebenden Struktur, sichtbar im Kampf mit dem Körper (dynamischer Aspekt).
5. Die "Innere Kolonisierung" findet ihre Vollendung, indem der Körper als entfremdeter Leib zum Symbolträger wird, und nochmals nun innerseelisch zum Objekt wird. Die Präsenz dieses Körpers im eigenen Selbst wird verleugnet oder gewalttätig zugerichtet. So wird die gesellschaftliche Funktionalisierung des Frauenkörpers durch eine psychodynamische verstärkt und gleichzeitig verschleiert (leiblicher Aspekt).

Über diese Aspekte "innerer Kolonisierung" möchte ich deshalb nachdenken, weil so das Interesse an einer theoretischen Begründung des Wortes vom Persönlichen, das politisch sei, am besten zu verwirklichen ist. Es geht hier nicht so sehr um Behandlungstechnik und -methode dieser Störungen; es geht auch nicht um speziell frauenzentrierte Ansätze der Behandlung, denn diese reichen ja auch nur so weit, wie gegangen wird, um eine spezifische Theorie von "Weiblichkeit" zu entwickeln. Wir begnügen uns nicht weiter mit dem Bild von der "Frau als dem dunklen Kontinent", den die anderen beneiden, kolonisieren, benennen, schänden oder heiligsprechen. Nur, wenn ich erfahre *und* begreife, *wie* ich fremdbestimmt worden bin, entsteht für Frauen eine neue Möglichkeit, sich Freiräume zu erschließen.

Im folgenden wird die Symptomatik weiblicher Eßstörungen beschrieben, einschließlich ihrer Psychodynamik.

Die Betrachtungen zum Thema werden sich dann auf drei Bereiche konzentrieren, bei denen eine feministische Forschung zur Entstehung frauenspezifischer Krankheiten anzusetzen hat:
1. das verlorene Wissen von der leiblichen Identität;
2. die Störbarkeit der weiblichen "Ich-Entwicklung";
3. der weibliche Sozialcharakter auf dem Hintergrund des gesellschaftlichen Symbolsystems der Zweigeschlechtlichkeit (HAGEMANN-WHITE 1985).

Bei den weiblichen Eßstörungen handelt es sich um drei Spielarten von gestörtem Verhalten:
1. die Fettsucht (Adipositas),
2. die Freß- und Brechsucht (Bulimie),
3. die Magersucht (Anorexia nervosa).

1. Die Fettsucht

Nicht zufällig haben sich Feministinnen schon relativ früh (ORBACH 1978: "Fat is a Feministic Issue") und mit provokantem Titel mit dieser Art von Störung beschäftigt. Sie betrachten Eßstörungen als "den Versuch, die Form der Lebenssituation als Veränderung der Form des Körpers" zu betreiben. Die Beschreibung der Psychodynamik wird von ORBACH übernommen, jedoch zuvor einige Daten: Mehr als 50% der Bevölkerung über 40 Jahre sind übergewichtig, legt man die Broca-Formel (cm über 100 minus 10%) zugrunde, Frauen dabei signifikant häufiger als Männer, in der Unterschicht häufiger als in der Mittel- und Oberschicht. Dabei wird von Fettsucht gesprochen, wenn das Körpergewicht mehr als 30% den Wert der Broca-Formel übersteigt. Die Problematik dieser Formel ist natürlich zu diskutieren, da Körpergewicht der individuelle Ausdruck einer Person ist, der sich sowohl physiologisch wie psychologisch einpendelt.

Fettsüchtige jedoch verarbeiten Körpersignale unangemessen, sie essen zum Beispiel eher nach der Uhr, nicht nach dem Hungergefühl, sie hören auf zu essen, wenn der Teller leer ist, nicht, wenn sie satt sind. Nicht der Hunger, sondern das Auge und die Geschmacksqualitäten bestimmen die Menge der Nahrungszufuhr. Nach FREIBERGER (1984) kann man die Fettsüchtigen nach dem Eßverhalten in vier Gruppen einteilen:
1. die Rauschesserin (Verzehr von großen Nahrungsmengen, Freßanfall),
2. die Daueresserin,

3. die Nimmersatte (es kommt zu keiner Sättigungsempfindung),
4. die Nachtesserin (unstillbare Hungeranfälle des Abends und in der Nacht).

Nach HOFFMANN und HOCHAPFEL (1979) dient die erhöhte Eßmenge vor allem der Abwehr von Unlustempfindungen, insbesondere depressiver Gefühle, Ängste und narzißtischer Kränkungen. Fettsüchtige haben Abhängigkeitswünsche, sie sind aggressiv gehemmt und reagieren überempfindlich bei Frustration. Der Eßvorgang verschiebt die Unlustempfindungen, das Essen ist als Abwehrmechanismus zu betrachten. Wenn Fettsüchtige ihr Gewicht reduzieren, erleben sie zuweilen dies als drohenden Verlust ihrer seelischen und körperlichen Integrität. Zudem sind sie enttäuscht, wenn sich mit der Reduktion des Gewichts nicht alle anderen Probleme auch lösen. Dies mag als Hinweis gelten, daß das Körpererleben der Fettsüchtigen gestört ist. HOFFMANN und HOCHAPFEL nennen als mögliche Entstehungsursachen für dieses Körpererleben, daß das Füttern des Kindes oft die einzige mögliche Ausdrucksart der Mutter für liebevolle Zuwendung sei, die auf anderen Wegen, des Sprechens, des Berührens, des Spielens nicht zustande komme, oder sie sehen es auch als Schuldentlastung für die gefühlte emotionale Distanz zu den Kindern (1979, 65ff.).

ORBACH (1984) faßt in ihrem "Antidiätbuch II" ihre Sichtweise zusammen, die einen etwas anderen Schwerpunkt hat.

Frauen seien der Angelpunkt in der Ernährung und zwar für die ganze Familie. Einen Teil ihres Selbstwertgefühls bezögen sich gerade aus dem Aspekt, daß ihnen die Fähigkeit zu nähren zugeschrieben wird. Das traditionelle Rollenverständnis stehe also im Zusammenhang mit Essen. Gleichzeitig ist der in diesem Rollenverständnis für die Frau eine Ware, er kann die Frau in Schwierigkeiten bringen und "Männer aus dem Gleis werfen und verrückt machen". Frauen nähren so zwar andere, selber essen aber verrät auch eigene Wünsche und auch Gier. Frauen füttern alle Welt, dabei sind ihre eigenen Bedürfnisse unwichtig. Der Schlankheitszwang führt dazu, daß wir das Vertrauen in unseren Körper verlieren und in das Selbstregulationssystem eingreifen. Eßsüchtig sein heißt ohne Berücksichtigung der körperlichen Signale für Hunger und Sättigung zu essen. Das Essen wird so auch magisch erlebt und steht schließlich für ganz viele Gefühle. Frauen glauben, kein Recht auf Nahrung zu haben, diese Selbstverleugnung führt zu den Freßanfällen. Eßsucht steht im Zusammenhang mit unbewußten Körperkonzepten, die herausgefunden werden müssen.

Die Autorin befürwortet ein angeleitetes Selbsthilfekonzept in der Gruppe.

2. Die Freß- und Brechsucht

Mehr als 1% der Frauen zwischen 16 und 30 Jahren und etwa 3% in der studentischen Population leiden an dieser Art der Eßstörung, die in der Literatur überhaupt erst seit etwa 6 Jahren beschrieben wird. Ich referiere nachfolgend BRAND-JACOBI, der 1984 eine erste zusammenfassende Darstellung dieses Verhaltenssyndroms zusammengestellt hat. Zumeist "lernt sich" diese Symptomatik durch Diäten. Die Freßattacke ist gekennzeichnet durch das Hinunterschlingen enormer Nahrungsmengen. Zum Beispiel 3 Brötchen, 1 Pakkung Knusperbrot mit Frischkäse, 2 Packungen Kekse, 2 Tüten Treets, 2 Tafeln Schokolade, 1 großes Joghurt, 2 Portionen Kartoffelbrei mit Sauce, 1 kleiner Kuchen, 1 Pudding, 1 Dose Schwartenwurst, 1 1/2 Liter Milch. Hier dominiert die Gier nach Nahrung, das unwiderstehliche Bedürfnis zu essen und die Gewißheit, nicht mehr aufhören zu können (Kennzeichen von Sucht). Den Auslöser beschreiben die Frauen als "unglücklich sein". Die gefühlsmäßigen Folgen der Attacke sind nun jedoch nicht positiv, sondern die Angst, zu dick zu werden, wird mächtig und die Frauen ekeln sich vor sich selbst. Die mangelhafte Kontrolle ihres Freßdranges mündet in Schuldgefühlen und Selbstvorwürfen, depressiven Verstimmungen und Hoffnungslosigkeit. So folgt das selbst herbeigeführte Erbrechen, um die drohende Gewichtszunahme zu verhindern. Das Erbrechen wird verheimlicht und verborgen, da es selbst induziert wurde und als verwerflich eingeschätzt wird. Die Angst, zu dick zu sein, ist übermäßig, Gewicht und Körperliches haben zentrale Bedeutung für das Selbstwertgefühl und die Selbstsicherheit dieser Frauen.

"Mit der übereinstimmenden Symptomatologie von labilem Affekt, Kontrollverlust und einem Gefühl der inneren Leere, wird für die typische Primärpersönlichkeit zunehmend eine Borderlinestruktur diskutiert. Auch die wechselnden Sozialbeziehungen, das scheinbar gute Funktionieren in Schule und Beruf, die Durchbrüche autoaggressiver Impulse, wie auch gelegentlich anzutreffende Depersonalisationserlebnisse lassen eine solche Charakterisierung zu." (BRAND-JACOBI 1984, 156)

In Auseinandersetzung mit dem psychoanalytischen Ansatz der Abwehr von Weiblichkeit, sehen feministische Autorinnen gerade eine übergroße Identifizierung mit dem gesellschaftlichen Weiblichkeitsstereotyp, unerbittliches Streben nach Schlankheit und passive, hilflose Einstellung zum Leben als grundlegend an (BOSKIND-LODAHL 1976; LODAHL & SIRLIN 1979). Kennzeichnend ist das starke Verpflichtetsein zu gesellschaftlichem Erfolg, wobei Männer als Richter über Erfolg fungieren. Zentrale Momente des Behandlungsansatzes dieser Krankheit sind die Bewußtmachung des gesellschaftlichen Stereotyps, sowie der Aufbau von Selbstsicherheit und Durchsetzungsfähigkeit. THARANG und LANDZETTEL (1985) betrachten in ihrem Rahmenkonzept diese Störung als gesellschaftlich produzierte, soziale Neurose. Für die Autorinnen geht es um drei Bereiche in ihrem Arbeitskonzept: Die Frauen sind nicht genußfähig; sie haben eine Strategie zu überleben, anstatt zu leben, und sie vertrauen weder sich selbst noch ihrem Körper. Es geht darum, Körpersignale zuzulassen, wahrzunehmen und auf sie zu reagieren. Sie sehen diese Frauen nicht als krank an, sondern betonen das Energiepotential, daß dieser Störung unterliegt, auch wenn diese Frauen ihre eigenen Bedürfnisse mißachten und ihrem Körper nicht vertrauen. Die Prognose für den endgültigen Verlust dieser Symptomatik ist derzeit noch schlecht, es gibt noch kein sicher greifendes Behandlungskonzept.

3. Die Magersucht

Diese Störung ist die am besten beschriebene in der Literatur, sie ist als Sucht gefaßt, von ihrem Krankheitsbild her nur unzureichend charakterisiert, da der Symptomcharakter des gestörten Eßverhaltens bei dieser Krankheit am deutlichsten hervortritt. HOFFMANN und HOCHAPFEL (1979, 154ff.) beschreiben die vielfältigsten Symptome dieser Krankheit und verweisen auf den tödlichen Ausgang in 10% der Fälle. Man nimmt an, daß zwischen 2 und 7% der Mädchen, vor allem während der Pubertät, aber auch später, im Hinblick auf dieses Krankheitsbild gefährdet sind. Die Symptomatik äußert sich in extremer Gewichtsabnahme bei Nahrungsverweigerung und den damit verbundenen Folgeerscheinungen. Bei ständiger Hyperaktivität besteht eine ausgesprochene Fehlwahrnehmung, was die Bedrohlichkeit des eigenen körperlichen Zustands angeht. Auslöser ist die sexuelle Reifung während der Pubertät, wo wahrscheinlich der Körper nicht mehr mit dem eigenen Vorstellungsbild von Körper und Selbst übereinstimmt. Die weibliche Körperlichkeit wird abgelehnt und entwertet. Die Magersucht kann als Versuch gewertet werden, sich außerhalb bedürfnisorientierter Regungen zu stellen. Das passive Ausgeliefertsein an den Hunger fordert die Frauen und Mädchen zum Kampf heraus. Hunger macht auch die Abhängigkeit von Versorgungen durch andere deutlich, erinnert zumindest daran. Jede Nähe wird vermieden, die Mädchen halten eine innere emotionale Distanz zu jedermann und zu ihrem Kampf um Autarkie gehört auch die Vorstellung wie eine Art Perpetuum mobile, mit minimaler Zufuhr von Energie große Leistungen zu vollbringen. So wird deutlich, daß diese Krankheit ein Versuch ist, mit der Symptomatik die Instabilität eines gestörten Selbstwertgefühls aufzufangen. BRUCH (1982) spricht von der tiefen Resignation der Patientinnen gegenüber der Möglichkeit, autonome Ansprüche zu verwirklichen. Nahrungsverweigerung ist der Versuch, sich als autonomes Subjekt zu begreifen.

Die Therapie mit diesen Mädchen ist langwierig und kompliziert, da es letztendlich um eine Differenzierung der Selbst- und Objektrepräsentanzen geht.

4. Der Körper, der Leib, das Geschlecht

Die Nichtbeachtung von Körpersignalen und die fehlende, verlernte Selbstregulation des Organismus, die allen drei Störungen gemeinsam ist, verweist auf die Verdrängung von Bedürftigkeit, Sinnlichkeit und Geschlecht. Sie wiederum verdeutlichen den Platz der Frau als Reproduzierende, wo der weibliche Leib ein Körper ist, der nährt, aber nicht begierig ist, der Lust macht, ohne genußfähig zu sein.

So haben die beschriebenen Störungsbilder weiblicher Identität zu tun mit dem verlorenen Wissen der Frauen um ihre leibliche Identität. Dieser Verlust ist notwendig im Prozeß patriarchaler Zivilisation.

Den Körper begreife ich mit DÜRCKHEIM (1974) als etwas, das man hat, über das man verfügen kann, das effizient ist, während der Leib als ein von Seele und Geist nicht abgetrennter Körper zu begreifen ist. So ist die ganze Frau gemeint, in der Art und Weise ihres leibhaftigen Daseins, als leibhaftiges Subjekt, gemeint ist die Frau als ganzheitliches Wesen in ihrer Bezogenheit zu sich selbst, zu anderen und zur Welt (vgl. MÜLLER 1981, 255).

Bei den beschriebenen Störungen handelt es sich so um

den Versuch, den Leib, der Frau ist, in einen Körper zu verwandeln, oder die leibliche Entwicklung gar zu verhindern. Ein Aspekt weiblicher Identität entwickelt sich an der erfahrenen Präsenz des Leibes.

Weibliche Leiblichkeit bedeutet im Leib eingegrabene individuelle und kollektive Geschichte, die sich in der Gestalt des Leibes ausdrückt. Es ist das Verdienst der Frauenbewegung, daß der Körper wieder als Leib begriffen wird, als Gestalt, die mich und meine Geschichte repräsentiert.

Seit der Hexenverfolgung ist die kollektive Leibgeschichte der Frauen eine Geschichte von zunehmender Fremdbestimmung, Traumatisierung sowie Funktionalisierung des weiblichen Körpers. Seit jener Zeit wurden die Frauen des Wissens um ihre Leiblichkeit beraubt. So deutet sich an, daß weibliche Identität, was die Dimensionen des Körpers wie des Leibes betrifft, seelisch wahrscheinlich nur ungenügend repräsentiert ist; gemeint sind damit bewußte und unbewußte Phantasien, Vorstellungen und Bilder in bezug auf die eigene Leibhaftigkeit (GAMBAROFF 1984). HAGEMANN-WHITE (1985) analysiert dies auch für die weibliche Aggressivität.

Es ist folgerichtig, daß Frauen sich zu ihrem Leib ambivalent verhalten. Ihnen fehlt gleichsam die Ausdifferenzierung im Selbstbild und sie verweigern die weitere Funktionalisierung. Bis heute kann der weibliche Leib immer nur als das "Andere" gedacht werden, oder als das Geschlecht, das n i c h t e i n s ist, wie die französische Analytikerin IRIGARAY sagt, da es sowohl in der Angleichung wie in der Negation an der männlichen Geschlechtlichkeit orientiert ist.

Die Unsicherheit, Spannung und Unklarheit in bezug auf das, was mein Leib als ein autonomer sein kann, wird in der Magersucht vor allem als Verweigerung gelebt, in der Bulimie als perfektionistische Unterwerfung, in der Fettsucht als Verneinung von Bedürftigkeit und Sinnlichkeit.

Aus der Unbewußtheit über die weibliche Leiblichkeit wird so der Körper von Frauen zum wichtigen Ort der Selbstunterdrückung. Die Leibfeindlichkeit findet ihren Ausdruck in der Frauenfeindlichkeit und diese wiederum findet sich in der Selbstverachtung von Frauen wieder. Frauen haben die Selbstbeherrschung hergegeben und erproben nun Reste verachtender Herrschaft an ihren eigenen Körpern. Ein sprachlos gemachter Leib wird in der Eßstörung zur Möglichkeit, die eigene Sprachlosigkeit zu verheimlichen und mit der Phantasie von Größe und Autonomie zu leben, dabei wird die Zerstörung immer mitgefühlt und miterlitten.

Solange Geschlechtlichkeit - männliche wie weibliche -

als gegenseitige Ergänzungen begriffen werden, das Weibliche als Grund dient, vor dem das Männliche Gestalt gewinnt, sich abgrenzt, solange eine Bestimmung des Weiblichen nur als "Nicht-Mann" möglich ist, solange wird es um die Aneignung der entmachtenden krankmachenden und traumatisierenden Geschehnisse gehen - persönlich wie kollektiv -, um in der Entfaltung von Verschiedenheit das Geschlecht zu sein, das n i c h t e i n s ist.

5. Von der Ohnmacht der Frauen, der Allmacht der Mütter und dem weiblichen Sozialcharakter

Die Bewußtheit über unsere individuelle wie kollektive Leibgeschichte ist nun eng mit unseren frühesten Erfahrungen mit unserer ersten Bezugsperson verknüpft, und diese Person ist in dieser Kultur zumeist weiblichen Geschlechts.

Es gibt ausreichende Analysen über die Notwendigkeit dieser soziologischen Konstruktion für die Geschlechteridentität und ihre gesellschaftlich notwendige Differenzierung.

"Die Mutter ist das erste Du gegenüber unserem Ich, das erste eigenständige Subjekt, dessen Wille dem unseren entgegengestellt wird. Wir erleben sie in frühester Kindheit als allmächtig ... erleben wir sie auch als eine Macht, die uns leiden läßt und sich willkürlich verweigert ... (Sie) begleitet unsere ersten Schritte zur Eigenständigkeit, ... ihre Anerkennung spiegelt uns unsere Erfolge zurück, aber sie ist auch Zeuge unserer Niederlagen ... (Es) ist unerläßlich, sich gegen den Willen der Mutter zu behaupten, weil nur so die Gewißheit entsteht, daß es wirklich eigene Fähigkeiten und Stärken hat ... So entsteht die Sehnsucht, den Schutz und die Macht der Mutter zu besitzen ... die Zuständigkeit und die Macht der Bedürfnisbefriedigung (ist) kulturell der Frau auf den Leib geschrieben. (Das Wissen um ein zweites Geschlecht draußen in der Welt ermöglicht) die Beibehaltung der unverarbeiteten infantilen Gefühle gegenüber der Mutter. Statt uns mit der Begrenztheit der möglichen Wunschbefriedigung wirklich auseinanderzusetzen, können wir die Phantasie der vollständigen Beglückung durch eine unendlich liebende dienstbare Frau aufbewahren ... (Die objektive Macht der Männer draußen ist) der Grund, warum innerpsychisch die Idee der unendlichen und überwältigenden Macht der Mutter erhalten bleiben kann. Die Macht der Mutter ist im genauen Sinne eine ideologische Verkehrung. Indem infantile Gefühle darin konserviert und gebunden werden, läßt sie sogar eine extrem männliche Herrschaft als rational begrenzt und erträglich erscheinen, verglichen mit dem unbewußten Bild der irrationalen, grenzenlosen Willkürherrschaft, die eine Frau symbolisiert." (HAGEMANN-WHITE 1984, 89) Die Loslösung des kleinen Mädchens von dieser übermächtigen Figur ist nochmals komplizierter, da sie auch immer Identifikationsobjekt ist. Die leibliche und körperliche Entwicklung des kleinen Mädchens ist durch die Gleichheit und die Identifikation der Mutter mit der Tochter strukturell bestimmt. Hier liegt auf der individuellen Ebene der mögliche Konfliktpunkt von Eßstörungen als Folge einer mangelhaften Selbst- und Objektdifferenzierung, die durch Erziehungskonstellationen bedingt, dennoch als individuelle Pathologie und persönliches Versagen erscheinen.

Neben dieser Einbettung der Entwicklungsbedingungen weiblicher Identität in eine überwertige Mutter-Tochter-Beziehung, ist die Entwicklung weiblicher Leibidentität gebunden an das System von Zweigeschlechtlichkeit, das den weiblichen Sozialcharakter und das je individuelle Selbstverständnis einer Frau von sich selbst bedingt. HAGEMANN-WHITE (vgl. in diesem Band) sieht den weiblichen Sozialcharakter als Ergebnis subjektiver Verarbeitung der Individuen *und* als Prozeß der symbolischen und kulturellen Reproduktion. Mann und Frau werden als Symbole in einem sozialen Sinnsystem begriffen, das mit ökonomischen und politischen Verhältnissen verwoben, aber nicht mit ihnen identisch ist. Die Polarität "männlich - weiblich" gaukelt Naturhaftigkeit vor und transportiert gleichzeitig Wert- und Statushierarchien. Wenn zum Beispiel kleine Kinder männliche und weibliche Figuren beschreiben, so wird die weibliche Figur dadurch charakterisiert, was fehlend ist: der Penis! Die Frau hat keine positiven Beschreibungsmerkmale; "nicht die weiblichen Geschlechtsorgane, sondern die Abwesenheit des Penis signalisiert die Geschlechtszugehörigkeit" (HAGEMANN-WHITE 1984, 88).

Geschlechtsrollen werden so zu Regeln mit Erlaubnissen und Verboten, ein komplexes System der sozialen Beziehungen, der kognitiven wie emotionalen Ordnung, der Zurichtung der Lust und Sinnlichkeit. "Die Chiffrierung der Geschlechtszugehörigkeit in Begriffen der Biologie und Konstanz, läßt die tatsächliche Basis, wie auch kulturelle und politische Hierarchien endgültig aus dem Bewußtsein absinken." (HAGEMANN-WHITE 1984, 84)

Mein Anliegen war es, die enge Verwobenheit von weiblichen Eßstörungen mit den gesellschaftlichen Hintergründen zu veranschaulichen. Frauen entwickeln solche Störungen als Reaktion auf die "innere Kolonisierung". So stellen diese Störungen für Frauen eine, wenn auch leidvolle, so doch durchaus konsequente charakteristische Aktionsform dar, sie sind Gestaltungsversuche aufgrund persönlicher und geschlechtlicher Traumatisierung. Sie sind Versuche, der Verfügungsgewalt in uns selbst zu begegnen.

Handlungs- und erkenntnisleitend ist dabei die uns allen tief verwurzelte, verzweifelte, schmerzliche und auch kraftspendende Erfahrung, eine Geschlechtlichkeit zu leben, die n i c h t e i n s ist, sondern keins, nämlich kein Subjekt von Geschlechtlichkeit für eine männliche Kultur.

Literaturverzeichnis

BRAND-JACOBI, J.: Bulimia nervosa: Ein Syndrom süchtigen Verhaltens. In: Zeitschrift f. Psychotherapie, Psychosomatik, med. Psychologie, Heft 7, 34. Jg., S. 151-161

BOSKIND-LODAHL, M.: Cinderella's stepsisters: A Feminist perspective on anorexia nervosa and bulimia. In: Signs: Journal of Women in Culture and Society, 1976, 2, S. 342-356

BOSKIND-LODAHL, M.; SIRLIN, J.: The gorging-purging Syndrome. In: Psychology Today, 1977, 3, S. 50, 52, 82

BRUCH, H.: Der goldene Käfig. Frankfurt 1982

DÜRCKHEIM, K., Graf: Vom Leib. 1974

GAST, L.: Der Gang durch den Spiegel. Pfaffenweiler 1985

GAMBAROFF, M.: Der Einfluß der frühen Mutter-Tochter-Beziehung auf die Entwicklung der weiblichen Sexualität. In: Dies.: Utopie der Treue. Reinbek 1984

HAGEMANN-WHITE, C.: Sozialisation: Weiblich - männlich? Alltag und Biographie von Mädchen. Bd. 1, Opladen 1984

HOFFMANN/HOCHAPFEL: Einführung in die Neurosenlehre und psychosomatische Medizin. Stuttgart 1979

LANGSDORFF, M.: Die unheimliche Sucht unheimlich zu essen. Frankfurt 1984

MACLEOD, Sh.: Hungern, meine einzige Waffe. München 1983

MINUCHIN, S.: Psychosomatische Krankheiten in der Familie. Stuttgart 1983

MÜLLER, R.: Wege zur Ganzheit. Freiburg 1981

ORBACH, S.: Das Antidiätbuch I; II; München 1980 und 1983

SELVINI-PALAZZOLI, M.: Magersucht. Stuttgart 1984

SMEAD, V.: Eating Behaviors which may lead to and perpetuate Anorexia nervosa, Bulimarexia and Bulimia. In: Women & Therapy, Vol 3(2)37 - 49

THARANG/LANDZETTEL: Psychologisch - therapeutisches Rahmenkonzept. In: LANGSDORFF, M.: a.a.O., S. 132

Christa Schulze

ALLTAGSBESCHWERDEN - BESCHWERLICHER ALLTAG: GESTÖRTE BEFINDLICHKEIT DURCH PSYCHOSOZIALE BELASTUNG AM BEISPIEL VON FRAUEN MIT GYNÄKOLOGISCHEN BESCHWERDEN

1. Warum wende ich mich funktionellen gynäkologischen Beschwerden zu?

Die Zuwendung zum Bereich "psychosoziale Aspekte von funktionellen gynäkologischen Beschwerden" entsprang dem Wunsch, sich mit einem ausschließlich weiblichen Themenbereich zu beschäftigen. Nach näherer Betrachtung - angeregt durch Diskussionen mit Sabine Rehahn - stellte sich heraus, daß die Theorienbildung zur Erklärung von psychosomatisch-gynäkologischen Beschwerden defizitär und dementsprechend die medizinisch-psychologische Betreuung von Frauen mit diesen Beschwerden häufig nicht ausreichend ist.

Eine ausführliche Betrachtung stellte ich im Rahmen von zwei Seminaren zu "psychischen Korrelaten gynäkologischer Störungen" in den Jahren 1982 und 1983 mit Psychologie-Studentinnen an. Wir sichteten die empirischen Veröffentlichungen im Bereich Psychosomatik der Gynäkologie. Auf der Suche nach psychosozialen Korrelaten fanden wir Darstellungen des Zusammenhangs zwischen psychischem und somatischem Geschehen in Form von Auffälligkeiten auf bestimmten Dimensionen von Persönlichkeitstests, Auswertungen von projektiven Tests, von Persönlichkeitstypologien, von unsystematisch ausgewerteten strukturierten und unstrukturierten Interviews. Großen Raum nahmen die Interpretationen der Ergebnisse ein. Darin wurde ein Frauenbild entworfen, das im wesentlichen gekennzeichnet ist durch die Abweichung von der männlichen Norm und durch individuelles Versagen in Form von Nichterreichen oder Nichtakzeptieren der "weiblichen Rolle". So entsteht ein Bild von emotional unreifen Patientinnen, mit einer neurotischen Persönlichkeitsstruktur, Problemen mit der Rollenidentität und der eingeschränkten Fähigkeit, externe Belastungen zu bewältigen.

Dies lieferte genügend Zündstoff, um einige der aufkommenden Fragen in Form von empirischen und theoretischen Diplomarbeiten zu erforschen. Den Schwerpunkt legten wir dabei auf den vernachlässigten Aspekt der sozialen und gesellschaftlichen Einbettung von Frauen, ihren spezifischen Lebensbedingungen. In diesem Kontext wird psychisches Erleben anders interpretierbar. Ergebnisse dieser Forschungsarbeiten stellen wir zur Zeit für ein Buchprojekt (Erscheinungsjahr 1987) über psychosoziale Aspekte der Psychosomatik in der Gynäkologie zusammen. Andrea ASCH, Nicola BÖHM, Berti BROCKHAUSEN, Katrin FRORATH, Birgit JANSEN, Annette KLUITMANN, Ingrid KOWALCEK, Annika MENGES, Christine SCHÖNBERGER sind an diesem Buchprojekt beteiligt. Ihre Gedanken fließen in meinen hier abgedruckten Beitrag mit ein.

2. Definition von Funktionalität

Unter funktionellen körperlichen Beschwerden werden Beeinträchtigungen ohne pathologischen Organbefund verstanden, die "gestörte Fähigkeit eines nicht krankhaft veränderten Organs" (DTS Lexikon Bd. 7, 1970). (In psychosomatischen Theorien taucht der Begriff Funktionalität zusätzlich im Sinne von Bedeutung oder Symbolismus von Körperbeschwerden auf, etwa, daß der gynäkologisch erkrankte Unterleib etwas mit gestörter Sexualität zu tun haben müsse.)

3. Funktionelle gynäkologische Beschwerden als ein Ausdruck gestörter Befindlichkeit

BÖHM, BROCKHAUSEN & KOWALCEK (1984/1985) kommt der Verdienst der psychologischen Einordnung von funktionellen gynäkologischen Beschwerden in den Bereich von allgemein gestörtem Wohlbefinden zu.

Ihr Vorgehen war durch folgende Schritte gekennzeichnet. Sie analysierten die zum damaligen Zeitpunkt (Stand 1983) gesamte zur Verfügung stehende empirische Literatur zur funktionellen psychosomatischen Gynäkologie. Dazu verwandt wurden:

22 Abhandlungen zur Pelipathie
(Schmerzen im Unterleib,
Druck oder Stechen außerhalb der Regelblutung)
19 Abhandlungen zur Dysmenorrhoe
(starke Schmerzen bei der Regelblutung)
17 Abhandlungen zum Pruritus vulvae
(Juckreiz in der Scheide)
15 Abhandlungen zu Amenorrhoe
(monatelanges Ausbleiben der Regelblutung)
8 Abhandlungen zum psychogenen Fluor
(Ausfluß aus der Scheide)

Dabei erschien es sinnvoll, die psychologischen Theorien und Forschungsergebnisse den Bereichen

1. Rollenkonflikte und weibliche Identität,
2. Sexualität,
3. Persönlichkeitsstruktur,
4. äußere Lebensbedingungen, Einflüsse, Konflikte

zuzuordnen.

Ihre in tabellarischer Form erstellte Literaturübersicht der psychischen Entsprechungen zu gynäkologischen Beschwerden zeigt, daß sich bei allen gynäkologischen Beschwerden die ersten drei psychologischen Bereiche stark überschneiden und der 4. Bereich "Lebensbedingungen" äußerst wenig Aufmerksamkeit erfährt. Der 4. Bereich soll später bei der Darstellung der Pelipathie-Gruppe (Kapitel 4) wieder aufgegriffen werden.

Die Überschneidung der ersten drei Bereiche (Rollenkonflikte und weibliche Identität, Sexualität, Persönlichkeitsstruktur) erlaubte die Annahme, daß einzelne funktionelle gynäkologische Beschwerden nicht Ausdruck von abgrenzbaren psychischen Entsprechungen sind, sondern Ausdruck von allgemein eingeschänktem Wohlbefinden. Daraus leiteten sie die Annahme ab, daß gynäkologische Beschwerden als Teilaspekt generell gestörter Befindlichkeit betrachtet werden können.

Um dies zu belegen, haben die Autorinnen 63 Frauen ohne funktionelle gynäkologische Beschwerden und 50 Frauen mit funktionellen gynäkologischen Beschwerden (Arztdiagnose nach ICD) psychologisch untersucht, indem sie diese (unabhängig von der Arztdiagnose) ihre gynäkologische und allgemeine Befindlichkeit anhand des durch gynäkologische Items erweiterten Gießener Beschwerdebogens von BRÄHLER & SCHEER (1983) einschätzen ließen.

Der Zusammenhang zwischen gynäkologischen und vegetativen Befindlichkeitsstörungen wird in folgender Korrelationsmatrix deutlich. Es besteht ein linearer Zusammenhang der persönlichen, subjektiven Einschätzungen der Frauen zwischen gynäkologischen Beschwerden und allgemein vegetativen Beschwerden. (Dagegen kovariiert ärztliche Diagnose oder Befund nicht systematisch mit den subjektiv eingeschätzten Skalen für gynäkologisches und allgemein vegetatives Befinden. Dieser wichtigen Aussage möchten wir an dieser Stelle nicht weiter nachgehen.) Daraus kann man schließen, daß funktionelle gynäkologische Beschwerden einen Teilaspekt allgemein gestörter Befindlichkeit darstellen.

Tabelle 1: Zusammenhänge zwischen gynäkologischen und vegetativen Beschwerden nach Arztdiagnose und subjektiver Einschätzung (nach BÖHM, 1985)

	Arztdiagnose	subjektiv gynäkolog. Beschwerden	subjektiv vegetative Beschwerden
Arztdiagnose	1.0	0.11(p=0.123)	-0.01(p=0.470)
subjektiv gynäkologische Beschwerden	-	1.0	0.58(p=0.001)
subjektiv vegetative Beschwerden	-	-	1.0

Der Begriff "Befindlichkeit" wird von FAHRENBERG (1975) oder BRÄHLER & SCHEER (1983) im wesentlichen auf eine Reihe vegetativer Beschwerden begrenzt, die wir um die funktionellen gynäkologischen Beschwerden erweitert haben. Das heißt, wir sind bisher auf die körperliche Ebene der Befindlichkeit bei Frauen mit gynäkologischen Beschwerden eingegangen. In Anlehnung an RODENSTEIN (1984) erweitern wir zusammen mit BÖHM (1985), KOWALCEK (1984), BROCKHAUSEN (1984) die Definition der Befindlichkeit und stellen einen Zusammenhang zwischen körperlicher Beschwerde und beeinträchtigtem psychosozialen Wohlbefinden her. TEEGEN, FIX & SÜSS (1980) stellten empirisch einen korrelativen Zusammenhang zwischen somatischen Befindlichkeitsstörungen (wie Energiemangel, Schmerz, Verspannung, empfindliche Haut) und psychisch gestörte Befindlichkeit in Form von Selbstabwertung (Phi=.67, p=.01); Ambivalenz (Phi=.82, p=.01) und Abhängigkeit (Phi=.71, p=.01), an einer (leider) nicht repräsentativen Stichprobe (N=30; 2/3 Unterschicht,

1/3 Mittelschicht). Somit wird Befindlichkeit auf der psychischen, somatischen und sozialen Ebene erlebt und unterschiedlich positiv oder negativ durch die einzelnen Lebensbereiche beeinflußt. Die Lebensbereiche werden wiederum inhaltlich durch gesellschaftliche Erwartungen und Bewertungen geprägt. Eine gestörte körperliche Befindlichkeit in Form von Körperbeschwerden strahlt auf die anderen Erlebnis- und Verhaltensebenen aus. So sind auch im psychosozialen Bereich Beschwerden wahrscheinlich. ASCH (1984), JANSEN (1985), MENGES (1985) und SCHÖNBERGER (1984) analysierten Aspekte aus dem psychosozialen Bereich, dem Alltag von Frauen mit der gynäkologischen Beschwerde Pelipathie.

4. Die gestörte Befindlichkeit bei Frauen mit Pelipathie

Wie erleben Frauen mit der somatischen Befindlichkeitsstörung Pelipathie (Schmerzen im Unterleib, Druck oder Stechen außerhalb der Regelblutung ohne pathologischen Organbefund) ihre psychische und soziale Befindlichkeit? Wie sieht ihr Alltag aus?

Ich möchte zunächst auf einige gesellschaftliche und soziale Aspekte eingehen, mit denen alle Frauen konfrontiert sind, und dann der Frage nachgehen, ob die vorhandene empirische Literatur zur Psychosomatik der Gynäkologie diese Aspekte berücksichtigt, bzw. unter welchen theoretischen Fragestellungen nach psychischen Korrelaten der Pelipathie geforscht wird. Schließlich möchte ich Ergebnisse einer empirischen Untersuchung an Pelipathiefrauen darstellen, die der Frage nach dem Alltagserleben dieser Frauen näherkommt.

4.1 Befindlichkeitsstörung und Lebenssituation

Wie kennzeichnen sich soziale und gesellschaftliche Aspekte der weiblichen Lebenssituation, die mit Befindlichkeitsstörungen in Zusammenhang gebracht werden können?

Ein Aspekt kann aus der Rollenunsicherheit von Frauen abgeleitet werden. Sie ergibt sich aus den unterschiedlichen Anforderungen aus Berufswelt und Familie, die völlig verschiedene Verhaltens- und Arbeitsweisen erfordern. Verhalten sie sich "weiblich", also emotional, altruistisch, angepaßt, stellen die eigenen Wünsche zurück, so ist dieses Verhalten in der Familie erwünscht, aber in der Berufswelt versetzt sich die Frau damit in den Status des Menschen zweiter Klasse. Verhält sie sich "männlich", also rational, egoistisch, aktiv, aggressiv und dominant, wird die Familie dadurch in Frage gestellt, aber das berufliche Fortkommen gefördert.

Weitere Bedingungen der weiblichen Lebenssituation beschreiben KOLLING und MOHR (1982) in Form folgender Lebensstressoren:

- Geringer Handlungs- und Entscheidungsspielraum

Niedrige Qualifikation, weniger freie Zeit, geringeres Einkommen sowie ein eingegrenzter Handlungsspielraum innerhalb der Familie erscheinen als mangelnde Kontrolle zur eigenen Bedürfnisbefriedigung.

- Über- und Unterforderung

Die Menge anfallender Arbeit kann eine Überforderung darstellen, gleichzeitig findet sich oft gerade in der monotonen Tätigkeit in Fabrik und Haushalt eine intellektuelle und kreative Unterforderung.

- Verlustereignisse

Sie sind in der weiblichen Normalbiographie als Brüche im Dasein für die Familie vorgegeben: Verlust der Attraktivität mit zunehmendem Alter; Verlust von beruflicher Qualifikation, die sich aus dem Wechsel von Berufstätigkeit und Mutterrolle ergibt; Weggang der Kinder; Verlust des Partners durch Tod oder Scheidung. Sie werden von Frauen wegen ihrer Isolation gravierender erlebt.

- Mangelnde individuelle und kollektive Unterstützung

Weder der Partner noch gesellschaftliche Institutionen entlasten die Frau von der Reproduktionsarbeit.

Diesen hier nur kurz beschriebenen Lebensstressoren kommt nach KOLLING und MOHR (1982), besonders wenn sie gleichzeitig oder mehrfach auftreten, ätiologische Bedeutung für psychische und somatische Beschwerden zu.

4.2 Bisherige empirische Befunde zur Psychosomatik der Pelipathie

Was läßt sich nun aus der Literatur der Psychosomatik der Pelipathie über das psychosoziale Befinden und Verhalten ableiten? Wie gestaltet sich die Lebenssituation von Pelipathiefrauen, wie gestaltet sich ihr Alltag? Lassen sich Zusammenhänge zwischen der körperlichen Befindlichkeitsstörung Pelipathie und störende Einflüsse der Lebenssituation auf die psychosoziale Befindlichkeit erkennen?

Die empirische Literatur der letzten 20 Jahre zur Psychosomatik der Pelipathie (siehe DUNCAN & TAYLOR 1952, MÜLLER 1955, BENSON et al. 1959, GIDRO-FRANK et al. 1960, SINCLAIR 1971, WILKINSON et al. 1975, RICHTER 1979, HACKL 1980) nimmt in keinem uns bekannten Fall eine systematische Analyse der Lebenssituation, etwa nach einigen der oben genannten Kriterien, vor. Allein DUNCAN & TAYLOR (1952) gehen von der Annahme aus, daß Pelipathie ein Ausdruck von emotionaler Unruhe sei, die auf Streß zurückzuführen sei. Zur Klärung der emotionalen Unruhe sollten Lebenssituationen und Gefühle von Pelipathiepatientinnen erforscht werden. Hierzu wurden 36 Frauen mit Pelipathie anhand eines unstrukturierten psychiatrischen Interviews 5 bis 8 Stunden lang interviewt. Das Alter der Patientinnen lag zwischen 20 und 54 Jahren, 32 Frauen waren verheiratet. Eine Vergleichsgruppe wurde nicht befragt.

Weder über die Durchführung der Interviews noch über die Auswertung gibt die Veröffentlichung Auskunft. Trotzdem haben einige Ergebnisse Hinweischarakter. Nach DUNCAN & TAYLOR (1952) war die Mehrzahl der Frauen ihrer Stichprobe von dem 20. Lebensjahr an verheiratet, führten eine sehr unglückliche Ehe, erinnerten sich kaum an Sexuelles in der Kindheit, waren der ersten Schwangerschaft gegenüber positiv eingestellt, seien aber der Sorge um die Kinder nicht gewachsen und würden diese als unliebsame Pflicht erleben. Die Persönlichkeit der Pelipathiepatienten werde gekennzeichnet durch masochistische Züge (was die Ehe betrifft), Unsicherheit, Abhängigkeit, psychische Krankheit (Konversionshysterie, Angsthysterie, Verfolgungswahn, Zwangsneurosen, reaktive Depression), emotionale Unreife, unterdrückte Feindseligkeit, Ärgerlichkeit und Spannung. Einige seien schizoid.

Die oben beschriebene Untersuchung möchte ich nicht weiter kommentieren, sondern für sich sprechen lassen. Stattdessen möchte ich mich der erneuten Betrachtung von Pelipathie im Zusammenhang von Streß (siehe MENGES 1984) und Belastung in der Lebenssituation zuwenden: Pelipathie als gestörte somatische Befindlichkeit in Zusammenhang der gestörten psychosozialen Befindlichkeit durch Streß und Belastung.

4.3 Ein quantitativer und qualitativer Untersuchungsansatz zur Psychosomatik der Pelipathie

Streßtheoretiker wie SELYE (1974) gehen davon aus, daß Streßreize, die die Anpassungsfähigkeit des Körpers zur Aufrechterhaltung seiner Funktionen übersteigen, zu Belastungen führen. Die Belastung äußert sich in Form von psychischem Dystreß, funktionalen somatischen Störungen oder gar strukturellen Schädigungen. Streßreize sind bei SELYE (1950) jede Art von Anforderungen. LAZARUS (1966) spezifiziert diese Anforderungen durch eine hinzukommende individuelle Bewertung, die allein entscheidet, ob ein Reiz zum Stressor wird. Ich will hier nicht weiter auf die Beschaffenheit der Streßreize eingehen, sondern auf die *Beschaffenheit* von psychischem Erleben und Verhalten von *Belastung*, die im Rahmen der empirischen Untersuchung von ASCH (1984) an 22 Frauen mit Pelipathie und einer Vergleichsgruppe von 20 Frauen ohne gynäkologische Beschwerden untersucht wurde. Sie entwarf zusammen mit JANSEN (1985), MENGES (1985) und SCHÖNBERGER (1984) ein standardisiertes Interview (in dem auch noch andere Fragestellungen enthalten waren) und nahm neben der quantitativen eine aufschlußreiche qualitative Auswertung vor. Besonders die qualitative Auswertung erschien notwendig, um sich der Wirklichkeit der untersuchten Frauen anzunähern und nicht durch im Vorfeld gebildete eventuell unangemessene Theorien schon bestimmt zu haben, was Gegenstand und was Wirklichkeit ist (siehe dazu OSTNER 1980).

Die *quantitativen* Ergebnisse weisen darauf hin, daß Pelipathiefrauen hoch signifikant stärker Überforderung erleben, konkrete Anforderungen weniger zurückweisen (hoch signifikant), eigene Bedürfnisse stärker zurückstellen (hoch signifikant), ein höheres Anspruchsniveau aufweisen (signifikant), weniger Entspannung und Erholung für sich beanspruchen (hoch signifikant), mehr Ambivalenz und Zerrissenheitsgefühls erleben (signifikant) als Frauen der Vergleichsgruppe. Sie weisen ebenfalls Probleme in den angeführten Bereichen auf, aber in einem weit geringeren Ausmaß.

Die Zusammenstellung der *qualitativen* Ergebnisse zu den einzelnen oben beschriebenen Bereichen gibt reichhaltigen Aufschluß über das belastete Alltagsleben der Pelipathiefrauen. Zur Verdeutlichung will ich aus jedem Bereich jeweils zwei prägnante Zitatausschnitte darstellen.

Überforderung

Frau A
"Ich würde gerne mal Mittag heimkommen und erst mal die Füße hochlegen und nicht so leben, wie ich jetzt leben muß. Ich finde das Leben entsetzlich anstrengend. Allein um den Anforderungen meiner Mutter gerecht zu werden, muß ich wöchentlich vier Briefe schreiben, jeden Tag telefonieren. Das halte ich nervlich einfach nicht aus, weil mich das völlig fertig macht, alle kommen immer zu mir. Ich fühl' mich ziemlich oft dadurch überfordert, weil jeder mehr von mir verlangt, als ich eigentlich geben kann. auch für meinen Freund ... ständiges Verfügbarsein, Dasein, ständiges Übernehmen der Mutterrolle" (ASCH 1984, 137).

Frau O
"Eigentlich entscheide ich in der Familie meistens schon immer. Das lastet alles auf meinen Schultern. Ich hab das Gefühl, ich schaff das alles nicht mehr. Ich möchte nicht so viel Verantwortung haben. Und wenn ich dann viel gearbeitet habe und komme dann nach Hause und muß hier weitermachen ... Das ist ja auch kein Zuckerlecken, ich tue mich nicht einmal ausruhen. Und zu Haus kann ich mich auch nicht gehenlassen. Ich komm von morgens halb sieben bis abends nie zum Sitzen. Ich habe auch mittags kaum Zeit, richtig was zu essen. Samstags, wenn alle da sind überhaupt, da ist alles ein reines Gehetze bei mir. ... Ich hab immer das Gefühl, ich werde eingeengt, ich kriege kaum Luft, ich werde von allem so überfordert. Vormittags hab ich hier im Haushalt zu tun, dann muß ich weg zum Putzen, komm dann um 4/5 nach Hause. Dann geht es gleich weiter mit den Schularbeiten, das ist für mich Streß. Also das ist, was mich unheimlich belastet" (ASCH 1984, 138).

Überforderung wird erlebt durch ständiges Zur-Verfügung-Stehen für Partner, Freunde und Kinder, durch die alleinige Bewältigung von Beruf und Haushalt, durch zu wenig Unterstützung bei der Hausarbeit.

Anforderungen zurückweisen

Frau A
"Den Kontakt mit meiner Mutter, die mich sehr mit Beschlag belegt, könnte ich nur rigoros abbrechen. Aber das läßt mein Gewissen nicht zu, weil sie sehr krank ist, ich schaf-

fe es nicht. Ich bin kein Mensch, der Anforderungen gegenüber nein sagen kann. Ich hoffe, daß ich es später vielleicht mal schaffe, es mal nicht allen recht machen zu wollen. Ich sag nicht nein, wenn's mir zuviel wird mit den Leuten, weil ich das Ideal habe, ein Anlaufpartner zu sein.

Mein Freund erwartet, daß ich absolut keine Anforderungen habe, absolut immer für ihn da zu sein, aber selbst nicht zu zeigen, daß es mir beschissen geht, daß ich nicht mehr weiß, wo mir der Kopf steht. Das ist ständiges Verfügbarsein, Dasein, ständiges Übernehmen der Mutterrolle" (ASCH 1984, 130).

Frau P

"... wenn sie alle zu Hause sind, weil man zu Hause immer überlegen muß, was sagst du jetzt, ist es richtig oder wird's wieder krumm aufgefaßt ... Ich hätte zur Kur fahren können (nach einer Krebsoperation, Anm. Ch. Schulze) es wäre mir ohne weiteres genehmigt worden, aber wenn ich dann die langen Gesichter hier sehe ... Bis vielleicht vor 2 Jahren hat meine Mutter bestimmt, wann neue Gardinen gekauft wurden, wann neue Sessel oder neue Möbel gekauft werden mußten. Was sollte ich denn machen, ich wollte keinen Knatsch, keinen Ärger. Sie hat in die Kindererziehung reingemengt, ... und machst du es nicht, bist du ein undankbares Kind. Was glauben Sie, wenn ich wußte, die kommt hierher, da bin ich schon vorher unheimlich nervös geworden, daß nur kein Staubkörnchen irgendwo rumliegt" (ASCH 1984, 132).

Anforderungen bezüglich der Versorgungserwartungen der kranken Mutter, des Partners oder des Freundes, sich an seine Entscheidungen anzupassen, für ihn eine Mutterrolle zu übernehmen, des Arbeitsgebers und Partners sich besonders "weiblich", das heißt eher passiv und damit auf eigene Wünsche verzichtend, zurückzuweisen, sind Pelipathiefrauen kaum in der Lage. Eine Frau gibt an, daß sie aus Angst vor körperlicher Gewalt äußeren Anforderungen nachkommt.

Zurückstellen eigener Bedürfnisse

Frau Q

"Ich hab die ganzen Jahre auf der Couch geschlafen, damit meine Kinder jeder ein Zimmer hatten.

... Das ist meine Gutmütigkeit, die dann doch oft ausgenutzt wird" (ASCH 1984, 135).

Frau P
"Ich bin nur glücklich, wenn die andern glücklich sind. ... Wenn er mich dann streichelt, wenn's mir so schlecht geht, dann kommen mir wieder Schuldgefühle und dann sag ich mir: Mensch Gott, der wird sich doch deswegen nicht verrückt machen ... Da war 'ne Phase, das war's ziemlich stark mit Krebs gewesen und alle haben mich gedrängt: geh in die Klinik und laß es wegmachen. Und da hab ich gesagt, nee also ich geh erst in die Klinik, wenn wir umgezogen sind, dann sind die Kinder untergebracht ...

Mit der Familie, es ist schwer, das alles unter einen Hut zu bringen, denen jetzt net zu zeigen, Mensch es geht mir jetzt wirklich beschissen, die Angst ... Die sollen sich net aufregen" (ASCH 1984, 135).

Das Zurückstellen von Bedürfnissen ist eng verbunden mit Eigenschaften der Fürsorglichkeit für andere. Sie beinhalten Aspekte wie Dasein für andere, Zuhören, Rat geben, die im Übermaß bereitgestellt werden.

Die Frauen bringen sich (das heißt ihre Gesundheit) zum Opfer, sehen sich selbst als Opfer, Zukurzgekommene. Die Frauen sehen oft das Problematische in ihrem Verhalten, indem sie darüber mit impliziertem Vorwurf gegen die Umwelt oder Protest reagieren, damit aber nichts ändern. Sie identifizieren sich nicht völlig mit diesen Aufgaben, trotzdem versuchen sie, ihre Benachteiligung nicht zu rechtfertigen oder darin positive Werte zu sehen.

Hohes Anspruchsniveau

Frau A
"Ich hab das Ideal, für alle immer ein Anlaufpartner zu sein, ich sag nicht nein, wenn's mir zuviel ist. Ich wünsche mir nur sehr für mich, daß andere Leute auch so wären.

Ich komme dem Idealbild, das mein Freund von mir hat, schon sehr nahe, auch wenn ich mir manchmal Gewalt antun muß" (ASCH 1984, 131).

Frau M
"Ich denke, daß ich mich selbst überfordere, weil ich ziemlich hohe Ansprüche habe im Verhältnis zu den Kollegen an meine Arbeit, halt unheimlich dazu neige, mir selbst unheimlich viel aufzubürden, wenn ich sehe, daß die anderen das nicht machen, was gemacht werden muß" (ASCH 1984, 140).

Die hohen Ansprüche an sich selbst stehen bei Pelipathiefrauen in Zusammenhang mit Angst vor Fehlern, der vermeintlichen Inkompetenz der anderen (ich mache alles am besten alleine) mit der Befürchtung, sonst von den anderen als unfähig angesehen zu werden.

Entspannung und Erholung

Frau B
"Wenn ich so in Streß komme, nehme ich mir vor, härter zu arbeiten" (ASCH 1984, 141).

Frau J
"Hinlegen, wenn ich Schmerzen habe, tue ich grundsätzlich nicht, da fühle ich mich erst richtig krank. Von der Arbeit gehe ich deswegen nie weg. Das einzige, was ich mache, daß ich dann zu Hause gar nichts mehr mache und mich gleich ganz flach lege. Aber nur, wenn es ganz schlecht geht. Aber eigentlich bin ich ein Typ, der Streßsituationen liebt. Sobald ich tagsüber meinen Streß habe und das geht als 'druff, druff', dann macht mir das Arbeiten Spaß. Wenn der Arzt sagt, Bettruhe, dann steh ich trotzdem auf und mach irgendwas, wenigstens das Nötigste" (ASCH 1984, 141).

Die Beckenschmerzen sind kein Anlaß, sich Ruhe und Entspannung zu erlauben, sondern ein Signal für verstärkte Aktivität. Die Pelipathiefrau stellt an sich die Anforderung, funktionstüchtig und leistungsstark zu sein. Häufig wird die Arbeit als Bewältigung für Niedergeschlagenheit, als Ablenkung von den Schmerzen oder als Verdecken einer Leere benutzt.

Ambivalenz und Zerrissenheitsgefühle

Frau O
"Mit den Putzstellen, wo ich an erster Stelle gedacht habe: du mußt mal raus unter andere Leute, soll'n se sehen, wie 'se klarkommen! Aber ich dann auf der Arbeitsstelle bin, dann hab ich auch keine Ruhe, dann denk ich: mein Gott, jetzt sind die Kinder alleine ... Es ist schwierig, wenn man arbeitet und da auf jede Minute achten soll und dann bei den Kindern plötzlich ganz viel Zeit haben soll" (ASCH 1984, 143).

Frau M
"Die Normen, die da in meiner Arbeitssituation gegeben sind, sind so, daß Frauen einfach schwach sind. Und ich stehe in einer Position, wo ich stark sein muß. In dem Moment, wo ich weiblich wäre, würde das gleichgesetzt mit Schwäche. Von daher muß ich stark sein, kann nicht so weiblich sein ...

Ich finde es total schwierig, die Anforderungen aus meinem Beruf und meinem privaten Lebensbereich zu vereinbaren. Das ist eigentlich für mich unvereinbar ... Weil das im Beruf, das gar nicht mein Leben ist, was ich da leben muß. Das ist, als wär'ns zwei Persönlichkeiten oder zwei Leben" (ASCH 1984, 143).

Die Zerrissenheit der Pelipathiefrauen in Form von Dazwischenstehen und sich nicht identifizieren können, wird hier deutlich dokumentiert.

Die Ambivalenzen drücken sich zwischen den Bereichen
- Beruf - Privatleben,
- eigene Wünsche - Bedürfnisse anderer,
- "männliche" Eigenschaften im Beruf - Frau-Sein und
- im Umgang mit der Zeit

aus.

Diese Ambivalenzen werden vermutlich noch dadurch verstärkt erlebt, daß Pelipathiefrauen trotz Beruf/Studium mehr personenorientiert sind als Frauen der Vergleichsgruppe (p=.013).

5. Befindlichkeit - Gesundheit - Krankheit

Im ersten Teil dieses Beitrages habe ich dargestellt, daß funktionelle gynäkologische Beschwerden Teilaspekt einer allgemein gestörten somatischen Befindlichkeit darstellen.

Im zweiten Teil wird am Beispiel einer funktionellen gynäkologischen Beschwerde - der Pelipathie - quantitativ und qualitativ aufgezeigt, wie die psychosoziale Befindlichkeit erlebt wird. Parallel zu der durch Schmerzen gekennzeichneten körperlichen Befindlichkeit lassen sich ständig wiederkehrende, alltägliche psychosoziale Belastungen aufweisen.

Die quantitativen Ergebnisse über Belastungen und deren Umgangsstrategien mit ihnen werden durch die qualitativen Auswertungen zu einem differenzierten Bild des Alltagserlebens von Pelipathiefrauen zusammengefügt. Die Abklärung, ob es sich hierbei um eine pelipathie- oder gynäkologiespezifische Darstellung handelt, bleibt weiteren Untersuchungen vorbehalten. Zunächst nehme ich einmal an, daß sich die Beschwerdebilder quantitativ weniger voneinander unterscheiden als qualitativ.

Besonders die inhaltliche Darstellung macht die in der Literatur zur Psychosomatik der Gynäkologie oft benutzte diskriminierende Etikettierung dieser Frauen zum Beispiel in Form von "emotionaler Unreife" überflüssig und weist auf die Notwendigkeit hin, bei Frauen mit pelipathischen Schmerzen, die medizinische Abhilfe suchen, nach der Art ihrer Belastungen zu fragen und diese zu hinterfragen.

An diesem Punkt werden neue Fragen aufgeworfen. Die Untersuchung klärt nicht die individuellen, sozialen oder gesellschaftlichen Motive, die die Frauen dazu veranlassen, ein derart belastetes Leben zu führen. Warum sind sie nicht in der Lage, ein "gesundes" Gleichgewicht (siehe Streßtheoretiker) zwischen internen Bedürfnissen und externen Anforderungen herzustellen.

Warum meinen diese Frauen

- sie müßten immer eigene Bedürfnisse zurückstellen,
- sie müßten für alle familiären Bedürfnisse Verantwortung tragen,
- sie müßten immer zur Verfügung stehen?

Mit dieser überspitzten Formulierung möchte ich den Anspruch kennzeichnen, der einem Perfektheitsideal nahekommt. Ideale haben keine Begrenzung. So können sich diese Frauen auch nicht in körperlicher und seelischer Begrenzung sehen. Sie sind unbegrenzt und damit hilflos zum Beispiel den Veränderungen oder Erweiterungen der pluralistischen gesellschaftlichen Erwartungen ausgeliefert. Die Chance der Auswahlmöglichkeit wird nicht wahrgenommen und damit zur Belastung.

Warum wissen diese Frauen nicht, wann die eigene Person zum Tragen kommen muß, um gesund zu sein oder gesund zu bleiben? Sie scheinen das Grundrecht auf Gesundheit, nach der World Health Organization (WHO 1948) als Zustand vollständigen körperlichen, geistigen und sozialen Wohlbefindens definiert, nicht in Anspruch nehmen zu wollen/können.

Wenn eine Sensibilität für das gestörte Gleichgewicht zwischen internen Bedürfnissen und externen Anforderungen vorhanden ist, spätestens das Aufsuchen von medizinischer Hilfe macht dies deutlich, an welcher Kompetenz mangelt es dann? Was haben die anderen (siehe FRANK 1985) von solchen Frauen, die vermutlich als besonders tüchtig gelten: Was gerät aus dem Gleichgewicht, wenn Frauen anfangen, ihre "Tüchtigkeit" zu hinterfragen, um sich selbst in ein

Gleichgewicht von inneren Bedürfnissen und äußeren Anforderungen zu bringen, indem sie

- eigene Ziele und Werte definieren,
- bewußt die Wahl zwischen verschiedenen Lebensmöglichkeiten treffen,
- auf Befindlichkeitsschwankungen eingehen, indem
- sie eigene Bedürfnisse klären,
- Verantwortung spezifizieren,
- Verfügbarkeit definieren.

Einige dieser Fragen zu klären, wird unser nächstes Ziel sein.

Literaturverzeichnis

ASCH, A. U.: Unterleibsschmerzen ohne Organbefund (Pelipathie) und weibliche Identitätskonflikte. Diplomarbeit, Marburg: Universität 1984

BÖHM, N.: Weisen Frauen mit psychosomatischen Beschwerden im gynäkologischen Bereich spezifische Schwierigkeiten im Sexualverhalten auf? Diplomarbeit, Marburg: Universität 1985

BÖHM, R.; ERDMANN-REBHAHN, L.: Befindlichkeitsstörungen bei Frauen. In: Schneider, U. (Hg.), Was macht Frauen krank? Frankfurt: Campus 1981

BRÄHLER, E.; SCHEER, J. W.: Der Gießener Beschwerdebogen GGB. Testhandbuch, Bern: Huber 1983

BROCKHAUSEN, B.: Gynäkologische Befindlichkeitsstörungen als Ausdruck beeinträchtigten emotionalen Erlebens der Partnersexualität? Diplomarbeit, Marburg: Universität 1984

BUNDESMINISTER für Jugend, Familie und Gesundheit: Internationale Klassifikation der Krankheiten. 9. Revision, 1979

DUNCAN, C. H.; TAYLOR, H. C.: A Psychosomatic Study of Pelvic Congestion. American Journal of Obstetrics and Gynecology, 64, 1952, 1

DTV Lexikon, Bd. 7, München: Deutscher Taschenbuch Verlag 1970

FAHRENBERG, J.: Die Freiburger Beschwerdeliste (FBL). Zeitschrift für Klinische Psychologie, 4, 1975, 79-100

FRANKE, A.: Einige Überlegungen zur Geschlechtsspezifität von Gesundheit und Krankheit. Vortrag auf der Tagung "Medikamente für Frauen - Chemie für die Seele". Bremen 1985

GIDRO-FRANK, L.; GORDON, T.; TAYLOR, H. C.: Pelvic Pain and Female Identify: A Survey of Emotional Factors in 40 Patients. American Journal of Obstetrics and Gynecology, 90, 1960, 1184-1202

JANSEN, B.: Die Zeit ist eine feine Herrin. Diplomarbeit, Marburg: Universität 1985

KOWALCEK, J.: Frauenspezifische Konfliktlage im Erfahrungsbereich Sexualität als eine mögliche Bedingung für gynäkologische Beschwerden ohne Organbefund und allgemeines psychosomatisches Krankheitsgeschehen. Diplomarbeit, Marburg: Universität 1984

MENGES, A.: Streßkrankheit Pelipathie. Diplomarbeit, Marburg: Universität 1985

MÜLLER, U.: 50 Fälle von Pelipathia vegetativa spastica. Gynaecologia, 140, 3, 1955, 129-140

OSTNER, I.: Zur Vergleichbarkeit von Aussagen in lebensgeschichtlichen Interviews. Beiträge zur feministischen Theorie und Praxis, 7, II, 1981, 61-75

RICHTER, D.: Psychosomatische Differentialdiagnose des Pelipathiesyndroms und der Adnexitis. In: Oeter, K. und Wilken, M., Frau und Medizin, 80-108, Stuttgart: Hypokrates 1979

RODENSTEIN, M.: Somatische Kultur und Gebärpolitik. Tendenzen in der Gesundheitspolitik für Frauen. In: Kickbusch, J. und Riedmüller, R. (Hg.), Die armen Frauen. Frauen und Sozialpolitik. Frankfurt: Suhrkamp 1984

SCHÖNBERGER, Ch.: Macht Liebe krank? Diplomarbeit, Marburg: Universität 1984

SINCLAIR, W. Y.: Chronic Pelvic Pain in Young Women. Psychosomatic Medicine in Obstetrics and Gynecology. 3rd International Congress, London, Basel: Karger 1971

WILKINSON, J. C. M.; LIEBERMANN, B. A.; BELSEY, E. M.; BEARD, R. W.: Psychological Profiles of Women Complaining of Pelvic Pain. Psychosomatic Medicine in Obstetrics and Gynecology, 241-245. 4th International Congress Tel Aviv, Basel: Karger 1975

III. RE-KONSTRUKTIONEN

Angelika C. Wagner

GELASSENHEIT UND HANDLUNGSFÄHIGKEIT. ÜBER DAS AUFHÖREN DER IMPERATIVE ALS ESSENZ FEMINISTISCHER THERAPIE.

Einleitung und Übersicht

Sich selber und anderen Vorschriften zu machen (Du mußt ..., Ich darf nicht ..., Eigentlich sollte man ...) ist ein alltäglicher Prozeß.

Diese inneren Selbstvorschriften oder Imperative haben einen *Inhalt*, zum Beispiel "Eine Frau muß schön sein!", den *das Bewußtsein* sich selber imperativisch vorschreibt, den es - in anderen Worten - *sich selbst imperiert*.

Bislang - und das ist meine grundlegende These - haben sich Frauenforschung und Frauentherapie damit begnügt, die Auswirkungen einzelner sexistischer Imperative aufzuzeigen und zu analysieren. Dabei stand jeweils der *Inhalt* dieser Imperative im Vordergrund (zum Beispiel "Eine Frau muß schlank sein!").

In der Regel wurde jedoch übersehen, daß das eigentlich Problematische an den Auswirkungen dieser Imperative nicht so sehr von deren Inhalten herrührt, sondern daher, daß diese - subjektiv und gesellschaftlich - zu *Imperativen* erhoben wurden. So sind zum Beispiel die Auswirkungen des Imperativs "Eine Frau muß schlank sein!" bis hin zu Anorexia und Bulimie deutlich sichtbar. Der umgekehrte Imperativ "Eine Frau muß dick sein!" hätte - so zeigt es sich in anderen Kulturen - ähnlich fatale Auswirkungen für die Gesundheit, nur würden viele von uns dann versuchen, krampfhaft dick zu werden, wo wir uns jetzt krampfhaft bemühen, dünn zu sein. Der Krampf wäre derselbe, weil beides *Imperative* sind.

Im ersten Teil des vorliegenden Aufsatzes geht es zunächst um die Frage, warum Imperative uns verrückt machen können. Im zweiten Teil werde ich dann am Beispiel der Analyse von Anne Wilson SCHAEF (1985) aufzeigen, daß das männliche Denksystem das Ergebnis spezifischer Imperative ist.

Im dritten Teil geht es dann darum, wie wir Frauen häufig vergeblich versuchen, uns aus den Verstrickungen der Imperative zu befreien, und wie es dabei noch verworrener wird. Den Abschluß bildet eine Diskussion über feministische Therapie aus der Sicht des hier entwickelten Bewußtseinsmodells.

Was aus diesem theoretischen Ansatz für die P r a x i s feministischer Therapie folgt, werde ich aus Platzgründen in einem zweiten Kapitel darlegen.

1. Wie Imperative entstehen - der Prozeß des Sich-Imperierens

1.1 Was sind Imperative?

Das im folgenden skizzierte theoretische Modell wurde von uns (WAGNER et al. 1981, 1984) im Rahmen eines umfangreichen DFG-Forschungsprojekts über Gedanken und Gefühle während des Unterrichts entwickelt.

Wenn wir beobachten, was uns im Laufe einer Viertelstunde durch den Kopf geht, so zeigt sich, daß viele unserer Gedanken/Gefühle die Form von Imperativen haben.

Imperative sind Kognitionen, die im Bewußtsein eines Individuums den Charakter eines subjektiv verbindlichen Muß haben (vgl. WAGNER et al. 1984, 28), zum Beispiel "Ich darf mich nicht vordrängen!", "Ich muß geliebt werden!"; inhaltlich können sich diese Imperative auch auf das Verhalten anderer beziehen (zum Beispiel "Männer müssen endlich kapieren, daß ...!", oder "Es darf doch nicht wahr sein, daß die schon wieder ..."), oder auf die Umwelt allgemein.

Um Mißverständnissen vorzubeugen: Nicht jeder Satz mit einem Muß enthält notwendigerweise einen subjektiven Imperativ (zum Beispiel "Um studieren zu können, muß man Abitur haben").

Entscheidend ist vielmehr, ob das Bewußtsein den Inhalt des Satzes k o n s t a t i e r t oder s i c h i m p e r i e r t .

1.2 Der Prozeß des Sich-Imperierens

Zunächst eine Vorbemerkung zur Verwendung des Verbs "sich imperieren".

Das Verb "sich imperieren" ist im deutschen Sprachraum bislang ungebräuchlich und bietet uns deshalb die Chance, es als Ausdruck für einen präzise zu umschreibenden Bewußtseinsprozeß zu gebrauchen, den Prozeß, in dem das Bewußtsein sich selber imperativisch vorschreibt, daß "X sein muß", bzw. "Y nicht sein darf". In bisher vorliegenden Publikationen (zum Beispiel WAGNER et al. 1981, 1984; WAGNER 1982, 1983) haben wir bislang davon gesprochen, daß ein Individuum einen bestimmten subjektiven Imperativ "habe". Die Erfahrung aus Diskussionen und vor allem aus Therapiegesprächen hat gezeigt, daß das leicht zu folgenschweren Mißverständnissen führt. Klientinnen werden so allzu schnell verleitet, sich vorzustellen, daß die Imperative festgefügte "Dinge" sind, sozusagen Gegenstände, die ihnen unglücklicherweise "im Kopf" oder "im Bauch" herumschwimmen und die sie dann versuchen "loszuwerden". BOHM (1981) und BANDLER/GRINDER (1981a) haben unter anderem ausführlich die Folgen solcher unzulässigen Nominalisierungen gerade im psychologischen Bereich analysiert und dafür plädiert, anstelle der Nominalisierungen die entsprechende Verbform zu benutzen. So wie "Angst haben" eine nominalisierende Ausdrucksform von "sich ängstigen" ist und "Ärger haben" eine Nominalisierung des psychischen Prozesses "sich ärgern" darstellt, so ist "Imperative haben" eine Nominalisierung des kontinuierlichen Prozesses des "Sich-Imperierens".

Wenn im folgenden die Verform "sich imperieren" benutzt wird, so vor allem deshalb, um zu verhindern, daß eine falsche Dichotomie entsteht: Ziel einer - auf dieser Theorie aufbauenden - Therapie ist es nicht, diese Imperative "loszuwerden", so als ob "ich" und "meine Imperative" zwei getrennte Dinge wären, sondern das Ende des Prozesses des Imperierens ist genau das, was die sprachliche Form ausdrückt: das Aufhören des Imperierens.

Zwei grundlegende Bewußtseinsmodi: Konstatieren und Sich-Imperieren

Schon in der Sprache werden zwei Modalitäten unterschieden: der Modus des Indikativs,

> "Mit dem Indikativ wird etwas in sachlicher Feststellung als tatsächlich und wirklich, als gegeben darge-

stellt und ohne Bedenken anerkannt. (...) Indikativische Aussagen können mit der Realität übereinstimmen, müssen es aber nicht." (DUDEN 1984, 155)

und der des Imperativs,

"Der Imperativ dient dazu, eine Aufforderung direkt an eine oder mehrere Personen zu richten. Bei der Aufforderung kann es sich um eine Bitte, einen Wunsch, eine Anweisung, einen Befehl o.ä. handeln." (DUDEN 1984, Bd. 4, 175)

Vereinfacht gesagt: Indikativische Sätze enden mit einem Punkt, Imperative mit einem Ausrufezeichen.

In derselben Weise können wir in unserem Bewußtsein Tatsachen oder auch Wunschvorstellungen lediglich k o n s t a t i e r e n

"Ich möchte fünf Pfund abnehmen."

oder sie uns selber i m p e r i e r e n

"Ich muß fünf Pfund abnehmen!"

Wenn wir uns Dinge imperieren, dann registrieren wir nicht nur, daß X wünschenswert wäre, sondern wir befehlen uns selber, daß X passieren muß.

Beschreibung des Prozesses des Sich-Imperierens

Der Prozeß des Sich-Imperierens "X muß geschehen!" bzw. "Y darf nicht passieren!" läßt sich auf verschiedenen Ebenen beschreiben.

S p r a c h l i c h gesehen ist er häufig mit kognitiven Inhalten versehen, die sich formulieren lassen als Sätze mit einem inneren Ausrufezeichen, eben als sprachliche Imperative; "Es muß sein, daß ...!" bzw. "Es darf nicht sein, daß ...!"

Das heißt nicht unbedingt, daß sie subjektiv auch in dieser Form gespeichert werden; aber sie lassen sich - ohne wesentlichen Sinnverlust - in dieser Form umformulieren.

E m o t i o n a l ist der Prozeß des Sich-Imperierens mit Erregung, Anspannung, einem Gefühl des Zwangs, des Drängens, und des Zähne-Zusammen-Beißens verbunden: "Es muß sein, daß ...!" Die Vorstellung, daß es sein könnte, daß "Y nicht passiert", ist oft mit inneren Gefühlen von Panik, Hilflosigkeit, Wut, Feindseligkeit, Schuld, Verlassenheit, Isolation und Verzweiflung verbunden.

H a n d l u n g s m ä ß i g gesehen bedeutet der Prozeß des Sich-Imperierens, daß das Bewußtsein sich selber etwas befiehlt oder diktiert. Karen HORNEY (1950) beschreibt ausführlich die Tyrannei des "Sollte". Der zwanghafte

Charakter dieser "Sollte"-Vorstellungen, also der subjektive Imperativ, führt dazu, daß diese imperativischen Ideale verpflichtende Gewalt über uns bekommen und daß die Nichterfüllung dieser inneren Diktate zu gewalttätigen emotionalen Reaktionen führen, zu Angst, Verzweiflung, Selbstverurteilung und selbstzerstörerischen Impulsen.

1.3 Imperative und andere psychologische Ansätze

Imperative und Normen

In unserer Gesellschaft gibt es eine Reihe von Normen und Werten, die das Handeln eines Individuums beeinflussen und leiten können. Diese Normen und Werte können zu subjektiven Imperativen werden, müssen es aber nicht. Das heißt, daß das Bewußtsein sich bestimmte moralische Wertvorstellungen, zum Beispiel "Ich muß ehrlich sein!", selber imperieren kann. Andererseits ist es auch möglich, daß das Bewußtsein diese moralischen Wertvorstellungen als wünschenswerte Sollvorstellungen lediglich konstatiert (zum Beispiel "In vielen Fällen ist es wünschenswert, sich lieber ehrlich als unehrlich zu verhalten.").

Außerdem imperiert sich das Bewußtsein häufig Inhalte, die moralisch neutral sind, zum Beispiel "Es darf nicht sein, daß ich in einen Stau gerate!" oder sogar - aus der Sicht der jeweiligen Bezugsgruppe - unmoralisch sind, zum Beispiel "Ich muß meine eigenen Interessen durchsetzen, egal wie!"

Imperative und das Über-Ich

Der Prozeß des Sich-Imperierens ist nicht identisch mit dem Über-Ich.

Das von FREUD beschriebene Über-Ich läßt sich in bestimmtem Umfang verstehen als der Prozeß des Bewußtseins, sich bestimmte moralische Inhalte zu imperieren. Aber auch die - vom Über-Ich in Schach gehaltenen - Triebe können, ebenso wie das Ego, ebenfalls die Form des Selbstimperierungsprozesses annehmen, etwa: "Ich hasse meine Mutter! Es darf nicht sein, daß sie ...!" oder "Ich darf die Realität nicht außer acht lassen!"

Das Freudsche Drei-Instanzen-Modell enthält selber mehrere Imperative: so "muß", nach FREUD, das Ich "das Es zähmen": "...; das Ich hat 'drei Zwingherren' (Realität, Es, Über-Ich)" (XV, 84).

Dahinter steckt der von FREUD nicht hinterfragte Imperativ, daß die Triebe befriedigt werden "müssen", sofern das Ich sie nicht in Schach hält. FREUD problematisiert also nur die Funktion bestimmter Imperative, die der sogenannten "moralischen", nimmt jedoch andere Imperative als sozusagen "naturnotwendig" gegeben an.

Imperative in der kognitiven Therapie

Der Prozeß des Sich-Imperierens "X muß geschehen!" enthält zugleich das Gefühl/den Gedanken, daß es "schlimm", "eine Katastrophe" wäre, wenn "X nicht geschieht".

ELLIS (1978) und andere Vertreter kognitiver Therapieansätze sprechen in diesem Zusammenhang von "irrationalen Ideen". Ziel kognitiver Therapie ist es, nach ELLIS, solche "irrationalen" Glaubenssätze durch "rationale" Ideen zu ersetzen.

Der wichtigste Unterschied zwischen unserem Ansatz und dem von ELLIS liegt darin, daß wir solche Katastrophenannahmen nicht für "irrational" halten, sondern daß wir im Gegenteil annehmen, daß der "Katastrophencharakter", das Gefühl des "Schlimmen" erst dadurch entsteht, daß das Individuum das "Schlimme" von sich wegschiebt (1).

1.4 Imperative im kognitiven Handlungsmodell

Kognitiv orientierte Handlungstheorien gehen in der Regel davon aus, daß das Bewußtsein bestimmte Zielvorstellungen (Soll-Werte) gespeichert hat. MILLER/GALANTER/PRIBRAM (1960) waren die ersten, die als Grundmodell menschlichen Verhaltens ein kybernetisches Rückkoppelungsmodell vorgeschlagen haben, das TOTE-Modell (Test-Operate-Text-Exit).

Ihr Modell sieht folgendermaßen aus:

Modell eines Handlungsablaufs ohne den Prozeß des Sich-Imperierens (nach MILLER/GALANTER/PRIBRAM 1960):

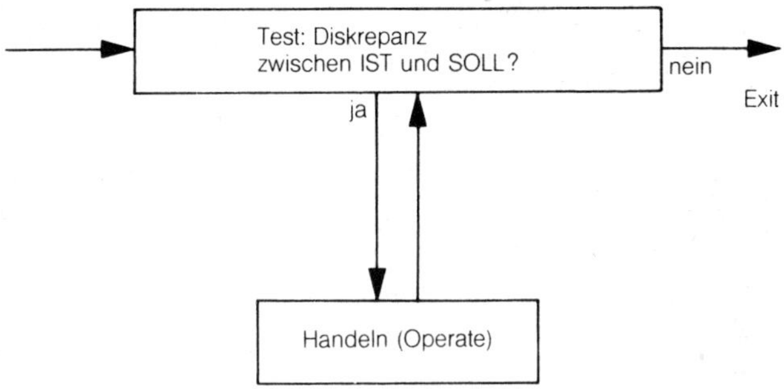

(aus: WAGNER et al. 1984, 42)

Dieses Modell geht davon aus, daß das Bewußtsein - analog zum Thermostaten - eine auftretende Diskrepanz zwischen Ist- und Sollwert lediglich *konstatiert* und dann entsprechende Maßnahmen veranlaßt.

Dieses Modell erklärt jedoch nicht, was passiert, wenn das Bewußtsein Diskrepanzen zwischen Ist- und Sollwert nicht nur einfach konstatiert, sondern wenn es sich stattdessen imperiert, daß "X einfach nicht geschehen darf!", bzw. "Y auftreten muß".

In einer Weiterentwicklung dieses Modells (WAGNER et al. 1984) haben wir gezeigt, daß der Prozeß des Sich-Imperierens bedeutet, daß das Bewußtsein sich selbst gleichzeitig verbietet, daß eine solche Diskrepanz überhaupt auftreten darf.

Im Modell sieht das folgendermaßen aus:

Modell eines durch den Prozeß des Sich-Imperierens veränderten Handlungsablaufs:

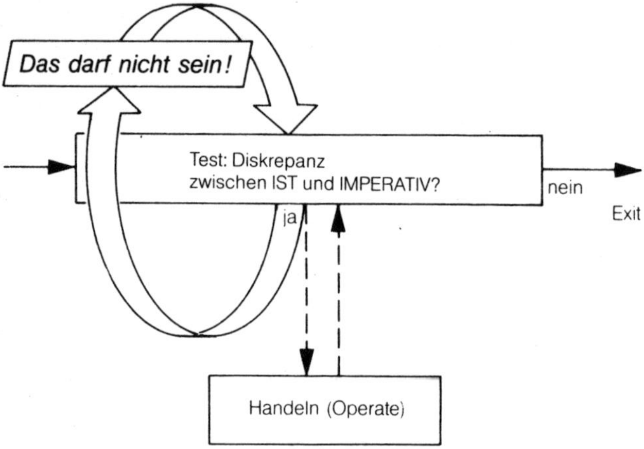

(aus: WAGNER et al. 1984, 42)

Wenn also zum Beispiel in unserer Gesellschaft eine Frau lernt, daß sie nicht wütend werden darf, dann führt die Wahrnehmung ihrer Wut zu einem - im Moment zumindest - unlösbaren inneren Konflikt: Sie empfindet etwas, das sie nicht empfinden darf. Die Folge ist, daß sie diese Wut versucht loszuwerden, indem sie sie ignoriert, unterdrückt oder umdefiniert und stattdessen anfängt zu weinen (weil Weinen etwas ist, daß Frauen in unserer Gesellschaft tun dürfen).

1.5 Die Entstehung von "Knoten"

Die Wahrnehmung einer Diskrepanz zwischen dem, was ist, und dem, was sein muß, führt zu einem inneren Konflikt, den wir als "Knoten" bezeichnet haben.

Modell eines Bewußtseinskonflikts, eines inneren "Knotens":

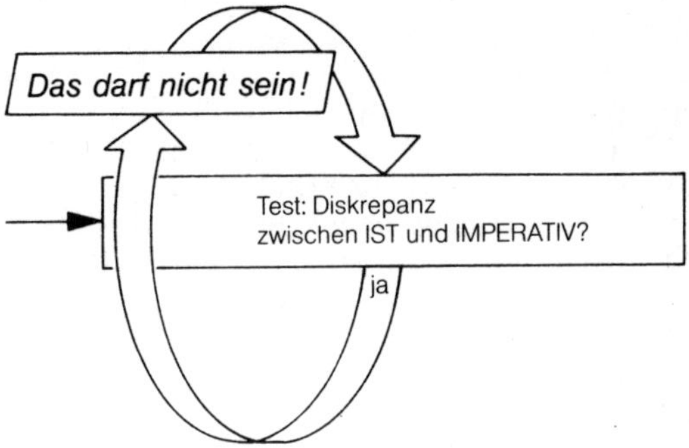

(aus: WAGNER et la. 1984, 43)

Das Auftreten eines solchen "Knotens" bedeutet, daß das Bewußtsein sich im Kreise dreht, weil es nun eine Diskrepanz wahrnimmt, die es - wie es sich selber imperiert - gar nicht geben darf. Um im Beispiel zu bleiben: "Ich bin wütend - ich darf nicht wütend sein - ich bin wütend - ich darf nicht wütend sein!" etc. Solange diese Diskrepanz zwischen Ist und Imperative im Bewußtsein vorhanden ist, gibt es k e i n E x i t aus diesem Konflikt. Die Wahrnehmung einer Imperativverletzung bedeutet also eine Endlosschleife - daher auch das Gefühl des "Rotierens", des "Durchdrehens", des "Hohldrehens".

Diese Endlosschleife dauert so lange an, wie das Ergebnis des Testens eine Diskrepanz zwischen Ist und Imperativ anzeigt.

In einem solchen "Knoten" gefangen zu sein bedeutet, daß das Bewußtsein in einem momentan unlösbaren Dilemma ist: Es registriert etwas (nämlich die Diskrepanz zwischen Ist und Imperativ), was, wie es sich selbst imperiert, gar nicht auftreten darf, das heißt, es versucht etwas loszuwerden, was bereits Bestandteil seiner selbst ist.

1.6 Die Paradoxie des Sich-Imperierens

Hier wird der Unterschied deutlich zwischen Befehlen an die Außenwelt und dem Prozeß des Bewußtseins, sich selber etwas zu imperieren. Solange jemand nur der Außenwelt vorschreibt, wie sie zu sein hätte, ist es möglich (obwohl es nicht oft geschieht), lediglich zu konstatieren, daß die Außenwelt sich anders verhält, als sie es tun sollte. Beim Prozeß des Sich-Imperierens s c h r e i b t das Bewußtsein jedoch g l e i c h z e i t i g s i c h s e l b s t vor, daß eine Diskrepanz zwischen Ist und Imperativ nicht auftreten darf. Sobald es eine solche Diskrepanz wahrnimmt, ist diese Wahrnehmung bereits Bestandteil seiner selbst - das heißt, etwas ist Teil seiner selbst, das nicht Teil seiner selbst sein darf.

Letztendlich enthält bereits der Prozeß des Sich-Imperierens selber eine Paradoxie. Wenn jemand sich imperiert, "X muß sein!", so impliziert das zugleich, daß sich das Bewußtsein vorschreibt, daß "Nicht-X nicht sein darf!" und versucht damit, die Vorstellung, daß "Nicht-X passieren könnte", innerlich von sich wegzuschieben und möglichst aus sich selbst auszuschließen.

Dieses innerliche Wegschieben, Nicht-Wahrhaben-Wollen, Abwehren, Von-Etwas-Fortlaufen-Wollen ist im Grunde genommen ein paradoxes Vorhaben, denn wir können nur etwas in unserem Bewußtsein wegschieben wollen, das bereits in unserem Bewußtsein vorhanden ist. In dem Moment, in dem es aber bereits vorhanden ist, ist es eben vorhanden - auch wenn wir dies nicht wollen.

Sobald jemand zu sich sagt, "Ich möchte dieses Gefühl in mir nicht wahrnehmen", erinnert er sich bereits an eben dieses Gefühl und damit ist es in seinem Bewußtsein in diesem Moment vorhanden.

Wenn das Bewußtsein sich selbst etwas imperiert, bedeutet das, daß es damit bereits mit sich selber in Konflikt liegt. Was es dann unternimmt, um diesen Konflikt möglichst zu reduzieren, und um das Auftauchen von "Knoten" zu vermeiden, soll am Beispiel der Ideologie der Überlegenheit des Mannes im folgenden näher untersucht werden.

2. Der Prozeß des Sich-Imperierens und die Ideologie der Überlegenheit des Mannes

Im folgenden werde ich am Beispiel der Analyse von SCHAEF (1985) der "weiblichen Wirklichkeit" und des patriarchalischen "männlichen Systems" exemplarisch aufzeigen, daß feministische Analysen der Diskriminierung von Frauen in unserer Gesellschaft implizit Analysen der Auswirkungen von geschlechtsrollenbezogenen Imperativen sind.

2.1 Das WMS nach SCHAEF

Nach SCHAEF (1985) ist das "White Male System", das WMS "das System, in dem wir leben, in dem weiße Männer die Macht und das Sagen haben" (1985, 18).

Sie hebt hervor, daß das WMS nicht die Wirklichkeit ist, sondern eine - in unserer Gesellschaft dominante - Sichtweise der Dinge, die "praktisch jeden Lebensbereich unserer Zivilisation" (18) beherrscht; diese Denkweise "macht unsere Gesetze, bestimmt unsere Wirtschaft, setzt Löhne und Gehälter fest und entscheidet, wann und ob wir in den Krieg ziehen oder friedlich zu Hause bleiben dürfen" (18).

Mit dem WMS ergeht es uns nach SCHAEF so wie mit der Luftverschmutzung: Es ist so allgegenwärtig, daß man es - außer in besonders krassen Fällen - nicht mehr bemerkt, sondern glaubt, so und so müsse man die Wirklichkeit sehen.

Der Kern des WMS ist der Mythos der Überlegenheit des weißen Mannes. Damit wird es für Frauen zur "Ursünde, eine Frau zu sein" (37), denn Frauen sind aus der Sicht des WMS minderwertig; eine Minderwertigkeit, die wir Frauen als Geburtsmakel mit uns herumtragen.

2.2 Die vier Mythen des WMS enthalten spezielle Imperative

Dieser Mythos der Überlegenheit des weißen Mannes wird abgesichert durch vier Prämissen, vier Mythen, wie SCHAEF sie nennt. Diese Mythen tragen und erhalten das WMS; sie sind - nach SCHAEF - schon so lange im Umlauf, daß sie den meisten von uns gar nicht mehr bewußt sind, so selbstverständlich sind sie für uns inzwischen schon geworden. "Sie zu bezweifeln oder zu hinterfragen ist eben Ketzerei: sie sind heilige Kühe" (23).

Der erste Mythos:
"Es gibt nur das WMS." Das bedeutet, daß die Sichtweisen anderer Kulturen oder Systeme, insbesondere die des "Weiblichen Systems" als schlecht gelten, als verrückt, dumm, unzulänglich oder krank. Viele Frauen haben schon gehört, daß sie "keine Ahnung von der Realität" hätten, nämlich dann, wenn sie die Weiblichkeit anders sehen, als es dem WMS und damit der Sichtweise, die aus der Prämisse der angeblichen männlichen Überlegenheit gefolgert wird, entspricht.

Das WMS ist "so tief und fest davon überzeugt, daß es die Wahrheit für sich gepachtet hat" (24), daß jede abweichende Sicht der Dinge als Bedrohung wirkt und verboten wird.

Damit ist das WMS ein geschlossenes System und ein starres Lebensmuster, "wo alle Abweichungen verworfen, verurteilt oder zerstört werden müssen" (24).

Damit wird deutlich, daß die erste Prämisse, der erste Mythos, bereits einen Imperativ enthält: den Imperativ "Du darfst die Welt nicht anders sehen als es dem WMS, der männlich-dominierten Sichtweise, entspricht!"

Der zweite lautet nach SCHAEF:
"Das WMS ist absolut überlegen."

SCHAEF weist mit freudiger Bosheit darauf hin, daß dieser zweite Mythos eigentlich unlogisch ist - wenn es kein anderes Denksystem als das WMS gibt, wem ist es dann überlegen?

Implizit wird durch diesen zweiten Mythos zugegeben, daß noch andere Sichtweisen der Wirklichkeit existieren. Ein Widerspruch, der, wie wir später sehen werden, Imperativen generell anhaftet.

Hinter diesem zweiten Mythos steckt nach SCHAEF der Anspruch, die einzige Wirklichkeit zu sein. Jeder, der diesem System nicht angehört, ist von vornherein minderwertig und untergeordnet - und das sind die Angehörigen aller anderen Rassen, die Frauen und die wenigen weißen Männer, die nicht in das WMS passen (25). Diese "angeborene Überlegenheit" der weißen Männer impliziert einen zweiten Imperativ: "niemand darf die - angeborene - Überlegenheit" der Männer anzweifeln!

Der dritte Mythos lautet nach SCHAEF:
"Das WMS ist allwissend."

Dies sei einer der Gründe, warum zum Beispiel Frauen Männer so oft um Rat fragen, weil beide Geschlechter fest daran glauben, daß Männer "alles wissen" und "alles verstehen" sollten. Neuere Forschungen zu männlichen und weiblichen Unterschieden in der Sprache wie in der nonverbalen Kommunikation (zum Beispiel WEX 1980, TRÖMEL-PLÖTZ 1985, WAGNER 1979) belegen die Auswirkungen dieses Glaubensaxioms in alltäglichem Verhalten: So unterbrechen zum Beispiel Männer Frauen viel häufiger, als das umgekehrt der Fall ist; sie bestimmen häufiger das Thema des Gesprächs und wechseln öfter zu einem neuen Thema über, als Frauen das tun. In einer eigenen Untersuchung (WAGNER et al. 1979) zum Gesprächsverhalten in gemischten Gruppen haben wir gezeigt, daß Männer einen "Männerbonus" bekommen, das heißt, sie verhalten sich so und werden von den anderen, das heißt den Frauen, auch so behandelt, als ob sie mehr Status hätten, als ihnen aufgrund ihrer Position in der Gruppe eigentlich zusteht (vgl. auch BAUER 1985, WERNER 1983).

Der vierte Mythos nach SCHAEF lautet:
"Es ist möglich, absolut logisch, rational und objektiv zu sein."

Das führt dazu, daß "man alles andere unterdrücken muß, das heißt, man muß ständig gegen seine unlogischen, irrationalen, subjektiven oder intuitiven Gedanken und Verhaltensweisen ankämpfen und sie verleugnen" (26).

Dahinter steckt ein weiterer Imperativ: man(n) und frau vor allem dürfen nicht irrational, unlogisch, emotional und subjektiv sein! Ein Imperativ, der vor allem Frauen gegenüber häufig angewandt wird, wenn es darum geht, sie dieser "Sünden" wegen anzuklagen und der sogar unsere Wahrnehmung dessen trübt, was jemand eigentlich sagt.

In einer empirischen Untersuchung haben wir (RAU, WAGNER, ZWICK, in Vorb.) gezeigt, daß dasselbe Gespräch - auf Tonband aufgenommen - anders eingeschätzt wurde, je nachdem, ob die zuhörenden Schüler/innen des 9. und 10. Schuljahres glaubten, die sprechende Person sei männlich oder weiblich. Falls es sich angeblich um eine weibliche Sprecherin handelte, wurde sie als emotionaler, weniger objektiv, weniger sachlich und als aggressiver wahrgenommen, als wenn sie glaubten, es sei eine männliche Stimme. De facto jedoch handelte es sich in beiden Fällen um ein und dieselbe Tonbandaufnahme.

Die Auswirkungen des dahintersteckenden Imperativs "Man(n) darf nicht emotional, irrational, subjektiv unlogisch sein" auch auf die Männer, auf das traditionell männliche Verhalten, die eigenen Gefühle zu leugnen, bis hin zum Herzinfarkt und Magengeschwür, sind in den letzten Jahren vermehrt sichtbar geworden (zum Beispiel MILLER 1985, FRIEDMANN/ROSENMANN 1974).

SCHAEF führt aus, daß der Mythos, allwissend zu sein, nur aufrechterhalten werden kann, wenn man "ganze Welten von Informationen" außer acht läßt. "Wer am Mythos seiner eigenen angeborenen Überlegenheit festhält, muß ständig die Augen verschließen vor den Vorzügen und Fähigkeiten anderer" (27).

SCHAEF berichtet dazu ein Beispiel aus ihrer eigenen Erfahrung: Als sie in einem Vortrag darauf hinwies, daß diese Mythen keine unumstößlichen Wahrheiten sind, sprang einer der männlichen Zuhörer auf und begann, hinten im Saal unruhig auf- und abzulaufen.

Von ihr befragt, was seine Gefühle seien, sagte er sehr erregt: "Wenn es stimmt, daß ich nicht überlegen bin und nicht alles wissen und verstehen kann, dann bin ich nur ein Stück Dreck, genau wie ihr anderen auch!" (27)

Dahinter steckt die Annahme, daß es nur zwei Möglichkeiten gibt, nämlich entweder überlegen oder unterlegen zu sein, eine Annahme, die in sich bereits andere Möglichkeiten, zum Beispiel des gleichberechtigten Neben- und Miteinanders ausschließt (vgl. auch GILLIGAN 1984). Und gleichzeitig ist darin auch die Annahme enthalten, daß es "schlimm" ist, unterlegen zu sein und daß man sich deshalb anstrengen muß, immer oben und immer überlegen zu sein.

Diese kleine Episode illustriert, was passiert, wenn sich jemand imperiert: "Man(n) muß überlegen sein! Man(n) darf nicht nicht überlegen sein" und deshalb "muß" man(n) alles tun, diese Überlegenheit aufrechtzuerhalten, verbunden mit der Annahme, "wer nicht männlich und damit überlegen ist, ist ein Stück Dreck - und das darf nicht sein, daß ich ein Stück Dreck bin!"

2.3 Das WMS führt dazu, daß sich viele Frauen in einem "Knoten" verfangen: die "Ursünde, eine Frau zu sein"

Wenn Frauen diesen Imperativ übernehmen, nämlich "Man(n) darf nicht unterlegen sein!" und zugleich die im WMS präsente Prämisse akzeptieren, daß sie selber - als Frau - unterlegen sind, dann stecken sie in einem unauflöslichen inneren Konflikt, einem "Knoten". SCHAEF beschreibt diesen Konflikt als die "Ursünde, eine Frau zu sein" (37-64) und geht sehr ausführlich auf die psychischen Verletzungen ein, die daraus resultieren: das Gefühl der eigenen Minderwertigkeit, selbst bei den Frauen, die nach außen kompetent, aktiv und erfolgreich sind; - das Gefühl der unterdrückten Wut bei fast allen Frauen, die sich in ihrem Bemühen, aus der unterlegenen Position herauszukommen, immer wieder betrogen vorkommen, sei es, weil sie sich als Frauen der traditionellen Rolle anpassen und damit implizit die Annahme ihrer eigenen Schwäche unterstützen, sei es, weil sie sich der traditionellen Rolle entziehen und "so werden wie die Männer" und dann eben doch nicht genug sind, eben weil sie die Ursünde begangen haben, eine Frau zu sein, eine Ursünde, die das WMS selber "geschaffen" hat.

Die "Ursünde, eine Frau zu sein" bedeutet für Frauen einen "Knoten". Sofern sich Frauen selbst imperieren: "Man(n) muß überlegen sein!", geraten sie bald in einen inneren Konflikt, wenn sie erkennen - und die Annahme übernehmen -, wie ihnen die Gesellschaft vielfältig suggeriert, daß sie als Frauen für weniger wert gehalten und deshalb Männern gegenüber bereits qua Geschlecht als unterlegen gelten. Auch wenn sie sich nun jeweils imperieren, "Man(n) muß mich ernst nehmen!" oder "Ich darf nicht herablassend behandelt werden!", sie werden oft wieder in Knoten geraten und darauf häufig mit einem neuen Imperativ reagieren, nämlich: "Ich muß mich anstrengen und besser werden als ich bin, um das in Zukunft zu verhindern!"

Wir Frauen glauben vielfach, daß es unsere eigene Schuld ist, wenn wir nicht ernstgenommen, abgewertet, lächerlich gemacht werden. Wir übernehmen dann des Imperativ "Man(n) darf nicht unterlegen sein!" und gehen fälschlicherweise davon aus, daß wir, wenn wir uns selber genügend anstrengen würden, dieser angeblichen "Minderwertigkeit" entkommen könnten.

Eine der wichtigsten Erfolge der Frauenbewegung war es deshalb, unter dem Slogan "Das Persönliche ist politisch, zu erkennen, daß das, was viele von uns für unser eigenes, persönliches und häufig schamhaft verschwiegenes Problem hielten, im Grunde ein gemeinsames Problem von Frauen ist. Für viele von uns war diese Erkenntnis in Frauengesprächsgruppen (zum Beispiel WAGNER 1975) und Frauenselbsterfahrungsgruppen außerordentlich erleichternd und befreiend, weil wir aufhören konnten, uns selber zu imperieren "Ich muß mich nur richtig anstrengen - dann werde ich schon anerkannt und als gleichwertig behandelt werden!". Eine der wichtigsten Funktionen von solchen Frauengruppen und auch von feministischer Frauentherapie lag und liegt darin, durchschaubar zu machen, daß individuelle "Lösungsversuche" den zugrunde liegenden Konflikt nicht lösen: den "Knoten", der aus dem im WMS vorgegebenen kollektiven Imperierungsprozeß: "Man(n) darf nicht unterlegen sein!" und "Du, als Frau, bist unterlegen!" resultiert.

3. Die Erweiterung des Bewußtseinsmodells: Wie das Bewußtsein versucht, mit den Konsequenzen aus dem Sich-Imperierungs-Prozeß fertig zu werden - am Beispiel einiger traditionell "männlicher" und "weiblicher" Strategien

Im folgenden möchte ich an einigen Beispielen aufzeigen, zu welchen Strategien das Bewußtsein greift, um den dem Imperierungsprozeß inhärenten Konflikt zu umgehen, ihn sozusagen zu "managen" und das Auftauchen von "Knoten" nach Möglichkeit zu vermeiden.

Um den Umfang dieses Kapitels nicht zu sprengen, können im folgenden nur einige dieser Strategien skizzenhaft aufgezeigt werden.

3.1 Sich dem Imperativ entsprechend verhalten

Als erstes entwickelt das Bewußtsein eine Fülle von Strategien und Plänen, die dazu dienen, den imperativisch geforderten Zustand gesellschaftlich herzustellen, damit das Bewußtsein keine Diskrepanz zwischen Ist und Imperativ zu registrieren braucht.

In diesem Fall sieht das im Modell so aus:

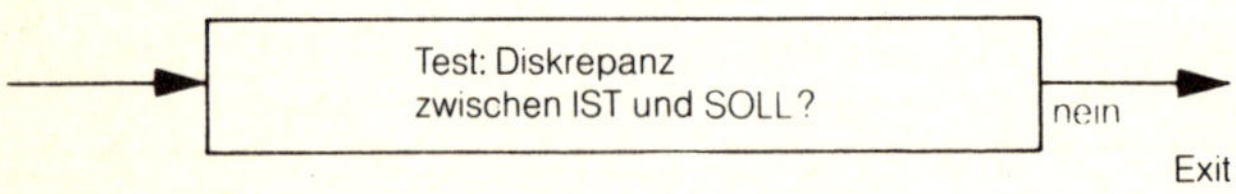

Für Männer bedeutet das, daß sie von Kindheit an lernen, wie sie ihre soziale Dominanz individuell und kollektiv aufrechterhalten bzw. herstellen, etwa durch
- "männliche" Körpersprache und Gestik, zum Beispiel breitbeiniges Stehen, Anfassen von "Unterlegenen",

- sprachliche Dominanzmuster (zum Beispiel andere, "Unterlegene" zu unterbrechen, das Thema zu wechseln, andere lächerlich zu machen),
- berufliche Karrieremuster etc.,
- über gesetzliche Verankerung (zum Beispiel Quoten zugunsten von Männern, da wo Frauen ihnen überlegen sind, zum Beispiel bei Ausbildungsplätzen, wenn Frauen die besseren Noten mitbringen),
- bis hin zur körperlichen Einschüchterung von Frauen durch verbale bzw. physische Gewalt (sexuelle Mißhandlung, Vergewaltigung).

Für Frauen ist die Situation komplizierter. Einerseits lernen sie, das komplementäre Verhalten an den Tag zu legen, das heißt, sich spiegelbildlich als sozial Unterlegene, also sich "typisch weiblich" zu verhalten, über frauenfeindliche Witze mitzulachen und das "zerbrechliche männliche Ego" ihrerseits nach Kräften zu schützen. Für dieses Verhalten werden sie external vielfach verstärkt - zugleich bleibt dabei ein Unbehagen zurück, weil die Übernahme des Imperativs "Man(n) muß überlegen sein" zugleich mit dem Knoten "Ich bin nicht überlegen - das darf nicht sein!" verbunden ist.

Die traditionelle Rollenverteilung bietet den Frauen die Möglichkeit an, auf traditionell weibliche Bereiche (Haushalt, Mutterschaft, soziale Berufe) auszuweichen, die ihnen (fast) von Männern überlassen werden und *innerhalb* derer sie sich deshalb nicht Männern unterlegen fühlen "müssen"; dies ist allerdings auch nur eine Teil"lösung", weil solche Bereiche selber als "minderwertig" gelten, eben weil sie "weibliche" Domänen sind ("Ich bin *nur* Hausfrau").

3.2 Auftretende Diskrepanzen zwischen Ist und Imperativ nach Möglichkeit ignorieren

Wird eine Diskrepanz zwischen Ist und Imperativ wahrgenommen, so entsteht ein unangenehmer Konflikt ("Knoten"). Eine Möglichkeit, diesen Konflikt loszuwerden, besteht darin, ihn nach Möglichkeit zu ignorieren. Falls das gelingt, ist das Bewußtsein ihn "los", das heißt es leugnet, "verdrängt" ihn oder lenkt sich ab, indem es "an etwas anderes denkt".

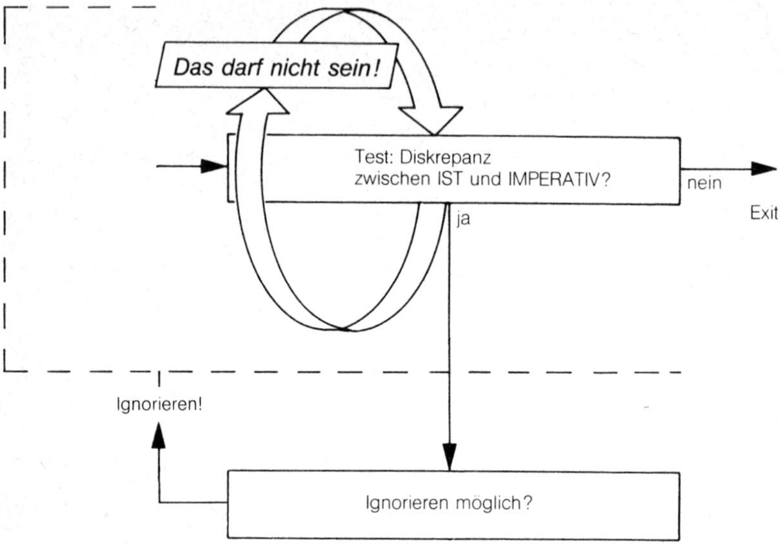

Auf diese Weise läßt sich erklären, daß viele Männer ihre eigenen Gefühle der Schwäche, der Verletzlichkeit, der Angst nicht mehr bewußt wahrnehmen, sondern sie leugnen, verdrängen und auf die "unterlegene Gruppe", das heißt Frauen, projizieren, wie zum Beispiel J. BAKER MILLER (1985[5]) ausführlicher dargelegt hat. Bei Frauen läuft dieser Prozeß ähnlich ab; viele von uns ignorieren, wie herablassend und diskriminierend wir im Alltag oft von Männern - und manchmal auch von anderen Frauen - behandelt werden.

Das ist einer der Gründe, warum sich viele Frauen von der Frauenbewegung distanzieren und voller Überzeugung behaupten: Mir geschieht das nicht, *ich* werde nicht unterdrückt!"

3.3 Auftretende Diskrepanzen, die nicht ignoriert werden können, durch Verändern der Umwelt beseitigen

Das sieht im Modell folgendermaßen aus:

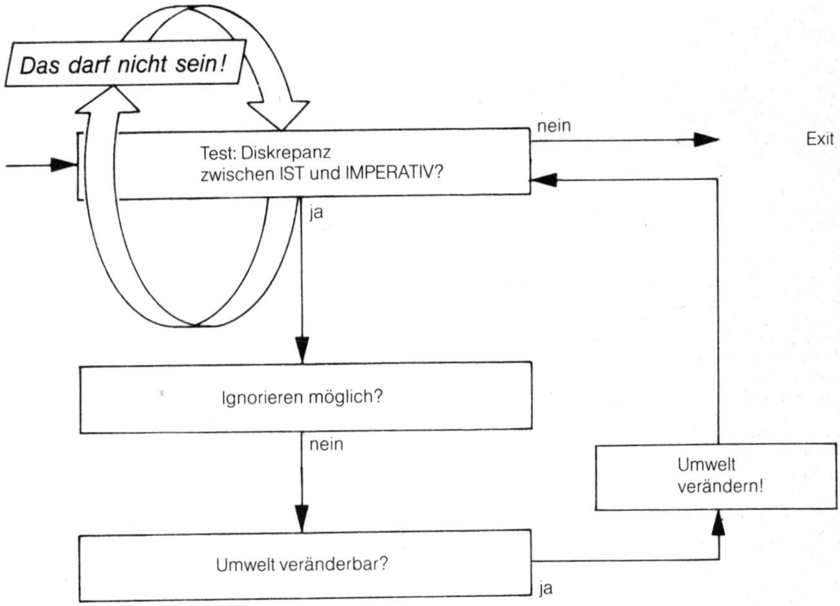

Männer haben eine Vielzahl von Strategien gelernt, die darauf abzielen, wahrgenommene Diskrepanzen zwischen Ist und dem männlichen Überlegenheitsimperativ zu beseitigen: angefangen von kleinen Gesten der Dominanz, zum Beispiel der einseitigen Berührung einer Person, bis hin zu physischer Gewalttätigkeit.

Für Frauen spielen zum Beispiel die traditionellen "weiblichen Waffen" - vom "entwaffnenden Lächeln" bis hin zur "heimlichen Diplomatie" ("Er glaubt, er tut, was er will, in Wirklichkeit tut er, was ich will") - eine ähnliche Rolle: Einerseits wird so indirekt die Überlegenheit der Frau erreicht, während andererseits offiziell zugleich die Überlegenheit des Mannes bestätigt wird.

3.4 Wenn sich die Diskrepanz nicht beseitigen läßt, so können eine Reihe von gedanklichen Umgehungsstrategien angewandt werden, zum Beispiel Umdefinieren der Situation, Schuldzuweisungen u.a.

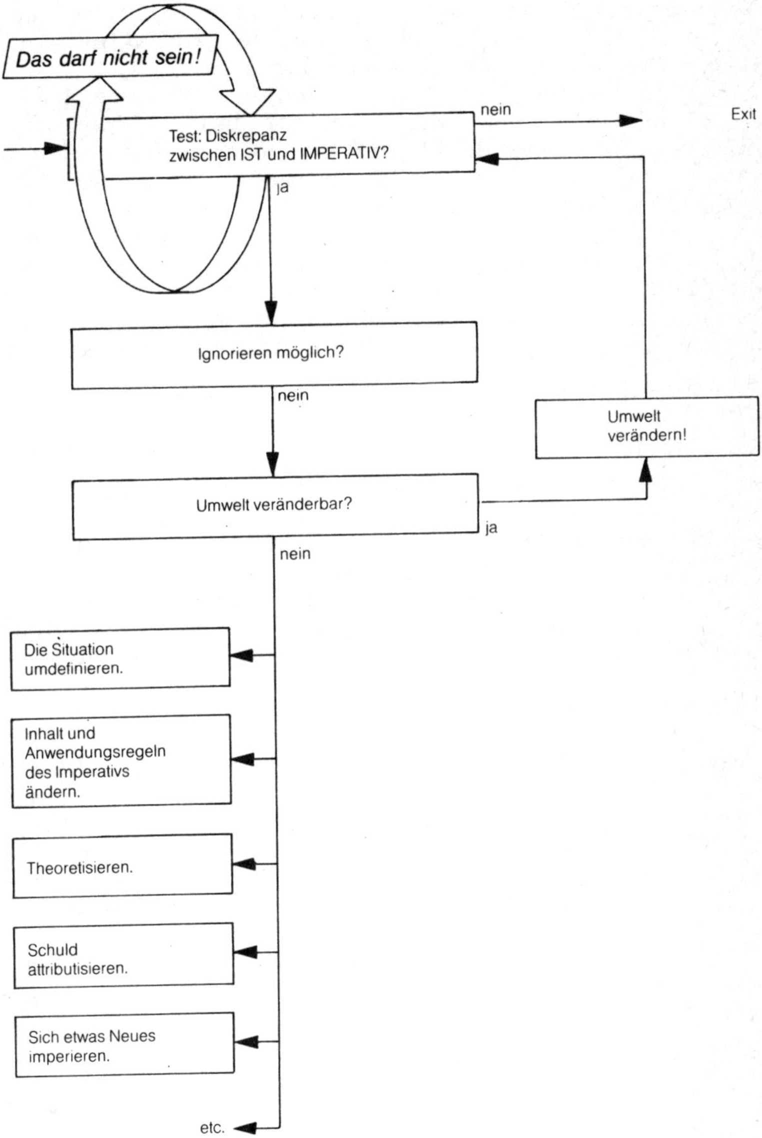

Die Ideologie des Sexismus enthält eine Fülle von Beispielen für das Umdefinieren einer Situation. Wenn Mädchen bessere Schulnoten haben als Jungen, wird das oft nach dem Motto "Mädchen sind fleißig, Jungen begabt" so uminterpretiert, daß die Mädchen dies durch Fleiß erreicht hätten, wobei das Wort "Fleiß" oft noch einen herablassenden Unterton enthält. So wird vermieden, registrieren zu müssen, daß die imperativisch geforderte intellektuelle Überlegenheit des Mannes durchbrochen ist.

Da wo Frauen im Beruf unleugbar bessere Leistungen als Männer erbringen, wird dies oft dadurch "wegerklärt", daß es heißt, "sie denkt wie ein Mann"; hier wird temporär gedanklich die Zuordnung zur Gruppe der "Frauen" aufgehoben und damit der "Knoten" vermieden.

Frauen reagieren darauf manchmal mit einem Gegenimperativ. Sensibilisiert für die merkwürdigen Untertöne des "Sie denken wie ein Mann", entwickeln sie manchmal einen Gegenimperativ, etwa "Es darf nicht sein, daß ich so denke wie ein Mann!", der seinerseits zu Konflikten führen kann.

3.5 Imperative in der Interaktion: die "Stopper"

SCHAEF beschreibt eine Fülle von "Stoppern", von Methoden, die Frauen dazu bringen, ihren eigenen Wahrnehmungen zu mißtrauen. "Alles kann ein Stopper sein - ein Wort, ein Satz, eine Umarmung, ein Klaps. Nur eines haben alle Stopper gemeinsam (...): der Selbstfindungsprozeß wird jäh unterbrochen" (88).

Diese "Stopper" sind deshalb so wirksam, weil sie Imperative enthalten:

- der Vorwurf, "du bist krank", "dumm", "häßlich", "verrückt" impliziert " und das darf man nicht sein!"
- Schuldgefühle, zum Beispiel "Denk doch an die armen Männer, die haben es auch nicht leicht!" heißt implizit, "Du darfst nicht an dich selbst denken, das ist egoistisch - und das darf man doch nicht sein!"

SCHAEF schreibt dazu (82): "Wenn wir erkennen, daß auch Männer vom System kaputt gemacht werden, reden wir uns ein, wir d ü r f t e n uns über ihren Anteil an unserer Unterdrückung n i c h t e m p ö r e n " (Hervorhebung durch die Verf.) - ein neuer Imperativ.

- Verlassenheitsängste sind ein weiterer Stopper. Wenn Frauen anfangen, ihre eigenen Ideen zu verfechten oder sich für ihre eigenen Rechte einzusetzen, kann es geschehen, daß ihre Partner in Panik geraten und sie bekommen dann Angst davor, verlassen zu werden. "Es darf nicht sein, daß ich verlassen werde!" - deshalb fallen sie dann möglicherweise wieder in Schweigen und Anpassung zurück.
- Und schließlich "Du bist gar keine Frau mehr" oder in seiner "progressiven Variante": "Wenn du so denkst, bist du männlich orientiert" und "das darf schon gar nicht sein!"

4. Implikationen aus diesem Ansatz für feministische Therapie

Aus dem hier dargestellten Modell folgt als Ziel für feministische Therapie das Aufhören des Prozesses des Sich-Imperierens.

Feministische Therapie im engeren Sinne bedeutet, daß es darum geht aufzuhören, sich die aus der Ideologie der männlichen Überlegenheit stammenden Vorstellungen selbst zu imperieren.

Feministische Therapie im weiteren Sinne wäre das Ziel von Therapie generell, das Aufhören des Sich-Imperierens - unabhängig davon, ob das, was sich eine Klientin/ ein Klient imperiert, nun mit der sexistischen Ideologie im Zusammenhang steht oder nicht.

Der Vorteil einer solchen Definition von feministischer Therapie liegt zunächst einmal darin, daß speziell "feministische" und generell "therapeutische" Arbeit ineinander übergehen, ohne daß das spezielle Anliegen *feministischer* Therapie dadurch verwischt wird. Im Gegenteil: Vieles von dem, was inzwischen bereits zu den Standardannahmen feministischer Therapie gehört, erweist sich gerade deshalb als eminent sinnvoll, weil es der Klientin - und der Therapeutin - ermöglicht, aufzuhören, sich das zu imperieren, was ihnen normalerweise von der männlich-dominierten Umwelt imperiert wird.

4.1 Die Stärke bisheriger feministischer Therapieansätze liegt im Ermöglichen des Aufhörens, sich zu imperieren

Im folgenden werde ich zunächst aufzeigen, daß die Stärke bisheriger feministischer Therapie gerade darin liegt, daß sie das Aufhören des Sich-Imperierens ermöglicht.

Einer der ersten Slogans der Frauengesprächsgruppen war: "Das Persönliche ist politisch". Damit war die Erkenntnis gemeint, daß das, was viele von uns für unser persönliches Problem hielten, in Wirklichkeit ein gemeinsames und damit politisches Problem ist. Da, wo sich Frauen gewöhnlich selbst die Schuld dafür geben, daß sie von der Umwelt häufig als minderwertig behandelt wurden, da entdeckten sie plötzlich, daß dahinter kein individuelles Versagen, sondern ein gemeinsames Grundmuster steckt. Diese Erkenntnis wirkte auf viele von uns zunächst befreiend, weil wir aufhören konnten, uns selbst zu imperieren: "Ich bin schuld daran, und deshalb muß *ich* mich ändern!"

Feministische Therapieansätze betonen in der Regel, wie wichtig es ist, daß die Therapeutin die weibliche Wirklichkeit der Klientin versteht, daß sie weiß, daß eine Frau im Laufe ihres Lebens viele negative Erfahrungen macht, nur weil sie eine Frau ist. Dieses Verstehen heißt, aufzuhören, sich zu imperieren, daß das, was nicht in das WMS-Bild hineinpaßt, "nicht sein darf", daß es "verrückt" und "krank" ist, wenn Frauen die Realität anders sehen als Männer dies tun. Dieser Prozeß, die eigenen Erfahrungen als solche gelten zu lassen, zu akzeptieren und zu verarbeiten und nicht sich selbst zu imperieren "So darf Man(n) das nicht sehen!" ist eine der Grundvoraussetzungen feministischer Therapie.

Ein weiterer Aspekt ist der andere Umgang mit der Autorität. Viele feministische Therapeutinnen gehen davon aus, daß Klientin und Therapeutin im Prinzip gleichberechtigt sind. Dahinter steht das Ziel, daß die Klientin lernt, selbständig zu sein und aufhört, sich (wieder einmal) einer Autorität unterzuordnen, in anderen Worten, daß sie aufhört, sich zu imperieren: "Ich muß tun/glauben/akzeptieren, was die Autorität sagt!"

Die Stärke vieler bisheriger feministischer Therapieansätze liegt darin, daß die Therapeutin

- aufhört, der Klientin zu imperieren: "So wie du die Welt siehst, darf man sie nicht sehen!",
- aufhört, der Klientin zu imperieren: "So wie ich die Welt sehe, mußt du sie auch sehen!",
- aufhört, der Klientin zu imperieren: "So und so mußt du als Frau sein und dich verhalten!".

4.2 Die Schwäche feministischer Therapieansätze liegt dort, wo sie neue Imperative formuliert

Wenn eine Klientin in ihrem Selbsthaß steckenbleibt, mag es für manche Therapeutin naheliegen, ihr beizubringen, daß sie sich selbst nicht so negativ sehen darf. Und wenn eine Frau sich einseitig nur als Opfer sieht und sich ausschließlich und stundenlang nur darüber beklagt, wie schlecht ihr die Welt mitgespielt hat, so mag es verständlich sein, wenn ihre Therapeutin so frustriert ist, daß sie ihr schließlich sagt, daß sie die Dinge nicht so einseitig sehen darf.

Was hier geschieht ist, daß die Therapeutin versucht, die Auswirkungen e i n e s Imperativs durch einen inhaltlich entgegengesetzten Imperativ zu blockieren. Warum das nicht geht, werde ich im folgenden Kapitel ausführlicher darlegen.

Noch schwieriger wird die Situation für viele feministische Therapeutinnen, wenn sie es mit Klientinnen zu tun haben, die an den traditionellen weiblichen Rollenimperativen festhalten und von sich behaupten, "gerne Hausfrau" zu sein und "sich nichts daraus zu machen", wenn sie offensichtlich deutlich diskriminiert werden.

Auch hier liegt der Versuch nahe, dem mit einem neuen Imperativ zu begegnen, nämlich "So darfst du das nicht sehen!".

Diese therapeutischen Schwierigkeiten spiegeln eine Verwirrung wider, die sich seit längerem auch in der Frauenbewegung selber beobachten läßt. Zwar hat die Frauenbewegung die Auswirkungen sexistischer Imperative sichtbar gemacht und zugleich die Berechtigung des Inhalts solcher Imperative nachhaltig in Frage gestellt. Aber die Gefahr besteht, daß diese Kritik auf halbem Wege steckenbleibt.

Es reicht nicht aus, nur die I n h a l t e sexistischer Imperative zu kritisieren. Vielmehr ist es notwendig, darüber hinaus auch den Prozeß des (Sich-)Imperierens selber kritisch zu beleuchten, nämlich den Prozeß, irgendeine Vorstellung sich selber oder anderen imperativisch vorzuschreiben.

Die Gefahr für die Frauenbewegung und auch für die Feministische Therapie liegt darin, bei der Ablehnung sexistischer Imperativinhalte steckenzubleiben und daraus neue, inhaltlich konträre Imperative abzuleiten. Zum Beispiel: Aus dem alten abgelehnten Imperativ: "Eine Frau muß denken wie ein Mann, um anerkannt zu werden!" wird dann der neue Gegenimperativ abgeleitet: "Eine Frau darf nicht denken wie ein Mann!", der im übrigen alten konservativen Frauenimperativen fatal ähnelt ("Zerbrich dir darüber nicht dein hübsches Köpfchen, überlaß das lieber den Männern!").

Das Problematische an dem Imperativ "Eine Frau muß wie ein Mann denken!" liegt darin, daß hier etwas imperativisch vorgeschrieben wird und andere Formen des Denkens, zum Beispiel des intuitiven Erfassens, abgewertet und "verboten" werden. Eine Auflösung des Imperativs "Eine Frau muß denken wie ein Mann" bedeutet aufzuhören, überhaupt etwas imperativisch vorzuschreiben, und damit die Freiheit zurückzugewinnen, viele Formen des Denkens und Fühlens zu erleben. Der neue Gegenimperativ "Eine Frau darf nicht denken wie ein Mann!" ist demgegenüber in vieler Hinsicht genauso einengend wie der alte.

Nicht der Inhalt eines Imperativs ist es, der zu fatalen Auswirkungen führt, sondern die darin enthaltene imperativische Struktur.

Es geht nicht so sehr darum, was jemand tun muß, sondern um das Muß als solches - genauer, um den im Muß implizierten Prozeß des Sich-Imperierens.

Im Rahmen der Frauenbewegung und der Frauenforschung haben wir viele der schädigenden Auswirkungen solcher imperativischen Prozesse aufgezeigt und untersucht. Es ist an der Zeit, daß wir einen Schritt darüber hinausgehen und den ihnen zugrunde liegenden Prozeß des Sich-Imperierens genauer untersuchen.

4.3 Die Welt so zu sehen wie sie ist, führt gleichzeitig dazu, sie zu verändern

Wenn wir die Welt so sehen wie sie ist, wenn wir sehen, wie Frauen täglich diskriminiert werden, werden wir aufhören, uns in dieses Spiel mit hineinzuverwickeln und gleichzeitig anfangen, etwas zu tun, um das zu ändern.

Was aufzuhören, sich etwas zu imperieren, in der Therapiepraxis bedeutet und welche Änderungen im konkreten alltäglichen Handeln darauf resultieren, soll im folgenden Kapitel ausführlich dargestellt werden.

Anmerkung

1 Aus der Sicht des hier präsentierten Modells liegt der Kern des Problems nicht darin, daß jemand unvernünftigerweise an irrationalen Ideen über die Wirklichkeit

festhält. Vielmehr beginnt das Problem des irrationalen Denkens dadurch, daß sich das Bewußtsein durch den Prozeß des Sich-Imperierens in ein inneres Dilemma hineinmanövriert, das es als solches nicht durchschaut, und das deshalb mit der Zeit immer "schlimmer" wird. Also nicht die Irrationalität bestimmter Glaubens i n h a l t e ist das Problem, sondern der Bewußtseins-p r o z e ß , s i c h diese Inhalte z u i m p e r i e r e n .

Anders herum ausgedrückt: In dem Moment, wo das Individuum aufhört, innerlich fortschieben zu wollen, was es nicht fortschieben kann, bricht das "Schlimm-Gefühl" in sich zusammen und löst sich auf. Deshalb sind die praktischen therapeutischen Konsequenzen, die sich aus unserem Ansatz ergeben, auch deutlich anders als bei ELLIS.

Literaturverzeichnis

BANDLER, R./GRINDER, J.: Metasprache und Psychotherapie. Struktur der Magie I. Paderborn: Jungfermann 1981a

BANDLER, R./GRINDER, J.: Neue Wege der Kurzzeittherapie. Neurolinguistische Programme. Paderborn: Jungfermann 1981b

BAUER, B.: Gesprächsverhalten von Frauen und Männern in gleich- und gegengeschlechtlichen Interaktionen. (Unver. Habil., Universität Dortmund 1984)

BOHM, D.: Wholeness and the implicate Order, 1981. Deutsch: Die implizite Ordnung. Grundlagen eines dynamischen Holismus. München: Diahns-Trikont 1985

DUDENREDAKTION (Hg.): Der Duden in Zehn Bänden; Band 4: Die Grammatik. Mannheim: Dudenverlag 1984

ELLIS, A.: Die rational-emotive Therapie. München: Pfeiffer 1978

FREUD, S.: Gesammelte Werke (hg. von A. Freud). Frankfurt/Main: Fischer 1940

FRIEDMAN/ROSENMANN: Typ A-Verhalten. Reinbek: Rowohlt 1974

GILLIGAN, C.: Die andere Stimme. München: Piper 1984

HORNEY, D.: Selbstanalyse. München: 1974

HORNEY, K.: The Tyranny of the Should. In: Neurosis and Human Thought. New York 1950, S. 64-85

KIENER, F.: Empirische Kontrolle psychoanalytischer Thesen. In: Pongratz, L. J. (Hg.): Klinische Psychologie. Handbuch der Psychologie, Band 8, 2. Halbband. Göttingen: Hogrefe 1978, S. 1200-1241

MILLER, G. A./GALANTER, E./PRIBRAM, K. H.: Plans and the Structure of Behavior. New York 1960. Deutsch: Strategien des Handelns. Pläne und Strukturen des Verhaltens. Stuttgart: 1973

MILLER, J. B.: Die Stärke weiblicher Schwäche. Zu einem neuen Verständnis der Frau. Frankfurt/Main: Fischer 1985 (5. Aufl.)

RAU, A./WAGNER, A. C./ZWICK, B.: Empirische Untersuchung zu Auswirkungen von geschlechtsspezifischen Vorurteilen auf die Einschätzung von Diskussionsverhalten (in Vorber.)

SCHAEF, A. W.: Weibliche Wirklichkeit. Ein Beitrag zu einer ganzheitlichen Welt. Wildberg: Bögner-Kaufmann 1985

TRÖML-PLÖTZ, S.: Gewalt durch Sprache. Frankfurt/Main: Fischer 1984 (3. Aufl.)

WAGNER, A. C.: Frauengesprächsgruppen. In: Mander/Rush: Frauentherapie. München: 1975, S. 128-139

WAGNER, A. C.: Autonome Frauenbildung, oder: Knoten beim sich emanzipieren? In: Jurinek-Stinner, A./Weg, M. (Hg.): Frauen lernen ihre Situation verändern. München: Urban & Schwarzenberg 1982, S. 65-82

WAGNER, A. C.: "Knoten im Kopf". In: Bock, U./Braszeit, A./Schmerl, C. (Hg.): Frauen an den Universitäten. Frankfurt/New York: Campus 1983, S. 231-245

WAGNER, A. C.: Erfahrung mit Frauengesprächsgruppen. In: Doormann, L. (Hg.): Keiner schiebt uns weg. Weinheim: Beltz 1979, S. 301-308

WAGNER, A. C./MAIER, S./UTTENDORFER-MAREK, J./WEIDLE, R.: Unterrichtspsychogramme. Was in den Köpfen von Lehrern und Schülern vorgeht. Reinbek: Rowohlt 1981

WAGNER, A. C./BARZ, M./MAIER-STÖRNER, S./UTTENDORFER-MAREK, J./WEIDLE, R.: Bewußtseinskonflikte im Schulalltag. Weinheim: Beltz 1984

WERNER, F.: Gesprächsverhalten von Frauen und Männern. (Europäische Hochschulschriften) Frankfurt: P. Lang 1983

WEX, M.: "Weibliche" und "männliche" Körpersprache als Folge patriarchalischer Machtverhältnisse. Frankfurt: Marianne-Wex-Verlag 1980 (2. Aufl.)

Angelika C. Wagner

"ICH KANN MICH NICHT WEHREN!" DAS AUFHÖREN VON IMPERATIVEN IN DER THERAPIEPRAXIS - EIN FALLBEISPIEL

Einführung

K. kam zu mir in die Therapie, weil sie von sich sagte: "Ich kann mich nicht wehren!" Und sie hatte tatsächlich große Selbstbehauptungsschwierigkeiten ihrer Mutter, ihren Kolleginnen und ihrem gewalttätigen Freund gegenüber, von dem sie sich nicht trennen konnte oder wollte.

Im folgenden soll aufgezeigt werden, was das Aufhören der Imperative in der Therapiepraxis bedeutet. Die theoretischen Grundlagen dieses Therapieansatzes sind im vorhergehenden Kapitel und in unserem Buch (WAGNER/BARZ et al. 1984) ausführlicher dargestellt worden. In dem vorliegenden Beitrag geht es um die Frage, was aufhören, sich zu imperieren, für Therapeutin und Klientin bedeutet, und zu welchen Veränderungen im alltäglichen Handeln es führt.

Grundlage dieses Beitrags ist eine umfangreiche empirische Fallstudie, die ich unter Mitwirkung von Marlies BUSCH-METZEN an der Pädagogischen Hochschule Reutlingen durchgeführt habe. Ergebnisse dieser Untersuchung belegen, daß aufhören sich zu imperieren und damit das Aufhören von Bewußtseinskonflikten unmittelbar deutliche, spontane und mühelose Veränderungen im Verhalten ermöglicht. Diese Verhaltensänderungen haben die Qualität des selbstverständlichen und gelassenen Handelns; sie müssen nicht mühselig "trainiert" und sorgfältig verstärkt werden; die Klientin muß sie sich auch nicht erst angestrengt "vornehmen" und sich selber immer wieder an ihre guten Vorsätze erinnern - sie ergeben sich quasi "von selbst als Ergebnis der Auflösung innerer "Knoten".

Zur Verwendung der Begriffe "Therapie", "Therapeutin" und "Klientin" in diesem Beitrag.

Wenn ich im folgenden von Therapeut/in, Klient/in und von Therapie spreche, so geschieht das nur deshalb, weil wir in unserem Kulturbereich gewohnt sind, diese Begriffe zu verwenden, um einen üblichen soziokulturellen Rahmen zu bezeichnen, einen Rahmen, in dem eine Person, die "Hilfe" erwartet, sich mit einer zweiten Person zusammensetzt, von der sie diese "Hilfe" erwartet. Dieser Rahmen kann insofern nützlich sein, als er soziokulturell sozusagen die "Erlaubnis" dafür beinhaltet, daß die beiden Personen miteinander anders umgehen als in einem herkömmlichen Gespräch. Keinesfalls ist jedoch mit dem Begriff "Therapie", so wie er hier verwendet wird, verbunden, daß die Klientin von der Therapeutin in irgendeiner Weise "behandelt" wird - aufzuhören, sich zu imperieren, ist etwas, das sie selbst tut oder nicht tut; die Aufgabe der "Therapeutin" ist es lediglich, sie auf diese Möglichkeit, ihre inneren Konflikte zu beenden, hinzuweisen. Wie sie das tut, hängt jeweils von der Situation und ihrer eigenen Kreativität ab; das kann natürlich auch außerhalb einer "Therapie" in einem normalen Gespräch oder in einer kurzen Begegnung geschehen. Das, was die Therapeutin "tut", läßt sich genauso gut - und genauso unscharf - auch als "didaktisches" Handeln bezeichnen.

Letztlich kann die Therapeutin nur mit dem Finger auf die Tür zeigen - durch die Tür hindurchzugehen, ist Sache der Klientin. Und natürlich kann die Klientin auch durch die Türen hindurchgehen, ohne daß vorher jemand mit dem Finger darauf hinweist. Aufhören, sich zu imperieren, erfordert also keine "Therapie"; das, was im Rahmen von üblicherweise so bezeichneter "Therapie" geschieht, kann allenfalls diesen Prozeß fördern und dadurch die Wahrscheinlichkeit vergrößern, daß es geschieht.

Wenn ich im folgenden von Klient*in* und Therapeut*in* spreche, so deshalb, weil es mir, nachdem ich jahrzehntelang in der Fachliteratur nur von *dem* Therapeut*en* und *dem* Klient*en* gelesen habe, sinnvoll erscheint, einmal umgekehrt die weibliche Form als Generalform zu nehmen, wobei ich hiermit feierlich erkläre, daß sich Männer, ob als Klienten oder Therapeuten, mit angesprochen fühlen sollen - aufzuhören, sich zu imperieren, ist etwas, das zu tun auch für Männer sinnvoll ist.

Übersicht

Im ersten Teil soll zunächst ausführlicher dargestellt werden, mit welchen Problemen K. in die Therapie kam. Im zweiten Teil geht es dann um die Beschreibung dessen, wie eine Therapie theoretisch und praktisch aussehen kann, deren Ziel das Aufhören des Sich-Imperierens ist. Zum Abschluß werden dann das methodische Vorgehen unserer Untersuchung und einige Ergebnisse der Therapie dargestellt und diskutiert werden.

1. Die Klientin. Oder: K.s Schwierigkeiten, sich selbst zu behaupten

K., eine dreißigjährige Büroangestellte, kam in die Therapie und sagte: "Ich kann mich nicht wehren!". Und sie hatte tatsächlich große Schwierigkeiten, sich selbst zu behaupten: gegenüber ihrer Mutter und ihrer Chefin ebenso wie gegenüber ihrem gewalttätigen Freund.

Ihr Freund, mit dem sie zusammenlebte, jobbte nachts in Kneipen und kam in der Regel erst morgens früh nach Hause. Er sei sehr charmant und bei allen beliebt, meinte sie. Einerseits werfe er ihr vor, sie könne sich nicht gegen ihn wehren, und andererseits, wenn sie sich seinen Wünschen widersetze, so würde er gelegentlich gewalttätig, er verliere die Beherrschung, tobe und schlage sie dann auch. Dazu kam es jedoch nur selten, weil sie meist seinen Wünschen nachgab. Sie machte die ganze Hausarbeit, während er meist den Tag über im Bett lag oder mit Freunden in eine Kneipe ging. Sie zahlte die Miete und kaufte Lebensmittel ein, während er seinen finanziellen Anteil nicht zahlte, sondern sich im Gegenteil häufig noch von ihr Geld lieh, das er ihr dann nicht wieder zurückzahlte. Außerdem klagte sie, daß sie sich nicht auf ihn verlassen könne; er würde seine Versprechen ihr gegenüber nicht halten, und sich auch meistens weigern, abends mit ihr zusammen auszugehen.

Sie hätte schon mehrmals versucht, sich von ihm zu trennen - unterstützt durch ihre Familie und durch Freundinnen im Frauenzentrum -, aber sie habe es nie durchgehalten. Dann käme er mit Blumen an und sei sehr charmant, außerdem könne er alle ihre Versuche, seine Pläne zu durchkreuzen und ihm "eins auszuwischen", von vornherein durchschauen und unterlaufen, während er für sie absolut undurchschaubar sei.

Trotz allem möge sie ihn sehr, er nehme alles auf die leichte Schulter, ihn könne nichts umwerfen und zeitweise sei es sehr schön, mit ihm zusammenzusein. Allerdings fürchtet sie auch, daß er eine neue Freundin habe; ihre Eifersucht sei so stark, daß sie nachts meistens nicht schlafen könne, bis er um fünf oder sechs Uhr früh nach Hause komme, und manchmal renne sie auch in der Mittagspause nach Hause, um sich zu vergewissern, daß er nicht mit einer anderen Frau im Bett liege.

Gleichzeitig hat sie große Angst davor, daß er sie verlasse, weil sie dann das Gefühl habe, als Frau versagt zu haben. Im Grunde genommen wolle sie die Beziehung zu ihm schon aufrechterhalten, sie müsse nur lernen, sich ihm gegenüber besser zu wehren.

2. Aufhören, sich zu imperieren

Das theoretische Modell, das den Ausgangspunkt für die hier dargestellte Therapie bildete, ist von mir im vorherigen Kapitel ausführlich dargelegt worden. Bevor wir uns mit der Praxis der Therapie selber befassen, wollen wir uns den Prozeß des Sich-Imperierens noch einmal näher betrachten und vor allem die Frage stellen, was es oft so schwer macht, in der Realität tatsächlich aufzuhören, sich dieses oder jenes zu imperieren.

2.1 Der Kern des Konflikts

Sich etwas zu imperieren bedeutet, daß das Bewußtsein versucht, etwas fortzuschieben, was bereits Bestandteil seiner selbst ist, nämlich die mit der Vorstellung, der Imperativ könnte verletzt werden, verbundenen Bilder und Gefühle.

Diese Gefühle haben bei besonders tief verankerten Imperativen häufig traumatischen Charakter. Nach HORNEY (1950) sind das die Gefühle der Isolation, der Hilflosigkeit und der Feindseligkeit, die neurotischen Imperativen letztendlich zugrunde liegen.

Aufzuhören, sich etwas zu imperieren, bedeutet, diesen Gefühlen - Verzweiflung, Wut, Panik, Hilflosigkeit, Angst, Gewalttätigkeit, Trauer oder was immer - ins Gesicht zu sehen und sie in sich selber wahrzunehmen, ohne innerlich davonzurennen und sich selbst zu beruhigen ("Ich werde alles tun, nur um das zu vermeiden!").

Dies ist oft ein unangenehmer Prozeß, wenn jemand aufhört, das, was schlimm für sie sei, innerlich wegzuschieben, dann werden die Wut, die Angst, die Panik oft zunächst einmal noch größer, noch "schlimmer", bevor sie dann allmählich geringer werden und heilen. Der Prozeß, der sich dann abspielt, läßt sich an der Analogie einer einfachen Erregungskurve verdeutlichen.

Der normale Verlauf einer Erregung sieht folgendermaßen aus:

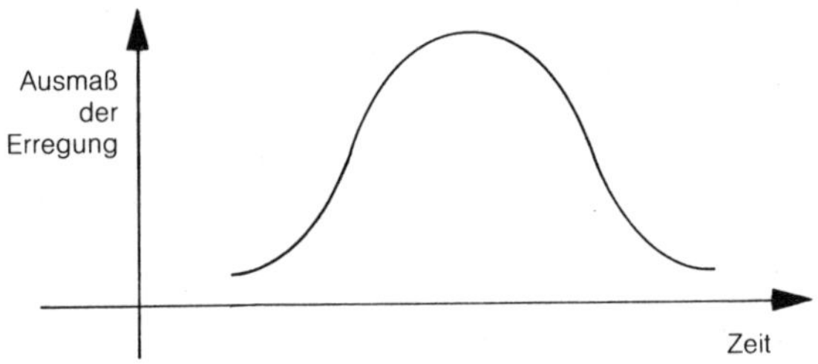

Die Erregung beginnt und steigert sich, bis sie ihren Höhepunkt erreicht, um dann wieder abzunehmen und schließlich zu verschwinden.

Der Prozeß des Sich-Imperierens bedeutet, daß das Ansteigen der Erregungskurve gewaltsam blockiert wird

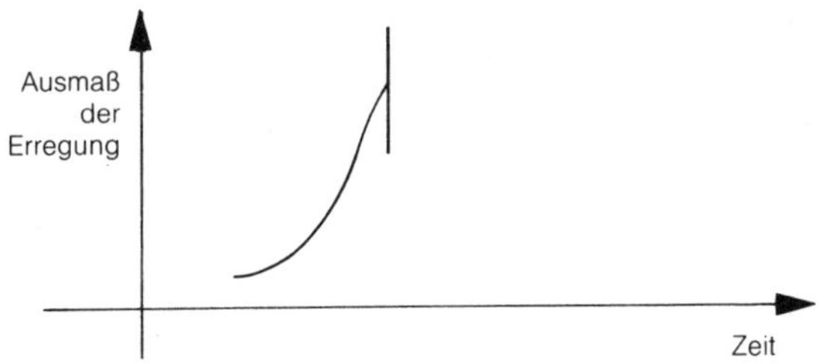

und daß es kurzfristig zu einer Selbstberuhigung kommt, die allerdings langfristig mit einer Verstärkung des "Schlimm"-Gefühls verbunden ist, so wie eine unangenehme Tätigkeit dadurch, daß wir sie immer wieder aufschieben, auf die Dauer immer unangenehmer wird.

Wenn jemand aufhört, sich zu imperieren, daß diese Erregung - und die damit verbundene kognitive Vorstellung von dem, was passieren könnte - nicht sein darf, dann kann das dazu führen, daß die Erregung zunächst erst einmal weiter ansteigt,

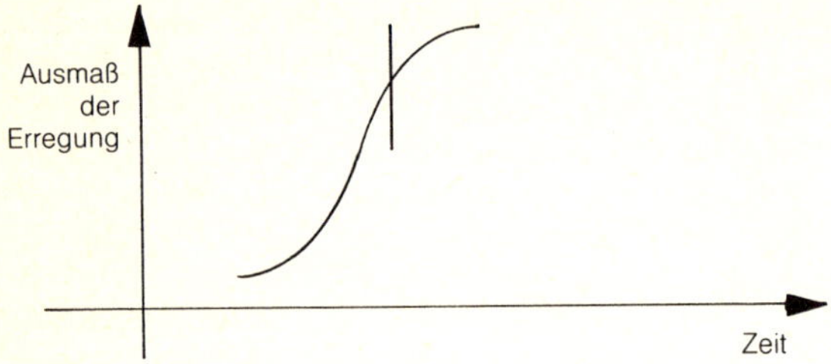

bevor sie dann - nach einiger Zeit - von alleine abklingt.

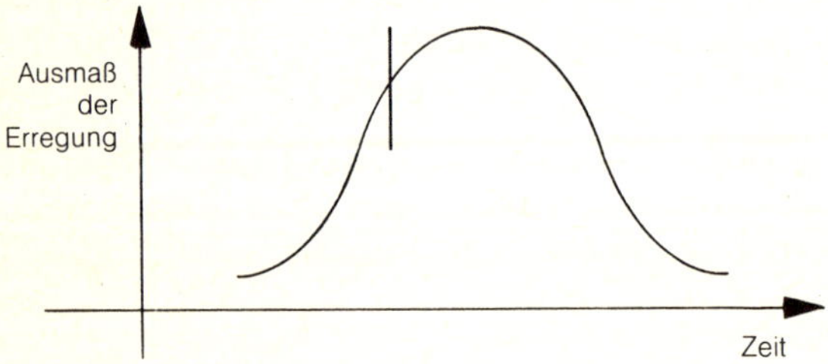

Aus der Sicht der Konditionierungstheorie wirkt dieses Ansteigen der als unangenehm erlebten Erregung - der Angst, der Wut, der Verzweiflung - zunächst eher als "bestrafend". Das erklärt, warum wir uns dann eben vielfach doch wieder imperieren, daß das nicht sein darf und uns mit Hilfe einer der vielen "Knotenumgehungsstrategien" (siehe unten) selbst beruhigen.

Eine Aufgabe der Therapie besteht deshalb darin, der "Klientin" diesen Prozeß durchschaubar zu machen und sie darin zu ermutigen, in die ihr unangenehmen "Schlimm"-Gefühle so lange hineinzuspüren, bis sie von alleine abnehmen und sich ausheilen. Manche Klientinnen mißverstehen die Aufforderung, sich diese Gefühle anzuschauen und in sie hineinzuspüren, als Befehl, sie in sich zu verstärken und sie quasi eskalieren zu lassen ("Das ist schlimm!", "Das muß auch schlimm sein!", "Das muß noch schlimmer werden!" etc.). Manche gestalttherapeutischen Übungen geben ebenfalls den Befehl, sich nun noch extra "hineinzusteigern".

Dies ist nach meiner Erfahrung weder notwendig noch ratsam. Aufzuhören, sich zu imperieren, bedeutet, aufzuhören, das, was man nicht (wahr)haben möchte, wegzuschieben, es bedeutet ebenso, aufzuhören, sich hineinzusteigern; es heißt lediglich, das, was ohnehin im Bewußtsein vorhanden ist, ebenso wahrzunehmen, wie wir den Tisch spüren, auf dem unsere Hand liegt. GENDLIN (1981) und andere (zum Beispiel KLEIN 1986, WILD-MISSONG 1983, SIEMS 1986) haben diesen Prozeß des ganzheitlichen, nicht-fragmentierenden, nicht-imperativischen Wahrnehmens-was-Ist unter der Bezeichnung "Focusing" ausführlich beschrieben, wenn sie auch von einem anderen theoretischen Hintergrund ausgehen.

2.2 Focusing ist das, was stattfindet, wenn das Bewußtsein aufhört, sich zu imperieren, daß das "Schlimme" nicht sein darf

Die von GENDLIN beschriebenen sechs Schritte können hilfreich sein, um Klientinnen und Klienten zu vermitteln, was es heißt, aufzuhören, sich zu imperieren. Allerdings kann es auch vorkommen, daß jemand Focusing als Methode einsetzt, um das loszuwerden, was sie nicht haben will - dann, so zeigt meine Erfahrung, kommt es häufig vor, daß das "zu fokussierende" Gefühl quasi untertaucht, weil der zugrunde liegende Konflikt, der Selbstimperierungsprozeß "Ich darf dieses Gefühl nicht haben!", weiterläuft.

Ziel des hier beschriebenen Therapieansatzes ist es deshalb nicht, "Focusing zu machen" ("Nun guck Dir doch endlich dieses 'Schlimm-Gefühl' an!"), sondern Ziel ist es - viel einfacher - aufzuhören, sich selbst zu imperieren.

In kognitiv-therapeutischen Ansätzen wird dies vielfach durch Überzeugung, durch rationale Argumentation versucht, etwa indem der/die Therapeutin versucht, die Klientin davon zu überzeugen, daß es "keine Katastrophe" ist, alleine zu sein, daß sie damit sehr wohl leben kann etc. Dies führt jedoch häufig zu dem Problem, daß die Klientin daraufhin sagt: "Nun, ich weiß ja, daß es eigentlich nicht schlimm ist, aber trotzdem ...".

Sie fährt fort, sich selbst zu imperieren, daß es eben doch 'schlimm', 'unangenehm', 'gräßlich' wäre, wenn sie allein leben müßte.

V e r h a l t e n s t h e r a p e u t i s c h e Ansätze gehen oft davon aus, der Klientin beizubringen, was sie auf einer handlungspraktischen Ebene tun kann, um das "Schlimme" doch zu vermeiden, indem sie etwa mit Hilfe von Rollenspielen lernt, wie sie Kontakt zu anderen findet. Die meisten Selbstbehauptungstrainings sind auf dieser Prämisse aufgebaut, und vielfach gelingt es durchaus, der Klientin zu helfen, neue, angemessene Verhaltensweisen zu erlernen. Dennoch besteht auch hier das Problem darin, daß es häufiger vorkommt, daß die Klientin sagt: "Ich weiß ja, was ich tun sollte, aber ich traue mich nicht ...". Oder aber sie tut das, was sie gelernt hat, aufgrund des immer noch vorhandenen Imperativverletzungskonflikts ("Knotens") so, daß es den gegenteiligen Effekt hat, etwa indem sie ihre eigenen Wünsche so ängstlich vorbringt, daß sie damit zugleich dem anderen signalisiert, daß er sie nicht ernst zu nehmen braucht.

A u f h ö r e n , s i c h z u i m p e r i e r e n b e d e u t e t , d i e D i n g e " s o z u s e h e n , w i e s i e s i n d " .

Der Prozeß des Sich-Imperierens blockiert einen Teil des Wahrnehmungsprozesses: Das, was nicht sein darf, wird entweder ignoriert oder verzerrt, sozusagen überproportional deutlich wahrgenommen - zugleich engt sich der Blick dadurch ein, so daß es zur "Tunnelvision" kommt, wie etwa bei starker Prüfungsangst zu beobachten ist.

A u f h ö r e n , s i c h z u i m p e r i e r e n , i s t e t w a s s e h r S i m p l e s

Aufhören, sich zu imperieren, ist letztlich etwas sehr Einfaches, so einfach wie aufzuhören, sich in den eigenen Arm zu kneifen. Die Schwierigkeit liegt darin, daß wir gewohnt sind, alles andere zu tun als gerade das.

3. Aufhören, sich zu imperieren, im Rahmen der Therapiepraxis

3.1 Aufzuhören, sich zu imperieren, ist e i n Schritt und keine neue Therapie m e t h o d e

Aufzuhören, sich zu imperieren, ist ein einziger Schritt, den die Klientin tut oder nicht tut. Es ist deshalb keine Methode, wenn man unter Methode etwas versteht, das man mechanisch wiederholt, genauso wie "Etwas-Anschauen" keine Methode ist, sondern etwas, das man oder frau tut - oder auch nicht.

3.2 Aufzuhören, sich zu imperieren, ist etwas, das die Therapeutin ebenso tut wie die Klientin

Zu Beginn der Therapie liegt es nahe, daß die Therapeutin sich imperiert "Ich muß die Klientin dahin bringen, daß sie das tut!", und daß sie diesen Imperativ auch der Klientin vermittelt. Sich selbst oder anderen zu imperieren, "Du darfst dir nichts imperieren!", ist sinnlos, weil dadurch die bestehende Konfusion nur größer wird.

Aus dem "Knoten"

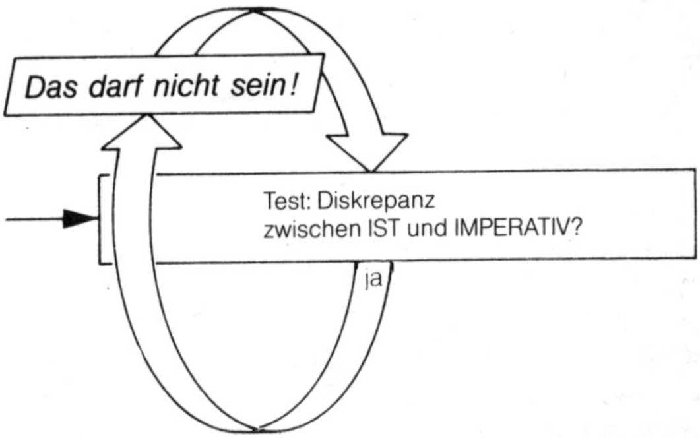

wird durch den Imperativ "Du darfst dir nichts imperieren!" ein doppelter "Knoten".

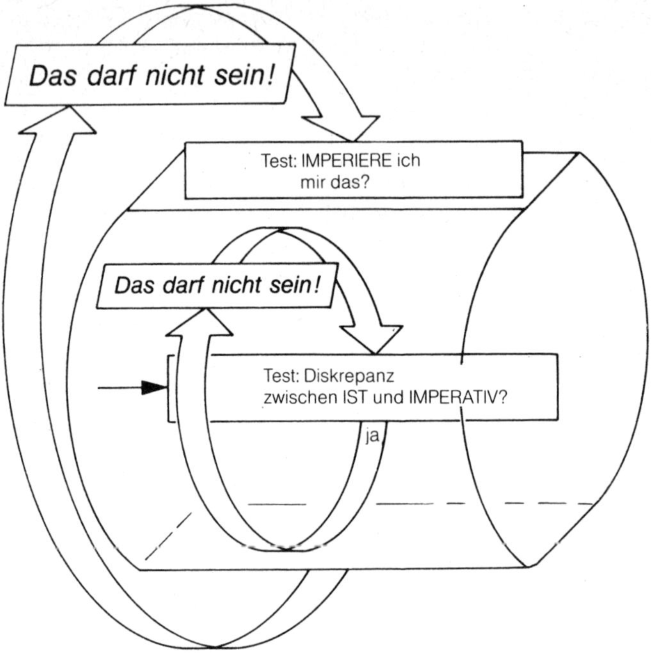

3.3 Aufhören, sich zu imperieren, wird leichter, wenn wir zwischen dem Prozeß des Sich-Imperierens und dem damit verbundenen kognitiven Inhalt unterscheiden

Vielfach wird die Konfusion der Klientin dadurch vergrößert, daß sie den Prozeß des Sich-Imperierens und das dahinterliegende sachliche Problem miteinander verwechselt. Im Falle von K. hieß das, daß sie annahm, aufzuhören, sich zu imperieren, daß sie sich wehren müsse, würde bedeuten, daß sie sich nicht wehren dürfe, und das war in ihrem Fall, besonders im Umgang mit ihrem gewalttätigen Freund, natürlich nicht gemeint. An dieser Stelle ist es hilfreich, zwei Ebenen zu unterscheiden und sie während der Therapie auch zeitweise auseinanderzuhalten: Das eine ist die Ebene der s a c h l i c h e n D i s k u s s i o n über mögliche Verhaltensweisen ihrem Freund gegenüber, also die Frage, was sie praktisch tun kann: sich körperlich wehren, ausziehen, ins Frauenhaus gehen, ihm den Zutritt zur Wohnung verbieten etc. - da gibt es eine Fülle von Möglichkeiten. K. selber hatte sie bereits im Gespräch mit ihren Eltern und mit Freundinnen häufig erwogen - und dann doch nicht in die Tat umgesetzt.

Das zweite ist die p s y c h i s c h e S e i t e, das heißt, den Prozeß des Sich-Imperierens selber sich als solchen bewußt zu machen.

Aufhören, sich etwas zu i m p e r i e r e n, heißt n i c h t, daß dadurch irgendeine Handlungsweise vorgeschrieben wird ("Du mußt dich wehren!" oder: "Du darfst dich nicht wehren!"), sondern es heißt, aufzuhören, sich selbst eine Handlungsweise imperativisch vorzuschreiben, und dadurch den Blick frei dafür zu bekommen, was sie innerlich davon abhält, sich de facto nach außen zu wehren.

Wie sich bei K. zeigte, führte das Aufhören des Sich-Imperierungsprozesses faktisch dazu, daß sie sich tatsächlich nach außen hin zu wehren begann - gegenüber ihrem Freund ebenso wie gegenüber anderen Leuten.

3.4 Aufhören, sich zu imperieren, bedeutet auch aufzuhören, in endlosen Schleifen innerlich immer wieder um dasselbe Problem zu kreisen

Es gibt eine Reihe von solchen "Knotenumgehungsstrategien", mit Hilfe derer das Bewußtsein vergeblich versucht, den durch das Sich-Selbst-Imperieren entstandenen Konflikt zu "lösen", zum Beispiel durch

- Sich-Rechtfertigen,
- Rationalisieren und Theoretisieren ("Ich habe das eben nie gelernt."),
- Verstärken des alten bzw. Erfinden eines neuen Imperativs ("Ab morgen muß ich immer ...!"),
- Innere Flucht in Phantasien ("Ach, wenn die Realität nur anders wäre, als sie ist!"),
- Klagen ("Immer macht er das ...!"),
- Resignieren ("Da kann man halt nichts machen!"),
- Hierarchisieren ("Wichtig ist, daß er mich trotz allem liebt!") etc.

(Vgl. das vorangehende Kapitel und WAGNER et al. 1984, 154-166.)

4. Was kann die Therapeutin praktisch tun?

4.1 Konstatierendes Verbalisieren von Imperativen der Klientin

Eine erste Möglichkeit für die Therapeutin besteht darin, die von der Klientin implizit verbalisierten Imperative explizit zu verbalisieren. Dieses Verbalisieren der von der Klientin geäußerten Imperative richtet sich - anders als das in der Gesprächspsychotherapie übliche "Verbalisieren emotionaler Erlebnisinhalte" - speziell auf den jeweils von der Klientin geäußerten Imperativ.

Zum Beispiel sagte K. an einer Stelle: "Wenn ich aufhören würde, darunter zu leiden, dann wäre ich rücksichtslos und egoistisch!". Konstatierendes Verbalisieren würde bedeuten, den darin implizit enthaltenen Imperativ "Ich darf nicht rücksichtslos sein!" reflektierend wiederzugeben, zum Beispiel "Es wäre schlimm für dich, wenn du rücksichtslos und egoistisch wärst".

Wichtig ist, daß dieses Verbalisieren durch die Therapeutin nicht-imperativisch erfolgt, das heißt, daß die Therapeutin
weder impliziert "Das wäre tatsächlich schlimm!",
noch daß sie indirekt ausdrückt "Na und, das wäre doch nicht schlimm!",
sondern daß sie lediglich nicht-imperativisch *konstatiert* "Für dich wäre das schlimm".

Hier liegt einer der wesentlichen Unterschiede zu kognitiv-therapeutischen Ansätzen, die in der Regel darauf abzielen, mit der Klientin darüber zu diskutieren, ob aufzuhören zu leiden nun tatsächlich bedeutet, egoistisch zu sein oder nicht. Die Erfahrung zeigt, daß sich viele Klientinnen auf eine solche Diskussion auch einlassen und daß sie vielfach sagen "Ich weiß schon, daß das eigentlich nicht egoistisch wäre, aber ...", und das "aber" impliziert dann "Aber es könnte eben doch sein, daß das egoistisch von mir wäre, und das wäre schlimm!"

Implizit verhindern, daß die Klientin innerlich von dem "Schlimmen" wieder davonrennt, indem sie das Gespräch wieder auf den Kern zurückbringt, zu dem, was "nicht sein darf"

Wenn die Klientin sich wieder in eine Knotenumgehungsstrategie "flüchtet" und anfängt, sich zu rechtfertigen, zu theoretisieren, Wunschvorstellungen zu entwickeln etc. (siehe oben), dann kann es sinnvoll sein, dies zu verhindern, indem die Therapeutin erneut auf den Kern zurückkommt und noch einmal den Imperativ konstatierend verbalisiert.

Zum Beispiel: "Das wäre wirklich schlimm, wenn ich egoistisch wäre! Bei meiner Mutter durfte ich das auch nie, wenn sie mich damals nur anders erzogen hätte." etc.; dann kann die Therapeutin sagen: "Das mag sein. Für dich wäre es schlimm, wenn du egoistisch wärst."

Wenn ausreichend Zeit zur Verfügung steht, dann kann die Therapeutin ihr stattdessen auch bewußt machen, welche Knotenumgehungsstrategie sie anwendet.

4.3 Ermutigen, sich "das Schlimme" nicht-imperativisch anzuschauen

E i n e Möglichkeit, dies zu tun, liegt darin zu fragen: "Was daran wäre für dich schlimm/irritierend/ärgerlich, wenn ..." das wäre, was, wie sie sich imperiert, nicht sein darf. Zum Beispiel könnte die Therapeutin fragen: "Was daran wäre für dich schlimm, egoistisch zu sein""

Ziel dieser Frage ist es, die Klientin implizit aufzufordern, sich das anzuschauen, was nicht sein darf. Wichtig dabei ist nicht die Antwort auf die Frage, sondern der Prozeß des Hinschauens: In dem Moment, wo die Klientin hinschaut, hört sie - zumindest für einen Augenblick - auf, sich zu imperieren, daß es nicht sein darf. Manche Klientinnen, besonders die, die bereits Therapieerfahrung haben, werden durch eine solche Frage jedoch dazu verleitet, zu rationalisieren und Gründe für ihr Verhalten zu suchen - dies ist jedoch nicht intendiert.

In einem solchen Fall mag es hilfreich sein, sie stattdessen aufzufordern, körperlich in sich hineinzuspüren und das "Schlimm"-Gefühl sich anzuschauen, in es hineinzulauschen und dabei zu bleiben. Manchmal hilft da die Frage: "Wo im Körper spürst du dieses 'Schlimm-Gefühl' besonders stark?"

Wiederum: Ziel dieser Frage ist es, die Klientin anzuregen, hinzuschauen und damit aufzuhören, sich zu imperieren, daß dieses "Schlimme" nicht sein darf. Das heißt, nicht die Antwort auf die Frage ist wichtig, sondern der Prozeß der Wahrnehmung, der durch diese Frage - vielleicht - angestoßen wird.

Eine dritte Möglichkeit besteht darin, den Prozeß des Focusing als solches ausführlicher zu erklären; dabei können die Anweisungen, wie sie zum Beispiel GENDLIN (1981) gibt, benutzt werden.

Diese expliziteren Focusing-Anweisungen haben in erster Linie eine didaktische Funktion; sie dienen dazu, der Klientin zu vermitteln, was es heißt, ganzheitlich und nicht-imperativisch wahrzunehmen, was sie nicht wahrhaben möchte.

4.4 Die Klientin ermutigen, länger hinzuschauen - so lange, bis sich das "Schlimm"-Gefühl verändert und auflöst

Häufig sagen Klientinnen: "Jetzt habe ich hingeschaut - und es ist immer noch schlimm!" Das heißt, der Prozeß des Sich-Imperierens wurde kurzfristig unterbrochen; sie werfen quasi einen kurzen Blick auf das "Schlimm"-Gefühl und imperieren sich dann erneut: "Und das darf nicht sein!"

An dieser Stelle kann es hilfreich sein, sie zu ermutigen, länger hinzuschauen - so wie man ein Bild länger betrachtet: fünf Minuten lang oder auch eine halbe Stunde und manchmal noch länger.

Dazu können Analogien hilfreich sein. Manchen Klientinnen erkäre ich, daß das ähnlich ist wie bei einem heulenden Kind. Wenn die Mutter das Kind anbrüllt, so erschrickt es zwar und ist vielleicht kurzfristig still, weint jedoch später wieder. Wenn die Mutter das Kind jedoch einfach in den Arm nimmt, dann wird das Kind zwar zunächst sogar lauter heulen, es wird sich dann jedoch allmählich ausweinen und schließlich von alleine aufhören.

Eine andere Analogie für den durch das Aufhören, sich zu imperieren, möglich werdenden Heilungsprozeß ist das Bild einer Blüte, etwa einer Rosenknospe, die, wenn sie Licht und Luft und Wärme erhält, aufblüht, sich entfaltet und dann allmählich von selber verblüht und abstirbt. Anderen Klientinnen erkläre ich diesen Prozeß der Heilung mit Hilfe der Erregungskurve (siehe oben). Wichtig ist es zu vermitteln, daß da ein Heilungsprozeß stattfindet, der von alleine abläuft , wenn man (oder frau) ihn nur läßt, das heißt, wenn man aufhört, sich zu imperieren, daß das nicht sein darf.

4.5 Mit dem ersten Imperativ der Klientin beginnen

Zu Beginn der Therapie liegt oft die Versuchung nahe, den Imperativ der Klientin "Ich muß mein Problem loswerden!" zu übernehmen und ihr implizit oder explizit zuzustimmen: "Okay, das mußt du auch - und ich werde dir zeigen, wie du das machen kannst!". In diesem Fall imperieren sich Klientin und Therapeutin gemeinsam "Es darf nicht sein, daß du das Problem hast!". Wenn die Klientin dann, sozusagen als Ausführung dieses Imperativs, Focusing macht, kommt es häufig vor, daß das "Schlimm"-Gefühl "verschwindet" und sie sich darüber beklagt, daß "nichts" geschieht.

Aufhören, sich zu imperieren, heißt auch aufhören, sich zu imperieren, daß das Problem nicht sein darf. Statt diesen Ausgangsimperativ zu übernehmen - in einer Art therapeutischer Imperativkollusion -, ist es sinnvoll zu fragen: "Was wäre schlimm daran, wenn du das Problem nicht loswirst?".

K. begann die Therapie mit dem Imperativ "Ich kann mich nicht wehren!". Die Ausgangsfrage, die sie sich so noch nicht gestellt hatte, war deshalb: "Nehmen wir an, daß du dich tatsächlich nicht wehren kannst - was wäre schlimm daran, wenn das so bliebe?"

Dies war für sie zunächst verblüffend, weil sie es als selbstverständlich angesehen hat, daß sie sich wehren können müsse. Noch einmal: Zu fragen "Was ist schlimm daran, wenn du dich nicht wehren kannst?" impliziert nicht, daß die Therapeutin meint, sie dürfe sich nicht wehren, oder sie würde das sowieso nie lernen, sondern Ziel dieser Frage ist es, es ihr zu ermöglichen aufzuhören, sich dies zu *imperieren* und damit zugleich sich anzuschauen, was das "Schlimme" ist, das sie dadurch vermeiden will, daß sie sich selbst imperiert: "Ich muß lernen, mich zu wehren!". Bei K. stellte sich übrigens heraus, daß sie meinte, sich wehren können zu müssen, um ihrem Freund zu imponieren und ihn dadurch daran zu hindern, sie zu verlassen, weil "verlassen zu sein" für sie "ganz schlimm" war. Gleichzeitig führte der Imperativ "Ich darf nicht verlassen werden!" bei ihr zu dem Imperativ "Ich darf mich nicht wehren, denn sonst verläßt er mich!". Psychologisch gesehen war damit für sie der "Knoten" perfekt: Was immer sie tat - so meinte sie -, konnte dazu führen, daß sie verlassen werden würde. Und das war für sie "ganz schlimm".

4.6 Die äußere Realität im Auge behalten

Zur Verantwortung der Therapeutin gehört es abzuschätzen, ob die Auflösung des inneren Knotens jetzt angemessen ist, oder ob es dringendere Probleme gibt, Probleme, die kurzfristig auf einer sachlichen Ebene anzupacken sind. Wenn eine Frau akut durch ihren Partner bedroht wird, dann kann es notwendig sein, zunächst unmittelbar etwas für ihren Schutz zu tun und zum Beispiel dafür zu sorgen, daß sie ins Frauenhaus kommt, bevor sich Therapeutin und Klientin dann die Zeit nehmen, den inneren Konflikt zu bearbeiten.

Dies realistisch einzuschätzen gehört mit zur Verantwortung der Therapeutin. Aufhören, sich zu imperieren, ist notwendig und wichtig, aber in bestimmten Situationen kann es Dringenderes zu tun geben.

5. Prozeß und Ergebnisse der Therapie mit K.

5.1 Durchführung der Untersuchung

Bei der im folgenden dargestellten Therapie ging es um insgesamt 16 Gespräche, die ich im Laufe von fünf Monaten mit K. geführt habe. Ausgangsfrage für diese Gespräche war: "Ist es möglich aufzuhören, sich zu imperieren?".

Diese Gespräche fanden im Rahmen eines Forschungsprojekts statt, dessen Ziel es war, zu zeigen, was "Aufhören sich zu imperieren" im Rahmen solcher Gespräche bedeuten kann und welche Verhaltensänderungen daraus resultieren.

Vorweg sei angemerkt, daß die Gespräche sich ausschließlich damit befaßten, was K. innerlich davon abhielt, sich zu wehren. Wir haben, anders als in Selbstbehauptungstrainings üblich ist (vgl. zum Beispiel ULLRICH/ULLRICH DE MUYNCK 1980[3]; WENDLANDT 1976; PETERMANN 1983), keine Rollenspiele gemacht; wir haben **nicht** darüber gesprochen, wie K. sich in konkreten Situationen selbst behaupten könne, was sie zum Beispiel ihrer Mutter oder ihrem Freund sagen könne oder was sie konkret in dieser oder jener Situation tun könne.

Wie sich zeigte, führte die Auflösung bestimmter Imperative unmittelbar zu praktischen Verhaltensänderungen, auch ohne ein solches "Training" - und zu Verhaltensänderungen, die oft kreativer waren als das, was in Selbstbehauptungstrainings mühsam vermittelt wird.

Diese 16 Gespräche waren eingebettet in die Durchführung einer empirischen Untersuchung. Dabei wurde eine Reihe von methodischen Verfahren verwendet:

- Fragebögen (prae-post), die K. am Anfang und nach Ende der Gespräche ausfüllte (KASSL, EMI, FPI, VEV);
- therapiebegleitende Fragebögen, die die Therapeutin und die Klientin nach jedem Gespräch ausfüllten, bezogen auf den Verlauf der Sitzung selbst;
- Tonbandaufnahmen der 16 Gespräche, die anschließend transkribiert und ausgewertet wurden.

  Zwischen den "Therapiesitzungen" fand jeweils ein gesondertes Interview statt, bei dem zwei Verfahren benutzt wurden:
- Nachträgliches lautes Denken (WAGNER 1981) zu Ausschnitten des vorhergehenden Therapiegesprächs; dabei wurde K. gebeten auszusprechen, was ihr in der Therapiesituation "an dieser Stelle durch den Kopf gegangen" sei;
- Nachinterviews zu den in der Zwischenzeit aufgetretenen - oder nicht aufgetretenen - Änderungen

und schließlich

- eine Nachbefragung (Katamnese) ein Jahr nach Beendigung der Therapiegespräche.

Ziel dieses Untersuchungsansatzes war es, im Sinne eines kombinierten "Prozeß- und Ergebnisansatzes" (vgl. zum Beispiel GREENBERG/RICE 1984) einzelne Therapieereignisse in Zusammenhang mit spezifischen Änderungen im Erleben und Verhalten zu bringen, ein Ansatz, der inzwischen von den meisten Autoren in der Psychotherapieforschung gefordert wird (vgl. STRUPP 1978, PARLOFF 1979, KIESLER 1980).

Das umfangreiche Datenmaterial wurde unter einer Reihe von Gesichtspunkten ausgewertet; diese Auswertung dauert derzeit noch an. Als Ausgangspunkt für die Auswertung des Therapieverlaufs selber wurden die Pausen in der Therapie gewählt, die länger als 10 Sekunden andauerten. Als nächstes wurde anhand einer Reihe von Kriterien versucht einzuschätzen, inwieweit in diesen Pausen (auch unter Zuhilfenahme der Daten des nachträglichen lauten Denkens) mutmaßlich Focusing stattgefunden hat, Focusing, das sich auf den Kern bestimmter Selbstimperierungsprozesse bezog. Mit Hilfe eines dafür von uns entwickelten Kategoriensystems wurden die Äußerungen von Klientin und Therapeutin vor und nach diesen Pausen daraufhin analysiert, inwieweit sie "Knotenumgehungsstrategien" enthielten, inwieweit die Inhalte der jeweiligen Imperative nicht-imperativisch konstatiert wurden und inwieweit sie nachträgliche Berichte über abgelaufene Focusingprozesse enthielten.

Auf der Grundlage dieser Daten wurde dann die Imperativstruktur von K. in bezug auf das Problem des Sich-Wehrens rekonstruiert, soweit sie in den Therapiegesprächen sichtbar wurde. Es wurde versucht nachzuzeichnen, wie die Imperativketten (vgl. WAGNER et al. 1984) im einzelnen aussahen, das heißt, es wurde versucht zu rekonstruieren, was für K. "schlimm" daran war, sich nicht zu wehren, und was sie gleichzeitig daran hinderte, sich zu wehren.

Außerdem wurden die Berichte über Veränderungen nach jeder Sitzung und am Ende der Therapie insgesamt zum einen aus der Sicht der Klientin und zum anderen auf der Grundlage der Fragebogenergebnisse ausgewertet.

Im folgenden können aus Platzgründen nur einige wenige Ergebnisse dieser Untersuchung dargestellt werden.

5.2 Einige Ergebnisse zum Therapieprozeß

Der Kern des Konflikts oder: K.s Knoten "Ich kann mich nicht wehren!"

K.s Konflikten lag letztendlich der folgende Kernimperativ zugrunde: "Ich darf nicht alleine dastehen!". Die Vorstellung, alleine dazustehen, war für sie mit Panik verbunden, mit der Vorstellung, daß dann andere auf sie einschlagen, bis sie nicht mehr da ist. "Also, zuerst einmal wäre eine Leere in mir. Es wäre mir irgendwie - so als wenn mir ein Halt genommen wäre." "Ich komme mir wehrlos vor." "Das wäre wie ein Abgrund, wie Selbstmord."

Um zu verhindern, daß es dazu kommt, imperiert sie sich "Alle müssen nett zu mir sein, niemand darf mich ablehnen". Andererseits hat sie die Erfahrung gemacht, daß die anderen, ihre Mutter, ihr Freund, sie dann, wenn sie sich ihnen unterwirft, nicht respektieren und anerkennen - und es war "ganz schlimm" für sie, wenn die anderen sie nicht anerkannten, deshalb imperierte sie sich, daß sie lernen müsse, sich zu wehren. Wenn sie sich aber wehrte, so riskierte sie genau die Ablehnung, die sie um jeden Preis zu vermeiden suchte.

Ihr Kernkonflikt war deshalb ein Imperativ-Gegenimperativ-Knoten: Sie "muß sich wehren", um nicht abgelehnt zu werden und "alleine dazustehen", und zugleich darf sie sich nicht wehren, weil sie sonst abgelehnt werden könnte und alleine dastünde. Kein Wunder, daß ihr in den entsprechenden Situationen "nichts einfiel": "Ich überlege mir immer (was ich tun könnte); mir fällt nie was ein, was ich tun könnte, was für Mittel ich zur Verfügung habe, denn ich muß irgendwelche Mittel zur Verfügung haben, damit ich's machen kann. (...) Ich hab irgend so eine Sperre, ich kann ... ich kann nichts machen, mir fällt nichts ein."

T.: "Was fürchtest du, was (dann) passiert?"

K.: "Ja, also spontan tät ich sagen, daß man mich ganz ablehnt eben."

Die Grundstruktur von K.s Knoten "Ich kann mich nicht wehren!"

Sie läßt sich folgendermaßen graphisch zusammenfassen:

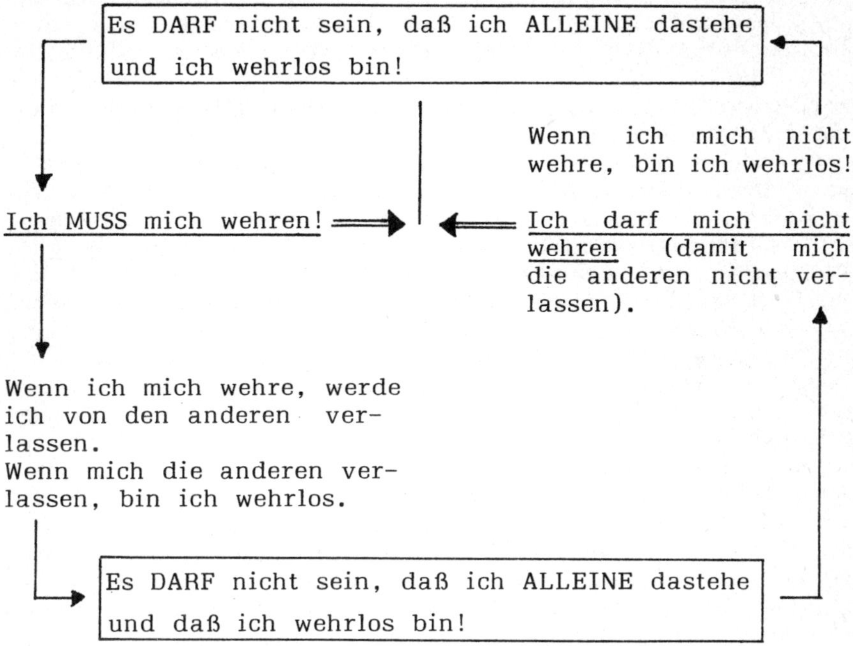

Der Kernimperativ bei K. war "Es darf nicht sein, daß ich alleine und damit wehrlos bin!".

Aufhören, sich zu imperieren, sich wehren zu müssen und zugleich sich nicht wehren zu dürfen, hieß für K. aufzuhören, sich zu imperieren "Ich darf nicht alleine sein!" und damit diesem "Abgrund", "dieser Panik", "dieser Vorstellung, dann schlagen alle auf mich ein" ins Gesicht zu sehen.

Hier wird deutlich, warum bei K. ein Selbstbehauptungstraining vermutlich kaum Erfolg haben würde. Solange sie sich imperiert "Es darf nicht sein, daß ich abgelehnt werde und alleine dastehe", taucht bei allem, was sie tut - ob sie sich nun wehrt oder nicht - die Angst auf, sie könnte danach abgelehnt werden, und das darf nicht sein!

Dieses Sich-im-Kreise-Drehen hat einen Kernausgangspunkt, und das ist für sie die lebensbedrohende, "existenzgefährdende" Vorstellung:

"Ich bin allein und das darf nicht sein!"

"Das ist ein Abgrund, wie Selbstmord."

Aufhören, sich zu imperieren, daß sie nicht alleine und wehrlos dastehen dürfe, hieß für K., dieser "schlimmen" Situation ins Gesicht zu sehen, in sie hineinzuspüren, sie konstatierend, nicht-imperativisch wahrzunehmen.

K.s Reaktion auf die Auflösung des Imperativs in der Therapiesituation selber

Als sie im zwölften Therapiegespräch erneut aufgefordert wurde, sich dieses "schlimme" Gefühl des Allein-Dastehens und Wehrlos-Seins anzuschauen, sagte K. nach einer langen Pause ganz überrascht:

K.: "Ist eigentlich komisch, also ich empfind's ja als nicht arg, nicht arg, nicht arg schlimm irgendwie, wie soll ich das sagen ..."

T.: "Hat sich das Gefühl gerade eben geändert?"

K.: "Nein, es war, glaub' ich, gar nicht so - schlimm (lacht), wie ich gedacht hab."

und etwas später

..: "Also ich muß auch da sagen, daß das Gefühl nicht mehr so schlimm ist oder überhaupt, wie das schon war. Kein Angstgefühl an und für sich (lacht kurz), an und für sich mehr so ein Unverständnis, daß man mich nicht gern haben kann (beide, Therapeutin und Klientin, lachen)."

T.: "Du verstehst es nicht, daß man dich nicht gern haben kann?"

K.: (lachend) "Ja. Ja, ich denk mir, daß an und für sich das bestimmt ein ganz normales Gefühl ist, daß man sich ein bißchen betroffen fühlt, wenn jemand, den man selber gern hat, einen ablehnt."

T.: "Dann guck dir das an, dies Gefühl der Betroffenheit, wenn jemand, den man gern hat, einen ablehnt."

K.: - nach einer Pause von 3,75 Minuten - "Also, ich tät's gleich noch mal probieren; wenn dann wieder eine Ablehnung kommt, dann sagt man 'ja'. - Ich weiß nicht, das regt mich jetzt im Moment - ich weiß nicht, ich weiß nicht warum - überhaupt nicht auf. - Keine Ahnung, ob mir das grad überhaupt gut (geht) - ich mich gut fühle oder was (los ist).- Es ..., ja ich kann mir's direkt schlecht vorstellen, sogar."

Was hier geschehen ist, ist, daß sich das "Schlimm"-Gefühl aufgelöst hat und daß K. verblüfft registriert, daß es verschwunden ist, daß sie es sich sogar nicht mehr "vorstellen" kann.

Aufzuhören, sich zu imperieren, daß X nicht passieren darf, führt dazu, daß sich das damit verbundene "Schlimm"-Gefühl auflöst und damit auch nicht mehr im Bewußtsein vorhanden ist.

Das bedeutet, daß sich die Klientin, nach Abschluß des Prozesses, selber nicht mehr daran erinnert, was der Kern ihres Imperativs war. Er ist aus dem Gedächtnis gelöscht.

5.3 Ergebnisse der Therapie oder: Was geschieht nach dem Aufhören, sich etwas zu imperieren?

Im folgenden sollen die Ergebnisse der Therapie aus zwei Blickpunkten dargestellt werden: aus der Sicht der Klientin selber, die im Laufe der Therapie und bei der Nachbefragung direkt im Anschluß an die Therapie und ein Jahr später, viele bemerkenswerte Einzelheiten erzählte, und auf der Grundlage der Fragebögen, die sie vor und nach der Therapie ausgefüllt hat. Die Auswertung dieser Fragebogen bestätigt, was K. von sich selber sagte: daß sich vieles in ihrem Verhalten und Erleben sehr positiv verändert hat.

Veränderungen in den Fragebögen

Das Bild, das sich aus der Auswertung der Fragebögen ergab, war eindeutig: Bei K. zeigten sich von Beginn bis zum Ende der Therapie hochsignifikante positive Veränderungen in allen eingesetzten Fragebögen. So ergab zum Beispiel der VEV (ZIELKE/KOPF-MEHNER 1978) einen Veränderungswert von 269 Punkten (p 0.001), sie war nach der Therapie hochsignifikant entspannter, gelassener und optimistischer geworden. Laut FPI zeigte sich K., die zu Anfang der Therapie als überdurchschnittlich kontaktarm und ungesellig einzustufen war, im Nachtest als jemand, die selbstsicher, optimistisch, lebhaft und aktiv ist, die sich wenig Sorgen macht, die nichts so leicht aufregen und der kaum etwas die Stimmung verderben kann; zugleich ist sie jemand, die einen großen Bekanntenkreis hat und die schnell Freundschaften schließt. EMI und KASSL zeigten ähnlich große signifikante positive Veränderungen.

Veränderungen im Verhalten

Bereits im Laufe der Therapie berichtete K. über viele konkrete Änderungen in ihrem Verhalten. Sie trennte sich von ihrem Freund, genauer, sie erreichte es, daß er aus ihrer Wohnung auszog, sie hörte auf, ihm Geld zu leihen, und sie ließ sich von ihm kaum noch "herumkommandieren". Die Katamnese ein Jahr später ergab, daß die Beziehung zwischen ihnen inzwischen beendet war und sie sich dabei wohlfühlte. Auch mit ihrer Mutter und ihren Kolleginnen kam sie sehr viel besser zurecht; ihre Kopfschmerzen waren verschwunden, ja, sie erinnerte sich gar nicht mehr daran, daß sie sie früher häufig gehabt hatte. Insgesamt hatte sie an vielen Stellen aufgehört, sich in die Spiele ihrer Umwelt hineinzuverwickeln, und dann hatte sich auch das Verhalten ihrer Umwelt ihr gegenüber verändert. Ihre Mutter versuchte zwar immer noch, sie zu dominieren, aber "sie ist oft auch sehr viel lieber geworden, so ein bißchen, finde ich. Und ihr Ton ist oft auch ganz anders, als er jemals mir gegenüber war. (Lacht) ... Also, ich komm ganz gut mit ihr aus."

Veränderungen in der Qualität des Verhaltens

K. hat - so zeigen viele Einzelbeispiele - gelernt, sich zu wehren. Und - und das ist vielleicht das wichtigste Ergebnis dieses Therapieansatzes - d i e Q u a l i t ä t dieses Sich-Wehrens ist anders geworden. An die Stelle des Sich-Imperierens "Ich muß mich wehren!" beziehungsweise des "Ich darf mich nicht wehren!" ist ein gelassenes, müheloses Handeln getreten.

Zum Schluß der Therapie habe ich sie noch einmal gefragt:

T.: "Würdest du sagen, daß du dich jetzt wehren kannst?"

Daraufhin sagte sie:

K.: "Also, ich empfinde das nicht als wehren."

T.: "Du empfindest es nicht als wehren?"

K.: "Nein, nicht mehr. Weil ich ja nicht bewußt denke - denke ich jetzt -, jetzt muß ich mich mal irgendwie (wehren) ... Ich empfinde es nicht so. Ich mach es halt einfach jetzt."

T.: "Du machst einfach?"

K.: "Ich handle einfach - anders." (Lacht)

T.: "Du handelst einfach anders. Kannst du das ein bißchen näher beschreiben ...?"

K.: "Na, es ist was, was - wie soll ich's sagen - instinktiv oder ohne Überlegen schon da ist, ohne daß ich mir jetzt verstandesmäßig überlegen muß, wie und was ich jetzt sagen oder was ich jetzt tun muß, damit ich mir da nichts gefallen lasse. (...) Oft ist es so, daß ich - (...) erstens regt es mich nicht mehr auf und zweitens, irgendwie mach ich da nicht mehr mit, ich steigere mich da nicht hinein, sondern ich hab das Gefühl, ich bleibe außen stehen, wenn mir da irgendwas nicht paßt, so, ja und dadurch ist's für mich eigentlich schon gelöst."

Und das ist es, worum es beim Aufhören des Sich-Imperierens geht: ohne "sich anzustrengen", sich zu "bemühen", ohne inneren Konflikt in Gelassenheit und innerer Freiheit einfach das zu tun, was notwendig ist.

Literaturverzeichnis

GENDLIN, E. T.: Focusing. Salzburg: Otto Müller Verlag 1982 (2. erweiterte Auflage)

GREENBERG, L. S./RICE, L. N.: Patterns of Change. Intensive Analysis of Psychotherapy Processes. New York/London: Guilford Press 1984

HORNEY, K.: The Tyranny of the Should. In: Neurosis and Human Growth. New York 1950, S. 64-85

KLEIN, M. H./MATHIEU-COUGHLAN, Ph./KIESLER, D. J.: The Experiencing-Scales. In: Pinsof, W. N./Greenberg, L. S. (Hg.), The Psychotherapeutic Process: A Research Handbook. New York/London: Guilford Press (im Druck, erscheint voraussichtlich 1986)

KIESLER, D. J.: Psychotherapy process research. Viability and directions in the 1980s. In: Moor, W. de/Wijngaarden, H. R. (Hg.), Psychotherapy: Research and Training. Amsterdam 1980

PARLOFF, M. B.: Can psychotherapy research guide the policymaker? In: American Psychologist, 34, 1979, S. 296-306

PETERMANN, U.: Training mit sozial unsicheren Kindern. Einzeltraining, Kindergruppen, Elternberatung. München: Urban & Schwarzenberg 1983

SIEMS, M.: Dein Körper weiß die Antwort. Focusing als Methode der Selbsterfahrung. Reinbek: Rowohlt 1986

STRUPP, H. H.: Psychotherapy Research: current trends. In: Moor, W. de/Wijngaarden, H. R. (Hg.), Psychotherapy: Research and Training. Amsterdam 1980

ULLRICH DE MUYNCK, R./ULLRICH, R.: Das Assertiveness-Training-Programm (ATP). Einübung von Selbstvertrauen und sozialer Kompetenz. München: Pfeiffer 1980 (3. Auflage)

WAGNER, A. C./MAIER, S./UTTENDORFER-MAREK, I./WEIDLE, R.: Unterrichtspsychogramme. Was in den Köpfen von Lehrern und Schülern vorgeht. Reinbek: Rowohlt 1981

WAGNER, A. C./BARZ, M./MAIER-STÖRMER, S./UTTENDORFER-MAREK, I./WEIDLE, R.: Bewußtseinskonflikte im Schulalltag. Weinheim: Beltz 1984

WENDLANDT, W./HOEFERT, H.-W.: Selbstsicherheitstraining. Salzburg: Otto Müller Verlag 1976

WILD-MISSONG, A.: Neuer Weg zum Unbewußten. Focusing als Methode klientenzentrierter Psychoanalyse. Salzburg: Otto Müller Verlag 1983

ZIELKE, M.: Indikation zur Gesprächspsychotherapie. Stuttgart: Kohlhammer 1979

ZIELKE, M./KOPF-MEHNERT, C.: Der Veränderungsfragebogen des Erlebens und Verhaltens. (VEV) Weinheim: Beltz 1978

Helga Gürtler

ARBEITEN THERAPEUTINNEN ANDERS? DER EINFLUSS DES GESCHLECHTS AUF DAS THERAPEUTISCHE VERHALTEN

Die Frage nach dem Einfluß des Geschlechts auf das therapeutische Verhalten wird erst seit wenigen Jahren gestellt, sie war auch zunächst eher Nebenergebnis wissenschaftlicher Untersuchungen. Ihre systematische Bearbeitung steckt noch ganz in den Anfängen.

Umfangreicher und fundierter ist dagegen die Literatur zur geschlechtsspezifischen Sozialisation, aus der sich ablesen läßt, daß Frauen durch ihre grundsätzlich andere Sozialisation andere moralische Vorstellungen, ein anderes Sozialverhalten, ein anderes Verständnis von beruflicher Arbeit entwickeln als Männer. Wenn dies aber so ist, dann liegt doch der Schluß nahe, daß die Auswirkungen dieser Tatsache sich auch in einem unterschiedlichen Verhalten von Lehrerinnen und Lehrern, von Sozialarbeiterinnen und Sozialarbeitern, von Therapeutinnen und Therapeuten müßten auffinden lassen.

So beschreibt Carol GILLIGAN (1984) für Männer und Frauen grundsätzlich verschiedene Denkweisen, deren Aneignungsgeschichte sie anhand von Beschreibungen geschlechtstypischen Spielverhaltens bis in die Kindheit zurückverfolgt. Männer, so konstatiert sie, urteilten eher nach einer Moral des Rechts, suchten nach einer Logik der Gerechtigkeit, während Frauen eher nach einer Moral der Verantwortung urteilten, eine Ethik der Anteilnahme verträten.

Für den Mann bedeutet deshalb moralische Verantwortung, nicht alles zu tun, was er will, für die Frau, das zu tun, was andere von ihr erwarten. Im Konfliktfall sucht der Mann eher nach festen Regeln, versucht, hierarchische Rangfolgen des moralisch Vertretbaren herzustellen, während die Frau versucht, durch Aktivierung eines Netzwerkes von Kommunikationen ein Gleichgewicht von Verantwortlichkeiten zu erreichen.

In diesem Denkrahmen fühlen Frauen sich am sichersten in der Mitte eines sozialen Netzwerkes, in dem sie sich gehalten fühlen. Männer dagegen fürchten zu große Intimität aus Angst, in eine Falle zu geraten, erscheint es ihnen doch als notwendiges Ziel, an die Spitze einer Hierarchie zu gelangen.

Frauen wiederum haben Angst vor Erfolg in Konkurrenzsituationen, fürchten die herausgehobenen Positionen, weil sie sie mit dem Verlust von Eingebundensein bezahlen müßten.

Wenn wir versuchen, diese allgemeinen Aussagen jeweils auf die spezielle Situation von Psychotherapeutinnen anzuwenden, lassen sich folgende Hypothesen aufstellen:

Wenn es richtig ist, daß Frauen das Beziehungsgeflecht wichtiger ist, Männern dagegen hierarchische Ordnungen, werden auch Therapeutinnen auf soziale Beziehungen in wie außerhalb der therapeutischen Situation stärker Rücksicht nehmen. Deshalb achten Therapeutinnen mehr als Therapeuten darauf, Klienten nicht zu brüskieren oder zu kränken, sie beziehen Erwägungen über die Auswirkungen des therapeutischen Geschehens auf das soziale Umfeld der Therapierten stärker in ihre Konzeption mit ein. Dabei behandeln sie Klienten eher als gleichrangig, während Therapeuten mehr Wert auf die Rangabfolge legen.

Therapeutinnen gehen auch mit Regeln und Methoden anders, pragmatischer um. Sie messen ihnen nicht die gleiche grundsätzliche Bedeutung bei wie Therapeuten, lassen sich im Konfliktfall eher von der Situation als von einer Regel leiten, auch Rücksicht auf Beziehungen ist ihnen wichtiger als Regel oder Methode. Müssen sie aus äußeren Zwängen auf Regeln (Zeit, Termine ...) bestehen, tun sie das häufiger mit schlechtem Gewissen, weil sie glauben, die Beziehung könnte darunter leiden.

Andererseits, so möchte ich ergänzend hinzufügen, sind sie dem männlichen Denken doch oft so verhaftet, daß sie Regelverletzungen mit dem Gefühl verbinden, es eigentlich "nicht richtig" zu machen. Diese Zwickmühle zwischen männlich vorgegebenen Methoden und weiblicher Sozialisation führt dazu, daß Therapeutinnen sich oft weniger selbstbewußt als Professionelle fühlen als ihre männlichen Kollegen.

Jean BAKER MILLER (1979) beschreibt weibliches Verhalten als Spezialfall des Verhaltens der Untergeordneten in einer Beziehung der zugeschriebenen Ungleichheit. In einer solchen Beziehung weisen die Übergeordneten den Untergeordneten bestimmte Aufgaben und Fertigkeiten fest zu, die sie dann aus dem eigenen Erfahrungsbereich weitgehend ausklammern. Sie deklarieren diesen Bereich außerdem als weniger wertvoll und wesentlich, postulieren für sich, ihn zu beherrschen, denn ein Sich-Einlassen darauf muß als bedrohlich erscheinen, da es gesellschaftlichen Abstieg signalisiert.

BAKER MILLER behauptet nun, daß neben dem Bereich der Sorge für das körperliche Wohl das Umgehen mit Emotionen stets den Unterlegenen zugewiesen werden, da diese notgedrungen darin größere Fertigkeiten entwickelten. Denn wenn sie in ihrer Position zurechtkommen wollen, sind sie darauf angewiesen, sich in den Emotionen der Überlegenen gut - oder besser als die Betroffenen selbst - auszukennen.

Dafür werden die Übergeordneten einem strengeren Leistungsprinzip unterworfen, das das Tun, das Kämpfen um Positionen, das Nicht-Aufgeben-Dürfen besonders betont. Für die Untergeordneten dagegen wird Dienen und Geben besonders betont, wobei das Eingestehen der eigenen Schwäche - als Zeichen für gelungene Internalisierung der zugeschriebenen Unterlegenheit - honoriert wird.

Im Spezialfall von Männern und Frauen bedeutet das: Männer werden konditioniert, Empfindsamkeit und Schwäche zu fürchten. Sie erweisen sich deshalb als ungeübter im Umgang mit Emotionen, große emotionale Nähe macht ihnen oft Angst. Sie definieren sich bevorzugt durch eine bestimmte Position in einer Rangreihe.

Frauen verfügen über die "weibliche Intuition", sie können mit anderen leichter auf einer Ebene der Gleichheit umgehen, ohne Angst zu eigenen Schwächen stehen. Angst machen ihnen eher das Offenlegen eigener Stärken und Erfolge, die sie glauben, mit einem Verlust an emotionaler Nähe bezahlen zu müssen.

Wenn dies so ist, sind speziell zum Umgang von Psychotherapeutinnen mit Emotionen folgende Hypothesen naheliegend:

Therapeutinnen trennen weniger als ihre männlichen Kollegen zwischen Intellekt und Gefühl. Da sie in ihrer Sozialisation weniger gehalten wurden, den emotionalen Aspekt von Gedanken zu verdrängen und dem Gedanken Priorität einzuräumen, arbeiten sie mit stärkerer emotionaler Beteiligung. Sie gehen mit eigenen Emotionen und denen ihrer Klienten unbefangener um, lassen mehr Nähe zu, da sie nicht zur Furcht vor "Beziehungsfallen" erzogen wurden.

Die therapeutische Beziehung speziell zu Klientinnen ist stärker und unmittelbarer, da auch persönliche Betroffenheit eingeht und nicht ausgeblendet wird.

Therapeutinnen sind auch eher geneigt, eigene Schwachstellen in der Therapie im Interesse eines besseren gegenseitigen Verständnisses exemplarisch offenzulegen, während Therapeuten dies aus Angst vor Autoritätsverlust meiden.

Als letztes möchte ich eine Arbeit von Ilona OSTNER und Elisabeth BECK-GERNSHEIM heranziehen (1979). Die Autorinnen beschäftigen sich am Beispiel des Krankenpflegeberufes mit den Unterschieden zwischen beruflicher Arbeit und Hausarbeit und der Kombination beider, der hausarbeitsnahen beruflichen Arbeit. Sie beschreiben, wie im Laufe der Geschichte die letzten beiden den Frauen als "typisch weiblich" zugeschrieben wurden.

OSTNER und BECK-GERNSHEIM charakterisieren berufliche Arbeit als rationalisiert, zeitökonomisch, sich stützend auf systematisiertes, verallgemeinertes Wissen und abstrakt gelernte Problemlösungen. Hausarbeit dagegen verlangt Orientierung am Konkreten, gegenwärtig Vorfindbaren, stützt sich auf Geduld, Empathie und Intuition, auf die Fähigkeit, den Standpunkt des anderen zu teilen, "einfach lieb sein zu können". Da sie ganzheitlich orientiert ist, erlaubt sie keine strenge Trennung in Arbeitszeit und Freizeit.

Da nun berufliche Arbeit von zu vielen menschlichen Bedürfnissen abstrahiert, bedarf sie der Hausarbeit in der Familie als notwendiger Ergänzung. Ebenso sind die "typisch weiblichen" Berufe oft notwendige Ergänzung der eher männlichen Berufsarbeit, weil sich in ihnen die Aufgaben sammeln, die sich der Rationalisierung widersetzen. Sie sind damit ein Kompromiß zwischen weiblicher Hausarbeit und männlicher Berufsarbeit, OSTNER und BECK-GERNSHEIM bezeichnen sie als hausarbeitsnahe berufliche Arbeit.

Ich behaupte nun, daß nicht nur im Krankenpflegeberuf, sondern auch in anderen helfenden Berufen Frauen eher hausarbeitsnah, Männer eher beruflicher-professionell vorgehen, da ihre unterschiedliche Sozialisation unterschiedliche Aneignungsformen bekräftigt. Bezogen auf Therapeutinnen bedeutet dies:

Wenn Frauen in helfenden Berufen hausarbeitsnäher, also ganzheitlicher, vorgehen, dann trennen auch Therapeutinnen weniger zwischen Profession und praktischer Hilfestellung. Sie trennen auch weniger stark als Therapeuten zwischen Beruf und Privatleben. Sie nehmen einerseits berufliche Probleme mit ins Privatleben hinüber, was sich etwa in privaten Kontakten oder privaten Hilfeleistungen für Klienten dokumentiert, oder sie bringen andererseits eher private Themen in die Therapie hinein, berichten über ihre Familie, über Probleme o.ä.

Sie sind weniger als Männer geneigt, die private Person hinter der beruflichen Profession zurücktreten zu lassen.

Zusammenfassend heißt das, daß Frauen eine "nähere" Therapie machen als Männer. Allerdings möchte ich ausdrücklich hinzufügen, daß mehr Nähe in der beschriebenen Art nicht mehr Abhängigkeit bedeuten muß. Die Auswirkungen von Distanz bzw. Nähe zum Therapeuten auf das Gefühl von Abhängigkeit beim Klienten müßte gezielt untersucht werden. Dabei ist zu beachten, daß erstrebtes und erreichtes Ergebnis keineswegs identisch sein müssen.

Die Untersuchung

Die Stichhaltigkeit dieser Hypothesen habe ich in einer ersten, sehr fragmentarischen Untersuchung ansatzweise zu prüfen versucht. Sie erhebt nicht den Anspruch, wissenschaftliche Kriterien zu erfüllen und will zunächst nur vage Fragen etwas gezielter und konkreter formulieren und Vermutungen darüber begründen, wie Antworten darauf aussehen könnten.

Ich habe in vier ausführlichen Interviews Klientinnen über ihre Erfahrungen mit sechs Therapeutinnen bzw. Therapeuten befragt. Daß ich mich auf Klientinnen beschränkt habe, hat rein praktische Gründe.

Die Zugehörigkeit der Therapeuten/Therapeutinnen zu verschiedenen therapeutischen Richtungen war dem Zufall überlassen.

Ergänzt habe ich das Material aus der Literatur. Ich habe drei Bücher ausgewählt, in denen Betroffene ihre eigene Therapie schildern, und zwar:
- Marie CARDINAL: "Schattenmund" (1979),
- Dörte von DRIGALSKI: "Blumen auf Granit" (1980) und
- Tilman MOSER: "Lehrjahre auf der Couch" (1974).

Mit MOSER ist auf der Seite der Betroffenen doch noch ein Mann in die Untersuchung hineingenommen worden.

Als Instrument für die Untersuchung benutzte ich einen Katalog von 38 offenen Interviewfragen, in denen ich den äußeren Rahmen der Therapiestunden (zum Beispiel: "schildere Begrüßung und Verabschiedung") ebenso zu erfassen suchte wie geschlechtsbezogene Wertungen, Klima während der Stunden, die Art der Beziehung, den Umgang mit Emotionen (zum Beispiel: "Bis du mal während einer Stunde in Tränen ausgebrochen, wie reagierte er/sie darauf?"), die Abgrenzung vom Privaten und den Umgang mit Regeln (zum Beispiel: "Was passierte, wenn ihr kurz vor Schluß auf ein brennendes Thema kamt?").

Das von CARDINAL, von DRIGALSKI und MOSER geschilderte Therapeutenverhalten habe ich versucht, an den gleichen in den Interviews verwendeten Fragen zu messen.

Ich erhielt so Verhaltensskizzen von fünf Therapeutinnen und fünf Therapeuten mit in der Mehrzahl psychoanalytischer Ausrichtung (3 Frauen, 4 Männer).

Wie interessant und vielseitig zum Teil die Antworten auf diese Fragen waren, möchte ich auch nur an zwei Beispielen zeigen: Auf die Frage, ob sie einmal während der Stunden in Tränen ausgebrochen sei, berichtete eine Frau, wie ein Psychoanalytiker sie durch eine sehr emotionslos-distanzierte Nachfrage geradezu schockiert habe, so daß sie über ihre Gefühle überhaupt nicht mehr sprechen konnte. Eine andere berichtet, ihre (nicht analytisch orientierte) Therapeutin habe sie auf den Schoß genommen.

Ebenso breit streuen die Berichte zur Frage nach Begrüßung und Verabschiedung. Spricht die eine von häufigen, unkonventionellen Umarmungen, berichtet eine andere: "Wie sie mich zum Beispiel begrüßt - wie 'ne Maschine, fürchterlich! Sie macht immer die Tür auf, streckt mir weit den Arm entgegen und lächelt immer mit dem gleichen Lächeln - 'Guten Tag' -, ich habe immer das Gefühl, als erstes hält sie mich auf Distanz, in der Haustür schon."

Nimmt man die Information hinzu, daß im Zimmer der zuletzt Zitierten, einer Analytikerin, ein großer Kaktus stand, an dem sich die Patientin, hätte sie gegen die Regeln verstoßen wollen, während der Stunden hin- und herzugehen, sich zu stechen fürchten mußte, dann wird wohl deutlich, ein wie interessantes Untersuchungsgebiet sich hier gleichsam nebenbei noch auftut. Wie gestalten Therapeuten und Therapeutinnen die Rahmenbedingungen der Therapie - was drücken sie damit aus und was bewirken sie damit?

Die Ergebnisse

Wie der Bericht über die Analytikerin mit dem langen Arm und dem Kaktus im Zimmer schon anzeigt, war das Ergebnis im Sinne der Hypothesen keineswegs eindeutig.

Es erwies sich, daß die Therapiemethode doch einen stärkeren Einfluß zu haben scheint, als angenommen wurde, also die vermuteten geschlechtsspezifischen Unterschiede stark überlagert.

Ob sich die Therapeutinnen und Therapeuten eher von der Situation als von der Methode leiten ließen, ob sie Privatleben und Therapie streng trennten, schien eher von der Methode als vom Geschlecht abhängig zu sein - die Analytikerinnen und Analytiker waren durchwegs strikter als die übrigen.

Es fällt besonders auf, daß alle drei Analytikerinnen als karg, langweilig, wenig sympathisch beschrieben werden, im Gegensatz zu den beiden Therapeutinnen anderer Schulen, auf die die aufgestellten Hypothesen voll zutreffen.

Bei den Analytikern dagegen ist die Varianz größer: von trocken und mitleidlos bis mütterlich, aber ohne Ehrgeiz.

Trotzdem besteht bei allen Männern, wie sie ihre therapeutische Rolle auch interpretieren, der Eindruck, sie fühlten sich im Einklang mit ihrer männlichen Rolle. Bei den Frauen ist das nur bei den beiden Nicht-Analytikerinnen der Fall. Die drei Analytikerinnen werden entweder als traurig, unsicher oder als "Zwitterwesen" bezeichnet.

Ich stelle deshalb die Hypothese auf, daß die psychoanalytische Methode auf Analytikerinnen noch eine andere Wirkung hat als auf Analytiker.

Mögliche Erklärungen hierfür finden sich im besonderen Charakter der Psychoanalyse. Sie entstand zu einer Zeit streng patriarchalischer Strukturen und beinhaltet eine sehr konservative Sicht der weiblichen Rolle. Sie hat keinen Platz für selbstbewußte, innovative Frauen, die schnell als "phallisch" abgewertet werden. Ich verweise hierzu auf Aufsätze von Margarete MITSCHERLICH-NIELSEN (1982) und Christa ROHDE DACHSER (1985).

Außerdem entstand die Psychoanalyse mehr als jede andere Therapiemethode unter Bedingungen des reinen Marktes, gesteuert von Angebot und Nachfrage, ohne Möglichkeit der Kassenabrechnung. Eigenheiten, die von diesen Bedingungen her erklärbar sind, wurden und blieben unabdingbare Elemente der Methode. Das Verhältnis zwischen Patient und Analytiker wurde als rein berufliches definiert.

Dazu verweise ich auf einen Aufsatz von H. J. WILKENING (1978).

Es ist nicht verwunderlich, daß Frauen vergangener Jahrzehnte, die sich zu Psychoanalytikerinnen ausbilden ließen, aufgrund ihrer spezifischen Sozialisation mit einer so stark vom Beruflichen geprägten Methode nicht authentisch umzugehen vermochten. Sie mußten entweder ihr Selbstverständnis als Frau oder ihre Treue zur psychoanalytischen Methode verraten und bezahlten wohl beides mit Verunsicherung.

Männliche Analytiker, so jedenfalls mein Eindruck, finden auch innerhalb dieser rigiden Methode noch Möglichkeiten, sie kreativ zu verändern, bis sie ihrer persönlichen Eigenart entspricht, ohne ihre männliche Identität dabei zu gefährden.

Für Erklärungsversuche könnten auch Begriffe und Erkenntnisse der Sozialpsychologie herangezogen werden. Wie reagieren Menschen, wenn sie sich einander widersprechenden Rollendefinitionen und Rollenerwartungen ausgesetzt fühlen?

Aber trotz dieses - meine anfänglichen Hypothesen überlagernden - Ergebnisses, die besondere Situation von Psychoanalytikerinnen betreffend, fanden sich doch auch einige Zusammenhänge, wie ich sie vermutet hatte:

Alle Männer wurden von den Klientinnen höherrangig erlebt, aber auch der männliche Analytiker vom (einzigen) Mann MOSER. Hier mischten sich offenbar das Autoritätsgefälle unter den Geschlechtern mit einem typischen Anspruch der Analytiker.

Unter den Frauen war das Autoritätsgefälle geringer. Es wurde teils auf die Fachkompetenz beschränkt, teils wurde betont Gleichrangigkeit erlebt, einmal eher eine Unterlegenheit attestiert.

Bei vier Therapeutinnen, aber nur bei einem Therapeuten wurde angenommen, sie hätten wahrscheinlich die gleichen Schwierigkeiten wie die Klientinnen - das mag allerdings auch daher rühren, daß diese Aussagen alle von Frauen kamen.

Es fanden sich einige Hinweise darauf, daß Frauen stärkere emotionale Resonanz zeigen als Männer, auch mehr darauf bedacht sind, die Gefühle der Klientinnen anzunehmen und nicht zu verletzen. Das stützt die Hypothese, daß Frauen mit eigener Betroffenheit offener und geübter umgehen und auch deshalb leichteren Zugang zu den Gefühlen der Klientinnen haben.

In meinem Material ist dreimal davon die Rede, daß sehr harte, kränkende "Ohrfeigen" ausgeteilt wurden, ohne daß die Austeilenden zu begreifen schienen, wie schwerwiegend das, was sie da ohne sichtbare emotionale Beteiligung sagten, die Adressatin traf. In allen drei Fällen waren die Austeilenden Männer.

Durch mehrere Hinweise wird auch die Hypothese gestützt, Männer fürchteten sich vor zu großer emotionaler Nähe. Sie versuchten sich dann auf ihren höheren Rang zurückzuziehen, verschanzten sich hinter methodischen Fragen oder wurden einfach begriffsstutzig.

Es verstärkte sich der Eindruck, daß Frauen in Konfliktfällen eher auf mitmenschlich Naheliegendes zurückgreifen (zum Beispiel eine weinende Klientin auf den Schoß nehmen), während Männer die Lösung eher in der Methode, in Normen oder Regeln suchen.

Meine eingangs aufgestellte Hypothese, daß mehr Nähe nicht mehr Abhängigkeit bedeutet, erhalte ich aufrecht. Die Klientinnen mit der größten emotionalen Nähe in ihrer Therapie schilderten eine leichte und problemlose Ablösung, während zwei andere nach sehr distanzierter Therapie von sehr starker Abhängigkeit berichteten.

Wenn sich die Behauptung von der anderen Therapie, die Frauen machen, beweisen ließe, wäre eine weiterführende Frage, wie denn Klienten und Klientinnen auf diese geschlechtstypischen Unterschiede reagieren. Ist eine Art der anderen grundsätzlich vorzuziehen? In meiner Arbeit reagieren alle Klientinnen sehr positiv auf emotionale Nähe und Anteilnahme, suchen auch alle nach dem Persönlichen im Therapeuten. Und auch der Mann MOSER verhehlt letztlich nicht, wie angenehm es ist, hinter der "Maske" den Menschen zu erleben. Keiner, außer vielleicht dem Analytiker MOSER, sieht in Nähe und persönlichem Engagement ein Hindernis für den Therapieerfolg. Eher wird oft die unpersönliche Kälte als hinderlich erlebt.

Oder gibt es bestimmte Personengruppen, bestimmte Störungen, die "weiblichen" Methoden zugänglicher sind? Ob vielleicht Therapeutinnen mit so fundamentalen Störungen wie Schizophrenie oder Autismus, die ein eher ganzheitliches Verstehen und Reagieren verlangen, besser umgehen können als Therapeuten?

Frühere Untersuchungen

Der Versuch einer Zusammenstellung aller bisherigen Arbeiten über den Einfluß des Geschlechts auf das therapeutische Verhalten ergab eine beachtliche Liste, fast ausschließlich mit Untersuchungen aus den USA. Doch ist die Fragestellung oft recht oberflächlich, summativ, die Ergebnisse entsprechend nichtssagend oder widersprüchlich.

Sehr oft handelt es sich um Analogstudien aus dem universitären Raum, deren Übertragbarkeit auf die therapeutische Alltagspraxis fraglich ist.

Interessant ist eine Arbeit von PERSONS, PERSONS und NEWMARK (1974). 93 studentische Klientinnen und Klienten von selbst noch in Ausbildung befindlichen Therapeutinnen und Therapeuten an der Beratungsstelle eines Colleges sollten auflisten, was am Therapeutenverhalten ihnen hilfreich war und was nicht. Erst bei der Auswertung ergab sich, daß das Geschlecht des Therapeuten dabei eine wesentliche Rolle spielte.

Klientinnen fanden Therapeutinnen sehr viel hilfreicher, Klienten waren aufgeschlossener für männliche Therapeuten. Außerdem schätzten beide an ihren Therapeutinnen und Therapeuten unterschiedliche Verhaltensweisen als hilfreich ein.

Effektiver, weil viel differenzierter, ist eine Arbeit von ORLINSKY und HOWARD (1976), in der 10 Jahre vorher unter anderer Fragestellung gesammelte Daten ausgewertet wurden. Allerdings handelt es sich auch hier, wie bei fast allen Untersuchungen, um eine reine Erfolgsstudie, das heißt, gefragt wird nicht nach geschlechtsspezifischen Eigenheiten im Therapieablauf, sondern danach, ob Männer oder Frauen mit ihrer Therapie erfolgreicher sind.

Ausgewertet wurden die Daten von 150 Klientinnen, die von 16 Männern und 10 Frauen behandelt worden waren.

Das statistisch nicht relevante Gesamtergebnis, daß Therapeutinnen erfolgreicher waren als Therapeuten, wurde nach Diagnose und Lebensdaten aufgeschlüsselt. Dabei ergab sich, daß Patientinnen mit Depressionen sich für das Geschlecht des Therapeuten als besonders sensibel erwiesen. Sie machten mit Therapeutinnen wesentlich bessere Erfahrungen, der Behandlungserfolg allerdings war bei beiden Geschlechtern gleich. Einen deutlichen Vorteil im Behandlungserfolg hatten dagegen Frauen mit Ängsten, die von Therapeutinnen behandelt wurden, und geradezu dramatisch war dieser Vorteil bei schizophrenen Frauen. (Dieses Ergebnis bestätigt meine Hypothese, daß Frauen mit dieser Störung besser umgehen können als Männer.)

Ebenso bedeutsam war die Aufschlüsselung nach Alter und Familienstand, in der junge alleinstehende Frauen, alleinstehende Frauen, junge Frauen mit Familie, Frauen mit Familie und alleinstehende Mütter unterschieden wurden. Alleinstehende Mütter profitierten als einzige mehr von männlichen Therapeuten, alleinstehende und junge alleinstehende Frauen profitierten am eindeutigsten von einer Therapeutin. Teilte man die Therapeutinnen und Therapeuten nach den erzielten Behandlungserfolgen in drei "Gütekategorien" ein, dann zeigte sich, daß die Streubreite unter den Männern größer war als unter den Frauen. (Das trifft sich wiederum mit einem Ergebnis meiner Arbeit.)

ORLINSKY und HOWARD glauben eine Erklärung dafür in der Berufserfahrung gefunden zu haben. Sie stellten fest, daß Therapeuten mit sehr viel Erfahrung den Therapeutinnen nicht nachstanden, daß aber schon Therapeutinnen mit mittlerer Berufserfahrung gute Behandlungserfolge hatten.

(Wenig erfahrene Therapeutinnen und Therapeuten gab es in der Studie nicht.) ORLINSKY und HOWARD zitieren eine Studie von KIRSHNER et al. (1979), die das gleiche Ergebnis hatte.

Dieses Ergebnis spricht für die Hypothese, daß die weibliche Sozialisation schon außerhalb der Therapieausbildung Fertigkeiten fördert, die männliche Therapeuten erst nach langer Berufserfahrung erwerben. Sehr aufschlußreich wäre es in diesem Zusammenhang, wenig erfahrene Therapeutinnen und Therapeuten miteinander zu vergleichen, bei denen dann der Unterschied verstärkt auftreten müßte.

Zu dem inhaltlichen Gesichtspunkt, was denn nun Therapeutinnen anders machen als Therapeuten, erscheint eine Arbeit von HOWARD, ORLINSKY und HILL (1969) besonders interessant.

60 Patientinnen wurden ebenso wie ihre 8 weiblichen und 11 männlichen Therapeuten über eine gewisse Zeit jeweils unmittelbar nach jeder Sitzung ausführlich über ihre Gefühle während der Sitzung befragt. Dabei ergab sich, daß Männer häufiger unangenehme oder "persönliche" Gefühle angaben (zum Beispiel geistesabwesend, enttäuscht, gelangweilt, sexuell angezogen). Das ließe sich so interpretieren, daß Männer eine größere Distanz erleben zwischen sich als Person und sich als Therapeut, und würde damit der von mir aufgestellten Hypothese entsprechen.

Setzte man die Empfindungen der Therapeuten zu denen der Klientinnen in Beziehung, so ergab sich zum Beispiel, daß Männer auf die quälende Selbstexploration von Klientinnen eher negativ reagierten, weniger warme Anteilnahme oder Besorgtheit zeigten als ihre Kolleginnen. Die Autoren interpretieren selbst, daß männliche Therapeuten in solchen Situationen eher professionell-technische Hilfestellung versuchen als emotionale Unterstützung.

Empfanden die Klientinnen passive Abhängigkeit, empfanden Therapeutinnen das eher als ihre Kollegen als bedrückend, quälend, antworteten mit dem Gefühl, einen Fehler gemacht zu haben.

Das trifft sich mit meiner Hypothese, daß Frauen eher eine egalitäre Therapie machen als Männer.

Zusammenfassend stellen die Autoren fest, daß Therapeutinnen sensibler auf die Gefühle der Klientinnen reagieren, mehr dieser Gefühle wahrnehmen und auch selbst mehr Gefühle ausdrücken als ihre männlichen Kollegen. Auch dies entspricht der von mir aufgestellten Hypothese.

Zwei Arbeiten sollen noch erwähnt werden zur Auswirkung solcher geschlechtsspezifischen Unterschiede auf Klienten beiderlei Geschlechts. FULLER (1963) fand, daß Klientinnen wie Klienten in ersten Sitzungen bei Therapeutinnen mehr Gefühle äußerten, GRANTHAM (1973) konstatierte, daß beide Geschlechter in Erstsitzungen bei Therapeutinnen mehr aus sich herausgingen als bei Therapeuten. Diese Ergebnisse legen den Schluß nahe, daß die andere Wirkung von Therapeutinnen nicht auf Klientinnen beschränkt ist, wie ORLINSKY und HOWARD nach ihrem Material für möglich halten, sondern daß die Reaktion beider Geschlechter recht ähnlich ist. (Andere Arbeiten, wie auch die zitierte von PERSONS, PERSONS und NEWMARK, widersprechen diesem Ergebnis.)

Zu meiner Hypothese, Therapeutinnen machten aufgrund ihrer Sozialisation eine eher egalitäre Therapie und brächten sich selbst und ihre Erfahrungen stärker in die Therapie ein, erscheint mir bemerkenswert, daß die feministische Therapie - nach einer Darstellung von Lucia ALBINO GILBERT (1980) - genau diese Verhaltensweisen als Forderungen erhebt. Diese sehr aktive Form der Therapie, die für sich beansprucht, Sozialisationsbedingungen von Frauen berücksichtigen und Defizite bewußt ausgleichen zu wollen, setzt auf Förderung der Autonomie der Klientinnen durch Verzicht auf den Expertenstatus und auf die Modellwirkung der Therapeutin.

ALBINO GILBERT zitiert mehrere Arbeiten zur Auswirkung dieser Strategien auf die Klientinnen, auf die ich verweise.

Durch die zitierten Untersuchungen kann als erwiesen gelten, daß Psychotherapie als lehrbare Methode vom Geschlecht und den dadurch erworbenen geschlechtsspezifischen Verhaltensweisen der Ausübenden nicht unabhängig ist, drängte sich dieser Unterschied doch selbst da auf, wo nicht ausdrücklich nach ihm gesucht worden war.

Belegbar ist, daß Therapeutinnen sensibler auf Gefühle reagieren, auch selbst mehr Gefühle äußern. Belegbar ist auch, daß sie in kritischen therapeutischen Situationen eher auf ihre Fähigkeiten zu emotionaler Anteilnahme zurückgreifen, während Männer eher nach professionell-technischen Hilfestellungen suchen, im übrigen aber zwischen Person und Profession stärker zu trennen versuchen.

Bestätigt wurde auch die Hypothese, daß Frauen eher zu egalitärer Therapie tendieren, passive Abhängigkeit von Klientinnen als negativ ansehen.

Zu einfach und nicht beweisbar wäre die globale Behauptung, Frauen machten eine bessere Therapie als Männer. Daß die andere Arbeitsweise aber bei unterschiedlichen Patientinnengruppen auch recht unterschiedliche Erfolge zeitigt, wurde eindrucksvoll bewiesen. Meine Hypothese hinsichtlich so tiefgreifender Störungen wie der Schizophrenie wurde dabei bestätigt.

Widersprüchlich dagegen sind noch die Ergebnisse dazu, ob sich männliches und weibliches Therapeutenverhalten auf männliche und weibliche Klienten gleich oder unterschiedlich auswirkt.

Weitere Untersuchungen wären sehr wünschenswert, doch sollten sie die Mängel der bisherigen bewußt zu vermeiden suchen.

Was müßten Untersuchungen zum Thema berücksichtigen?

Sehr viele der vorgefundenen Arbeiten sind Analogstudien aus dem universitären Raum. Das ist verständlich, weil das Untersuchungsmaterial besonders leicht statistisch handhabbar ist.

Die Ergebnisse jedoch sind oft unbefriedigend und widersprüchlich. Prüft man Literatur zur Therapieforschung (zum Beispiel PETERMANN 1977), so entsteht der Eindruck, daß hier aus einem erkannten Dilemma ein "typisch männlicher" Ausweg gesucht wird. Die mangelnde Greifbarkeit des Untersuchungsgegenstandes versucht man zu kompensieren durch eine Verfeinerung der Meßmethoden.

Nach meiner Überzeugung muß etwas so schwer Definierbares wie die therapeutische Beziehung viel ganzheitlicher, "weiblicher" angegangen werden, als das bisher geschah. Als Modell dafür verweise ich noch einmal auf Carol GILLIGAN (1984). Wie GILLIGAN die andere weibliche Moral darstellt und ableitet aus einem anderen Verständnis sozialer Beziehungen, dies anschaulich macht in den Bildern der Hierarchie und des Netzes, so dürften auch in der Therapieforschung nicht nur einzelne Verhaltenssequenzen statistisch abgezählt werden, sondern es müßte ein Bild entworfen werden, in dem sich eines auf das andere bezieht und aus dem anderen ergibt. Bei den in meiner Arbeit aufgestellten Hypothesen habe ich versucht, einem solchen Modell zu folgen.

Was fehlt, sind naturalistische Fallstudien mit praktisch tätigen Therapeuten und Klienten (beiderlei Geschlechts), die nicht nur im Universitätsmilieu angesiedelt sind.

Dabei erscheint es notwendig, sowohl nach der Therapiemethode zu differenzieren als auch nach dem Ausmaß an Therapieerfahrung. Besonders interessant wäre der Vergleich relativ wenig erfahrener Therapeutinnen und Therapeuten.

Geschlechtsrollenspezifische Einstellungen der Therapeutinnen und Therapeuten sollten erfaßt und in ihrer Wirkung auf das Verhalten untersucht werden.

Verweisen möchte ich noch einmal auf lohnende "Seitenzweige" meiner Arbeit, also auf Untersuchungen zu Themen wie:

- Das Selbstverständnis von Psychoanalytikerinnen im Konflikt zwischen weiblicher Sozialisation und männlich bestimmter Methode.
- Welche Rolle spielt das Setting, besonders Räumlichkeiten und Rituale? Was drücken sie aus, was bewirken sie, wie müßte man sie bewußter gestalten?
- Wie wirkt sich die "männliche" bzw. "weibliche" Vorgehensweise auf die Klienten aus? Wie ist die Auswirkung auf spezielle Klientengruppen?
- Welche Auswirkungen haben Distanz und Nähe auf den Prozeß und auf den Erfolg der Therapie?

Abschließend möchte ich zurückgreifen auf die von mir aufgestellte Hypothese, Therapeutinnen fühlten sich auf Grund erfahrener Diskrepanzen oft weniger selbstsicher in ihrer Profession als ihre männlichen Kollegen. Dieser Mangel an Selbstwertgefühl hat offensichtlich keine Begründung im Erfolg ihrer Arbeit. Es ist an der Zeit, daß Frauen aufhören, sich einzwängen zu lassen in von Männern erfundene Therapiemethoden, in denen sie dann mit schlechtem Gewissen alles mögliche "falsch" machen. Sie sollten beginnen, die therapeutische Beziehung bewußt und aktiv anders zu gestalten.

Literaturverzeichnis

ALBINO GILBERT, Lucia: Feminist Therapy. In: Brodsky, Hare-Mustin (Hg.): Women and Psychotherapy, Guildford, New York 1980

BAKER-MILLER, Jean: Die Stärke weiblicher Schwäche, Fischer, Frankfurt/M. 1979

BILDEN, Helga: Geschlechtsspezifische Sozialisation. In: Hurrelmann, Ulich (Hg.): Handbuch der Sozialisationsforschung, Beltz, Weinheim/Basel 1980

CARDINAL, Marie: Schattenmund, Rowohlt, Reinbek 1979

DRIGALSKI, Dörte von: Blumen auf Granit, Ullstein, Frankfurt/M., Berlin, Wien 1980

FULLER, F.: Influence of sex of counselor and of client on client expressions of feeling. In: Journal of Counseling Psychology, 1963, 10, 34-40

GILLIGAN, Carol: Die andere Stimme, Piper, München/Zürich 1984

GRANTHAM, R. J.: Effects of counselor sex, race and language style on black students in initial interviews. In: Journal of Counseling Psychology, 1973, 20, 553-559

KIRSHNER, L. A.; GENACK, A.; HAUSER, S. T.: Effects of gender on shorttherm psychotherapy. In: Psychotherapy: Theory, Research, and Practice, 1979, 15, 158-167

MARECEK, Jeanne; JOHNSON, Marilyn: Gender and the Process of Therapy. In: Brodsky, Hare-Mustin (Hg.): Women and Psychotherapy, Guildford, New York 1980

MITSCHERLICH-NIELSEN, Margarete: Gibt es einen Unterschied in der Identität von männlichen und weiblichen Psychoanalytikern? In: Psyche, 1982, 3, 267-276

MOSER, Tilmann: Lehrjahre auf der Couch, Suhrkamp, Frankfurt/M. 1974

ORLINSKY, D. E.; HOWARD, K. I.; HILL, J. A.: The therapist's feelings in the psychotherapeutic process. In: Journal of Clinical Psychology, 1969, 25, 83-93

ORLINSKY, D. E.; HOWARD, K. I.: Gender and psychotherapeutic outcome. In: Brodsky, Hare-Mustin (Hg.): Women and Psychotherapy, Guildford, New York 1980

OSTNER, Ilona; BECK-GERNSHEIM, Elisabeth: Mitmenschlichkeit als Beruf, Campus, Frankfurt/M. 1979

PERSONS, R. W:; PERSONS, M. K.; NEWMARK, I.: Perceived Helpful Therapists' Characteristics, Client Improvements and Sex of Therapist and Client. In: Psychotherapy: Theory, Research and Practice, 1974, 11, 63-65

PETERMANN, Franz (Hg.): Psychotherapieforschung, Beltz, Weinheim/Basel 1977

REPORT of Task Force on Sex Bias and Sex-Role Stereotyping in Psychotherapeutic Practice. In: American Psychologist, Dec. 1975, 1169-1175

ROHDE-DACHSER, Christa: Frauen als Psychotherapeuten. Das Janusgesicht der Emanzipation im Helfer-Milieu. In: Frühmann, Renate (Hg.): Frauen und Therapie, Jungfermann, Paderborn 1985

SEIDERER-HARTIG, Monika: Beziehung und Interaktion in der Verhaltenstherapie, Pfeiffer, München 1980

SHERMANN, Julia A.: Therapist Attitudes and Sex-Role Stereotyping. In: Brodsky, Hare-Mustin (Hg.): Women and Psychotherapy, Guildford, New York 1980

WILKENING, Hans J.: Das Psychotherapeut-Patient-Verhältnis als berufliche Beziehung. In: Keupp, Zaumseil (Hg.): Die gesellschaftliche Organisierung psychischen Leidens, Suhrkamp, Frankfurt/M. 1978

ZIMMER, Dirk (Hg.): Die therapeutische Beziehung, Edition Psychologie, Weinheim 1983

Andrea Hettlage-Varjas

KEIN LEICHTER UMGANG MIT DER SCHWIERIGEN EMANZIPATION

ANALYTIKERIN UND ANALYSANDIN AUF DER SUCHE NACH SELBSTVERWIRKLICHUNG

1. Selbstverständnis ist nicht selbstverständlich

Als ich vor vielen Jahren anläßlich einer Praxiseinweihung von einem Kollegen begrüßt wurde, klopfte er mir mit väterlich anerkennenden Worten auf die Schulter: "Ach, Sie gehören zum Daig." (1) Die damalige Antwort lautete: "Nein, ich bin eine Rosine darin." Glückliche Einfachheit, klare Rollendefinition! Seither hat sich der lange Marsch auf dem Wege der Emanzipation mit seinen widersprüchlichen Gesichtern über meine schöne duale Ordnung gestülpt.

Auf der Suche nach Selbstvergewisserung als Psychoanalytikerin begegnete ich in ausgezeichneten Veröffentlichungen von Wissenschaftlerinnen und Wissenschaftlern "Reichtum und Vielseitigkeit", "Intensität und Leidenschaftlichkeit" (FREUD) weiblicher Sexualität auf der einen Seite und "Weiblichkeit als Kulturbarriere" (NADIG) auf der anderen Seite (2). Ihre Portraits von typischen Frauen aus dem 20. Jahrhundert verdichteten sich mit den Werken und Lebensgeschichten von Schriftstellerinnen. Ich denke zum Beispiel an Christa WOLF, die das Bestreben der Frau nach "Zersetzen der kulturell-konventionellen Sicherheiten" (3) mit meisterhaft psychoanalytischer Hand dargestellt hat. In "Kein Ort. Nirgends" läßt sich Heinrich KLEIST (4) zu seinem Seelenarzt sagen: "Das Unglück, Herr Hofrat, von Bindungen abzuhängen, die mich ersticken, wenn ich sie dulde, und die mich zerreißen, wenn ich sie löse." Ich weiß nicht, ob die Autorin KLEIST und GÜNDERODE als Protagonisten auswählt, um die eigene schmerzvolle Dissonanz gestaltend zu bannen? Ich weiß auch nicht, ob wir Psychoanalytikerinnen mit Hilfe unserer Gegenübertragung auf die geheimen Wünsche unserer Patienten horchen, um unserer eigenen Fragmentierung zu entgehen. Sind wir tatsächlich empathischer als unsere männlichen Kollegen, die falls sie sich mit großer teilnehmender Aufmerksamkeit für die Traumatisierungen ihrer Patienten öffnen, mütterlich genannt werden? Oder erliegen wir Frauen ausgerechnet den Verführungen unserer Patientinnen? Während unsere Kollegen ihren Patienten gegenüber ihr Anderssein betonen, fallen wir in unsere weibliche Schwäche, in die Empathie-Falle? Ich frage mich weiter, ob wir die Analysierbarkeit jedes Menschen, sofern er sich in Behandlung begibt (5), unterstreichen, damit wir selbst nicht aufhören, zu hoffen, weiterzuleben, weiterzuanalysieren, weiterzuschreiben, weiterzulieben und der omnipotenten Mutteranalytikerin in uns zum Trotz weiterzulachen.

Deftiger Humor, ein Schuß Manie und eine tüchtige Portion Zorn sind eine Alternative, die ebenfalls aus der widersprüchlichen Existenz der Frau hinausführt. Ich denke dabei an die frechen Bilder der Malerin Elvira Bach. Ihr lakonisches Fazit lautet: "Als Gott Adam schuf, hat sie nur geübt."

Allerdings fällt die Identitätsbildung für die Psychoanalytikerin selten so eindeutig aus, daß sie die Erwartung der Profession nur erfüllt, wenn sie sich laufend selbst in Frage stellt und dieses Tun emotional hoch besetzt.

Eine Psychotherapeutin formulierte den Widerspruch zwischen professionellen und weiblichen Normen wie folgt: "Seit ich mich erinnern kann, wurde ich dafür gelobt, logisch denken zu können, handwerklich geschickt zu sein. Ich arbeite gern, möchte die Beste sein und ich glaube, daß ich es auch häufig bin. Mit meinem Beruf als Therapeutin bin ich sehr zufrieden. Ich genieße den Erfolg, obwohl ich dafür einen großen Einsatz leiste. Unter meiner Geschlechtsrolle habe ich wenig gelitten, weil in meiner Arbeit Kompetenz irgendwelchen weiblichen oder männlichen Stereotypien vorgeht. Wenn es nötig ist, kann ich schon einmal diplomatisch sein und so tun, als wäre ich ein bißchen unschuldig und dumm. Ich denke, daß wir Frauen häufig vom Leid unserer Patienten ergriffener sind als unsere männlichen Kollegen, uns damit aber auch mehr Arbeit aufladen. Da ich allein lebe, brauche ich berufliche Bindungen und Gemeinsamkeiten. Vielleicht habe ich Angst zu vereinsamen. Beruflich fühle ich mich anerkannt und weiß, daß mich Kollegen und Kolleginnen schätzen. Bloß wird mir immer wieder beigebracht, daß ich keine Frau sei. Neulich sagte mir ein Kollege, er würde gern mit Frauen zusammenarbeiten, aber diese Frauen müßten echte Frauen sein und nicht erfolgreiche! Mein Dilemma ist, daß ich eine ideale Therapeutin, ein guter Kumpel und eine gefürchtete Frau geworden bin."

Der Standort dieser Ärztin ist ohne Illusion. Sie spricht mit eigenen Worten die Erfahrungen von vielen Erfolgreichen aus. Helge PROSS: "Berufsfrauen werden respektiert, mütterliche Frauen ersehnt. Sie verkörpern die wahre Frau." (6)

Psychologinnen und Ärztinnen, die ich über die weibliche Rolle befragt habe, waren sich darüber einig, daß die Karrierefrau sich gegenüber ihren männlichen Kollegen doppelt durchsetzen und qualifizieren müsse, um nicht als vierfache Versagerin zu gelten: als Berufsfrau und Liebesfrau, in den Augen der anderen und in den eigenen Augen.

Um die Verhältnisse zu veranschaulichen, möchte ich hier auf das häufig beklagte Phänomen, daß Therapeutinnen sich auf wissenschaftlichen Tagungen selten mit einem Referat zu Wort melden, eingehen (7). Der Grund liegt meiner Meinung nach hauptsächlich darin, daß sie wegen Rollenkonflikten innerhalb und außerhalb der professionellen Existenz in wichtigen institutionellen Positionen zahlenmäßig untervertreten sind.

Die frei praktizierende Therapeutin muß jede Stunde, die sie der Wissenschaft widmet, selbst finanzieren. Unter der Bedingung, daß sie zu jenen gehört, deren Praxis "läuft", bleibt ihr zuwenig Zeit und Energie, um ihre Erkenntnisse noch einem weiteren Publikum zugänglich zu machen. Handelt es sich bei diesem Typus von Frau auch um jenen, der Wert darauf legt, seine als typisch weiblich qualifizierten Eigenschaften und Handlungen zu fördern (Mutter-Sein, Pflege von familiären und Freundesbeziehungen, Kochen, Gartenarbeit, Tanzen, etc.), bezahlt er das weibliche Engagement mehrfach:

1. Prinzipiell erfordert der Analytiker-Beruf eine lebenslange Lernmotivation und Lernaktivität, die auch Teile der Freizeit beanspruchen. Um sich dauerhaft Freude an seiner durchaus mit Entsagung und Isolation verbundenen Tätigkeit zu erhalten, muß der Analytiker sein Lernverhalten und seine Bereitschaft, immer neue Einsichten zu gewinnen, libidinös hoch besetzen. "Kein Analytiker darf hoffen, seine Patienten über jenen Punkt hinaus zu begleiten, bis zu dem er sich selbst in Frage zu stellen vermag." (FREUD)
2. Diese Überlegung gilt für Analytikerinnen in ganz besonderem Maße, daß die psychoanalytische Literatur ja nur sporadische Aussagen und Erkenntnisse über den "schwarzen Kontinent" der weiblichen Psyche bereithält.

Sie müssen sich zunächst einmal in intensivem Studium darum bemühen, diese Mängel auszugleichen und die Erkenntnisse für ihre eigene Situation geradezubiegen.

3. Dabei kommt es zu der in Frauenkreisen allgemein bedauerten interaktionistischen Spaltungstendenz in den eigenen Reihen. Diejenigen Analytikerinnen, die zu dem genannten Mehraufwand bereit sind, und/oder die es sich aufgrund ihrer inneren und äußeren Situation leisten können, etablieren ein eigenes Kontaktnetz (Vorträge, Arbeitsgruppen, persönliche Kontakte), das wiederum "die anderen" von ihnen abspaltet. Es klingt paradox: Aber nun bezeichnet die Gruppe der Außenseiterinnen die Gruppe der Insiderinnen als phallisch, wirft ihr vor, den Rest der Frauen als minderwertig zu verraten und sich exhibitionistisch an die Männer anzubiedern.
4. Um das Paradox zu vervollständigen: Gerade die als maskulin perzipierten Frauen sind es nun, die wegen ihres größeren Engagements in der Fachöffentlichkeit nicht zuletzt bei den feministischen Kreisen und in der gesamten Profession einen höheren Status und mehr Prestige besitzen. Das wirkt sich wiederum auf den Erfolg der Praxis aus, dergestalt, daß die Insiderinnen sich die interessanten Fälle (und die interessanten Feministinnen) zuspielen. Es ist jedermann einsichtig, daß hierin eine der Wurzeln der Spaltung innerhalb des Frauenmilieus zu suchen ist. Auch dieses ist nicht frei von klientären Abhängigkeiten, Neid, Profilierungssucht, einem harten Kampf um die Finanzen und dem "survival of the fittest".
5. Es ist interessanterweise auch diese Gruppe der finanziell und narzißtisch abgesicherten Analytikerinnen, die es sich leisten kann, sich gegenüber männlichen Kollegen zu profilieren, eigene Anschauungen zu verteidigen und insgesamt ihre Unabhängigkeit von "den Vätern" zu dokumentieren. Die Außenseiterinnen unter den Analytikerinnen müssen wie eh und je in der Wartestellung verharren. Frau mag es beklagen, aber es werden vermutlich auch die Bücher der Insider-Analytikerinnen sein, die die Krise des Buchmarktes überdauern und als "Klassikerinnen" ihren Rang behalten werden, wenn der Frauenboom abgeflaut sein wird. Erfolg schafft sich seine eigene Öffentlichkeit. Hingegen verschafft sich Verzicht nur in den seltensten Fällen eine wirksame Gegegenöffentlichkeit.

Diejenigen, die sich aus dem masochistischen Jammertal herausgearbeitet haben, werden an den bisweilen larmoyanten Selbstbemitleidungen der Verzichtleistenden auch nicht mehr teilnehmen wollen. Von der Schriftstellerin erwarten wir, daß sie unserem Leiden eine Sprache verleiht, von der Analytikerin hingegen, daß sie uns hilft, die Leiderfahrung umzusetzen.

Man könnte meinen, daß wir mit diesem Typus der erfolgreichen Frau und Analytikerin bei einem Weg der Konfliktbewältigung angelangt sind, sich der bestehenden Ordnung anzupassen und das individuelle Verständnis nach einer Vielfalt von Möglichkeiten hinten anzustellen. Leserinnen, die zu den Öffentlichkeitsorientierten gehören, werden wissen, daß etwas davon richtig, die ganze Komplexität des Selbst-Verständnisses aber nicht erfaßt ist. Obwohl zugegeben werden muß, daß die Berufsidentität auch über Anpassungsleistungen an die bestehenden Berufsrealitäten erkauft wurde, ist doch nicht zu übersehen, daß die Anstrengungen, ein neues Frauenbild zu verankern, nicht ohne Spuren und Spannungen geblieben sind. Der Spalt, der die Gruppe "frauenbewegter" Analytikerinnen in "Karriere-Frauen" und "Frauen-mit-Karriereknick" trennt, entspricht auf der einen Seite der übergeordneten Berufswelt allgemein, auf der anderen Seite aber den Konfliktneigungen jeder einzelnen von uns. Im Kampf zwischen Realität und utopischem Bewußtsein, diese zu transzendieren, pendeln wir zwischen den verschiedenen Lösungsversuchen hin und her: Entsprechend unseren Erfahrungen, in bezug zum jeweils spezifischen inneren und äußeren Standort verleugnen wir unsere verbotenen Wünsche einmal aus der Angst heraus, die Zuwendung unserer Mitmenschen zu verlieren, ein anderes Mal aus Selbstschutz, um nicht verletzt oder gar zerstört zu werden. Die Selbst-Findung führt auf verschiedene Wege und Abwege: in die innere Emigration und Sprachlosigkeit, in Selbstgenügsamkeit, in Idealisierung des Frauseins, in Opportunismus und in Entschlossenheit zur Rollenfreiheit in einer Gesellschaft, in der wir produzieren und nicht re-produzieren wollen.

Diese Wechselbewegung zwischen Selbstverständigung und Anpassung an gesellschaftliche Forderungen, in die wir Analytikerinnen täglich eingespannt sind, müssen wir uns vor Augen halten, wenn wir unsere Übertragungs-Gegenübertragungsbeziehungen mit unseren Analysandinnen durcharbeiten und unsere Konzepte davon ableiten. Weiblichkeit und moderner (Berufs-)Erfolg stehen in einem besonderen emanzipatorischen Spannungsverhältnis. Die Spaltung in einen Strom allgemeinen Geschehens und in einen der individuellen Entwicklung, das Sich-Überschneiden der beiden Kräfte, Sich-Hemmen und Sich-Vorwärtsstoßen, machen das Grundmuster weiblicher Professionalität aus.

Im folgenden geht es mir darum, den Blick auf individuelle Lösungsversuche und deren eventuellen Sinn zu richten, darauf aufmerksam zu machen, wie Frauen mit erfolgreichen Selbstentwürfen von der frühen Kindheit bis zur unendlichen Sozialisation Aspekte der Autonomie in der psychischen Entwicklung zu Lasten eines sich selbst zugestandenen inneren Raumes für Weichheit, Schutzbedürftigkeit und Passivität überbesetzen. Schließlich ist es meine Absicht, am Beispiel einer klinischen Vignette einem gängigen Paradox in den analytischen Beziehungen zwischen Analytikerinnen und Analysandinnen nachzugehen. Ich meine damit die befremdend-kindlich anmutenden idealisierenden Vorgänge, die in den Analysen von Fachfrauen geradezu einen Topos bilden.

Das Ensemble der sprechenden Person soll die Dialektik zwischen Adaptions- und Befreiungsversuch an die und von der weiblichen Wirklichkeit konkretisieren.

2. Zum Selbstbild der Ich-Stärke

Es ist nicht nur ein formaler, sondern ein strukturell-existentieller Gesichtspunkt im Leben von Berufsfrauen, daß sie gelernt haben, sich hart in den Griff zu nehmen. So erstaunt es auch nicht, daß dieser Typus von Analysandin zu Beginn der Analyse seine Erwartungen an die Analytikerin stark kontrolliert und alles, was den Stallgeruch von Abhängigkeit an sich trägt, aus der Beziehung herausfiltert. Intellektualität und Emotionalität werden eingesetzt und zugelassen, wenn sie dem Selbstbild der Ich-Stärke entsprechen. Aspekte von Intellektualität und Emotionalität hingegen, die überwiegend als Schwäche erfahren werden, lösen brennende Schamgefühle aus. Fähigkeiten, die Dinge in der Umwelt in die Hand zu nehmen, sich ihrer zu bemächtigen, sich zu behaupten und aktive Veränderungen außerhalb des eigenen Ichs zu bewirken, stehen hoch im Kurs. Die ungerichteten Triebregungen des Es manifestieren sich vor allem an den sado-analen und phallisch-narzißtischen Libidoentwicklungen und Ich-Funktionen. In-sich-hereinfließen-lassen, verschmelzen, werden parallel zu den entsprechenden Libidobesetzungen - Sehnsucht nach der Mutter-Kind-Beziehung der Übergangsphase, Regression und Trauerprozeß als Resultat eines Objektverlusts - aus dem eigenen Leben verbannt und entsprechend verachtet (8, 9).

Keineswegs soll behauptet werden, daß erfolgreiche Frauen symbiotische Beziehungen mit nicht "ausreichend guter Bemutterung" (WINNICOTT) assoziieren. Im Gegenteil, sie verbinden häufig Selbstvertrauen und Zivilcourage mit Phantasien, die den Glauben ihrer Kollegen, "der uneingeschränkte Liebling der Mutter" (FREUD) gewesen zu sein, sehr nahe rücken. Trotzdem ist die Überzeugung, von der Mutter wiederholt lustvolle Befriedigung erfahren zu haben und die Mutter befriedigen zu können, von Ambivalenzen getrübt. Skepsis gegenüber einer guten, ich-unterstützenden Umwelt, Mißtrauen gegen die gute Brust, gegen den guten Penis, sind als Deffizienzerscheinungen in der Selbst- und Objektrepräsentanz verankert.

Weshalb?

1. In der frühen Kindheit identifizieren sich Knabe und Mädchen mit der Allmacht und mit der Liebe der Mutter (10). Der Knabe kann sich seiner Liebesbeziehung länger naiv überlassen, weil ihm körperliche Geschlechtsmerkmale und männliche Kulturforderungen gleichzeitig helfen, sein Selbst von dem Nicht-Selbst der Mutter abzutrennen. Bei beginnender Individuation und Ablösung entfallen beim Mädchen die entsprechenden Schutzfunktionen des Körpers und der Tradition, es muß die "Des-Identifikation" (MITSCHERLICH-NIELSEN) sozusagen aus eigenen Kräften leisten.
2. Das Mädchen muß der Verinnerlichung mütterlicher Haltungen trotzen, weil es die gleichgeschlechtliche Beziehung zur Mutter dazu prädestiniert, die Mutter in der analen Phase als besonders eindringend, sich ihres Körperinneren bemächtigend, ihr einmaliges Geschlecht bedrohend zu erleben. Gerade weil das Mädchen aufgrund der guten symbiotischen Erfahrung die Mutter liebt und Angst hat, ihre Liebe zu verlieren, ist sein Bedürfnis, den Haß auf die Mutter offen zu zeigen, erschwert. Die Identifikation mit dem Vater schafft zwar einige Distanz und erleichtert es dem Mädchen, die Illusion, *die* Liebespartnerin der Mutter zu sein, nicht vorzeitig zu entzaubern. Gleichzeitig aber bringt es diese gleiche Annäherung an den Vater in körperlich gefährliche Wiederannäherung an die Mutter. Daraus resultiert meiner Meinung nach eine trotzig anmutende Haltung sehr früher eigener Wertorientierungen und eine entsprechende (Über-)Betonung autoerotischer Triebhandlungen. Sie unterstreichen die autonome Funktion des Ichs und legen den Grundstein für ein späteres Identitätsgefühl, wie: "Ich habe mich selbst erzogen." –

"Weil ich mir selbst Lust verschaffen kann, mir meine Wünsche erfüllen kann, bin ich und weiß, wer ich bin." "Wenn ich andere an meinen Ängsten teilnehmen lasse, bin ich nicht mehr fähig zu kämpfen, das heißt, mich von dem Bild der Mutter abzugrenzen."

3. Kinder werden bereits in der präödipalen Entwicklungsphase auf biologische und psychosoziale Geschlechterrollen der Eltern aufmerksam und verbinden beide miteinander. Dabei macht das Mädchen die dramatische Erkenntnis, daß die Mutter-Frau ein Doppelgesicht hat: Sie ist als Mutter mächtig, in der patriarchalischen Gesellschaft der polaren Gegensätze aber mit ihrer Vielfältigkeit diskriminiert (11): Zusätzlich ruft die versteckte weibliche Sexualität Fragen hervor, die die sexuelle Neugier auf die Mutter neu belebt. Gemeinsam mit dem Vater könnten diese Fragen beantwortet werden. Der Vater aber wehrt sich gegen die Verführung (= Fragen), weil er, selbst kleiner phallischer Bub, in einer phallischen Welt, die Andersartigkeit der Tochter-Frau nicht begehren darf, da er damit seine eigene Kastrationsangst neu beleben und seinen eindeutige Platz auf der Bühne der Realität verlieren würde. So ist es dem Mädchen versagt, die aktiv-passive Neugier des Vaters auf ihn als Selbstverständlichkeit in sein Selbstbild zu integrieren. Die Unsicherheit, den Vater verführen zu können und von ihm verführt werden zu wollen, unterbricht den Dialog gegenseitiger Geschlechtsbeziehung zwischen Vater und Tochter (Wissenschaft und Frau) und konvertiert sein Begehren in ein allgemein gültiges väterliches Gesetz.
   a) Die Frau/das Mädchen kann von ihrem/seinem eigenen Wert Abstand nehmen und damit tun, was der Vater ihr/ihm gebietet. Sie/er gefällt dem Mann und verscheucht ihn nicht aus der Triade.
   b) Sie kann aber auch das Gesetz, das eine heterosexuelle Kultur (12) ausschließt, nicht akzeptieren und es anklagen, wie es viele Analytikerinnen einer neuen Generation tun. Sie sprechen nicht neutral, nicht unparteiisch, mit Begehren, mit einer Fazette von erotischen Wünschen, um den Prozeß der Selbstsuche aufrechtzuerhalten. Sie verweigern die Komplizenschaft mit Eltern, die in gemeinsamer Idealisierung des Penis weibliche Wünsche verleugnen.
   c) Da aber sozialer Kontakt eine conditio sine qua non menschlicher Existenz darstellt, zur Gesellschaft auch Männer und ihre Produkte gehören, die

selbständige Legende über das unkastrierte Körperbild unbedingt aufrechterhalten werden muß, um sich selbst zu be-haupten und nicht der Männlichkeit zu erliegen, kommt es zu extremen Reaktionsbildungen: Respekt ist gegenüber männlichen Handlungen prinzipiell verpönt, selbst wenn der Kontakt mit ihnen frau ermöglichen könnte, zu neuen Dimensionen vorzustoßen. Die Verkehrung des idealisierten Penis in einen entwerteten bewertet die Wichtigkeit des Objekts und wiederholt ungewollt seine historische Macht. Der Feind-Mann wird für den Verrat und die Gereiztheit verantwortlich gemacht. Bewußte und unbewußte Übereinkünfte mit anderen Frauen wiederholen unbewußte Über-Ich-Forderungen und machen die Frauen häufig untereinander ebenso indifferent gegenüber psychischen Schmerzen wie die einzelnen nicht bereit sind, Verlassenwerden, Unbefriedigtsein, Depression und Wut zu entziffern.

3. Autonomie versus Identität: Zum süchtigen Traum vom befreiten Leben

Es liegt auf der Hand, daß uns in der erfolgreichen Frau die "gute klassische Neurose" unserer Zeit begegnet. Ihre Charakterzüge stützen die Arbeits- und Liebesfähigkeit (was für neurotische Strukturen typisch wäre) und schützen den innersten verwundbaren Raum (was für infantile Strukturen typisch wäre) (13). Zum ersten Mal war ich von der psychischen Ökonomie solcher Frauen fasziniert, als eine Kollegin in einem Fallseminar ein solches "größenwahnsinniges Mädchen" darstellte und ich in ihm eine mir bekannte, engagierte und attraktive Anwältin wiedererkannte. Mich beunruhigte das Paradox, daß das, was diese Frau veranlaßte, unnahbar und kalt zu sein, die verzweifelte Enttäuschung an ihrer Analytikerin aus der Beziehung hinauszuagieren, ihr gleichzeitig die Möglichkeit gab, eine Überanpassung an die generelle Rechtsprechung zu vermeiden und für ihre Mandantinnen eine Menge zu erreichen (14). Wie Schuppen fiel es mir von den Augen, daß ich in meinen eigenen Analysen nicht erkannt hatte, weshalb und wozu sich diese Tüchtigen geradezu phantastisch anmutende Idealbilder von uns machen. In der Idealisierung, die bereits im Vorfeld des analytischen Raums - auf der Suche nach der emanzipierten Analytikerin - ihren Anfang nimmt

- und im Erstinterview in der vorläufigen Liebe auf den ersten Blick mündet -, drückt sich der Traum eines befreiten eigenen Lebens aus.

Vereinfacht ausgedrückt, spürt die prospektive Analysandin, daß sie sich im Verlauf ihrer Konflikthistorie einen festen Bau errichtet hat, aus dem sie Ich-Stärke und Lebensbefähigung gewinnt. Gleichzeitig ahnt sie, daß die ihr verborgenen kindlichen Verrücktheiten Ursache ihres Leidens sind, daß sie aber Abwehr- und Anpassungsmanöver gegen die Störungen einer unerträglichen Wirklichkeit braucht. Die Beziehungen zu den eigenen Triebregungen, zu den primären und sekundären Objekten, zu den im jeweiligen Kulturfeld vorgegebenen Idealen und Normen, haben in der endlichen Sozialisation eine Selbstrepräsentanz gestaltet, deren Tragpfeiler die Autonomie ist. Dem entspricht die Bildung eines Ich-Ideals, das Eigenschaften wie Unabhängiges-über-sich-selbst-verfügen-Können, Kompetenz, Erfolg, schmerzlose Sinnlichkeit in einem Bündnis vereint, das vom Ich zwischen Über-Ich und Es-Impulsen organisiert wird. Im Bild selbsthafter oder gegenseitiger Zuneigung wird schmerzhafte Trennung nicht mitgedacht, weil sie als unerträgliche Verlassenheit erlebt wird. Das Bild der Zweierbeziehung wird so introjiziert, daß frau nicht auf sie angewiesen sein darf. Abhängigkeit bedeutet nicht die Möglichkeit, mit der Illusion der Zweisamkeit den inneren und äußeren Raum zu füllen. Im Gegenteil, Abhängigkeit pervertiert zu Hörigkeit, so daß alle Bausteine der Identität, die als schwach, sehnsüchtig, ratlos, ohnmächtig ... assoziiert werden, abgeworfen werden müssen. Das Sich-Exponieren in der beruflichen Selbstverwirklichung bestätigt diese Erfahrungen. Was den Beruf angeht, haben diese Frauen ihre masochistische Struktur aufgegeben. Sie haben auf Sicherheiten verzichtet, die sich aus stereotypen weiblichen Anpassungsleistungen ergeben. Sie beziehen ihre Lust nicht mehr aus Erwartungen an die Umwelt, an die Männer, sondern besetzen sich selbst potent und äußern in der Öffentlichkeit ihre Wut (15). Sie haben sich vom Schattenlebenslauf eines phallisch-narzißtischen Liebesobjekts freigestrampelt. Außerhalb von Mann und Familie fordern sie von sich, was ihre Mütter einst von den Vätern und Söhnen in passiver Vorwurfshaltung erwartet haben. Wendet man sich aber diesen verselbständigten, selbstsicheren, in ihrer eigenen Statusbiographie geschätzten Frauen mit dem "dritten Ohr" (REIK) zu, so gelangt man an den eigentlichen Ort ihres Anspruchs. Diesen Anspruch an die Mutter, die Tochter mit allen Gaben auszustatten, ihr jenes unkastrierte Ich zu vermachen, das sie befähigt, sämtliche, einander widersprechende Wünsche des kindlichen und des erwachsenen, des weiblichen und des männlichen Körpers auszudenken, bringt die Patientin in der manifesten Idealisierung ihrer Analytikerin zum Ausdruck.

Ganz richtig stellt Jane GALLOP fest, daß Luce IRIGARAY mit geradezu orgastischer Intelligenz ihre theoretischen Väter FREUD und LACAN an die Wand stellen kann, aber an ihren verworfenen Bedürfnissen gegenüber der Mutter gelähmt zurückbleibt (16). Obwohl die "intellektuelle Frau" ihr Frau-Sein von den mütterlichen Attributen abtrennen will, besser gesagt, weil sie es tun muß, bleibt sie selbst als Tochter allein, das heißt, sie kastriert ihr Ich wider Willen. Alle Repräsentationen, die aus einer passiv anmutenden Haltung Lust beziehen, müssen aus der Kette der Symbolisierungen ausgeschlossen werden.

In der Analytikerin suchen diese Frauen ein Übergangsobjekt, das eine Brücke zu den durchgeschnittenen Bindungen schlagen soll. Diese Bindungen wiederum führen Analytikerin und Analysandin in jenen Bereich des Begehrens, dessen Umkreis von Berührungs- und Versagungsängsten besetzt ist. Was in der Eröffnungsphase des analytischen Prozesses (und spiralenförmig immer wieder) verteidigt wird, erinnert an ein heiligteuflisches Grabmal, das nicht betreten werden darf. Darin eingeschlossen sind weder die Gesetze des Vaters noch die Phallizität der Mutter - sprich absorbierende Mutter, grandiose Tochter -, sondern die ohnmächtige Mutter und die dieser ohnmächtigen Mutter ausgelieferte ohnmächtige kleine Tochter. Denn die kollektiven Ziele der neuen Gruppe - sei diese feministisch-psychoanalytisch, feministisch-künstlerisch, feministisch-politisch - fordern von ihren Mitgliedern Kämpfertum und Erfolg! Im Postulat der "Stärke" gleichen sie jenen des Vaterlands auf das Haar: Jedes Eingeständnis von Schwäche vor dem Feind ist Schuld und Schande.

Das eigenständige Selbstbild findet in der subkulturellen Institution Bestätigung, was wiederum das Individuum veranlaßt, immer wieder in der einen oder anderen Weise der eigenen Geschichte zum Opfer zu fallen.

Die individuelle Tragik dieser Erfolgreichen unter den Analytikerinnen ist, daß sie ihren Analysandinnen Raum und Halt bieten, den Sinn des un-sinnigen kleinen Mädchens zu entfalten, während der eigene Schrei nach Hilfe ins Leere geht. Am Rande sei bemerkt, daß es genau diese Führerinnen-Naturen sind, die beladen mit Einkaufssäcken, Krankengeschichten, verbandspolitischen Akten ... einen vernebelten Seitenblick in Richtung gutversorgter Mitschwestern werfen. Denn das Trostpflaster "frau kann im Leben nicht

alles haben", haben wir doch längst als altmütterlich abgetan!
Gelingt es uns aber, unseren Neid auf die Couch zu leben (und unsere Gegenübertragung nicht nur als Reaktion auf den blinden Fleck der Analysandin, sondern als eigene Mangelerscheinung zu sehen), so wächst unsere Chance, mit ihm die Rebellion gegen das "Realitätsprinzip" zu erkennen! Die subjektive Freiheit der einzelnen, "virtuell ein(e) Feind(in) der Kultur" (FREUD) zu sein, bleibt dann nicht auf das private Abenteuer der endlichen Analyse beschränkt, sondern kann im professionellen Milieu ins Spiel gebracht werden.

4. Maria K.: Eine Konflikthistorie

Die klinische Vignette aus der Analyse einer 29jährigen Architektin, die sich einer Gruppe feministischer Künstlerinnen angeschlossen hatte, soll erlebbar machen, wie schwierig es für eine Frau ist, ihre Identität zwischen neuen Rollen und einander widersprechenden Wünschen und Ängsten zu finden. Das Bild der idealisierten Analytikerin entspricht auf der einen Seite dem Ich-Ideal der Analysandin, ihrem "Frau-Selbst", die Freiheiten des "Mann-Selbst" zu garantieren; auf der anderen Seite eröffnet es das Deutungsfeld hinter dem Gesagten. Dieses macht die Möglichkeiten faßbar, ausgeklammerte Wünsche und Bedürfnisse wieder existent zu machen, wenn nötig gegen die Rolle zu vertreten und mit den Potenzen zu vereinen.

Der Lebensentwurf von Maria K. bewegte sich an den Rändern von Ohnmacht und Macht. Die gesunden Ich-Leistungen waren gleichzeitig Ausdruck einer Unfähigkeit, über das Abgetrennt-Sein von der Integrität-gewährenden-Spiegelung des Selbstobjekts zu trauern. Mit ihren phantasmatischen Übertragungsinhalten jedoch leistete sie nicht nur gegen Schmerzvolles Widerstand, sondern suchte alles zu sprechen, auch wenn es noch nicht ausgesprochen wurde (17). Potentiell ist dies möglich, sofern die Analytikerin in ihrer Gegenübertragung bereit ist, sich mit dem vorläufig Nicht-Gesprochenen zu identifizieren. Ich verstehe unter diesem Unausgesprochenen nicht das "wahre Selbst" WINNICOTTs, sondern eine sich ständig wandelnde Verdichtung von Geheimnis und momentaner Selbstwirklichkeit. Die Analysandin weiß unbewußt darum, daß sie etwas und vieles verschweigen muß, weil sie nicht mehr hofft, mit ihrem Begehren erhört zu werden. Während die Analysandin mit dem genügend guten Bild ihrer Analytikerin danach verlangt, sich dessen Aspekte einzuverleiben, weiß die Analytikerin den narzißtischen Wert des abgeschlossenen Ich-Ideals ihrer Patientin zu schätzen.

Als Maria K. vor fünf Jahren zum ersten Mal das Sprechzimmer betrat, vermittelte sie mir den Eindruck einer differenzierten, sympathischen Frau, der viele Wege offenstanden. Sie trat mit einer Mischung aus Selbstbewußtsein und Tapsigkeit auf, wie sie Frauen, die durchaus wissen, was sie wert sind, nicht selten an sich haben. Trotz ihrer sichtbaren Erfolge und einer scheinbar gelungenen Ablösung vom Elternhaus, trotz emotional lebendiger Beziehungen, fühlte sie sich häufig wertlos, schüchtern und gehemmt. Sie lauerte geradezu darauf, von einer geschätzten Person entwertet oder verlassen zu werden.

Beide Eltern stammten aus Arztdynastien; während aber die Mutter nach dem Studium ihren Beruf aufgegeben hatte, hatte es der Vater zu großem Ansehen gebracht. Obwohl Marias Mutter nach dem Tod ihres Mannes seine Praxis übernommen hatte, gab sie diese ebenso selbstverständlich ab, sobald ihr ältester Sohn bereit war, sie weiterzuführen. Die doppelte mütterliche Botschaft läßt sich auf die Formeln vereinfachen: a) Eine Frau braucht einen Mann, um sich in der Gesellschaft am richtigen Ort zu fühlen. b) Es ist unvermeidlich, daß eine Frau eine eigene Existenz aufbaut, damit sie ihren Mann jederzeit verlassen kann. Ob so oder so findet sie ihre Erfüllung letztlich in den Kindern, denen sie ihre Freiheit opfert, und die ihr dafür ewige Dankbarkeit, Problemfreiheit und Erfolg nach hüben und drüben erweisen. Im übrigen haben männliche Wesen ein Anrecht darauf, unausstehlich zu sein, weil sie eine Künstlernatur haben.

Einen Schnitt im Leben der 10jährigen Patientin bildete der Tod des Vaters. Dabei spielte nicht das reale Ereignis eine wesentliche Rolle, sondern die Verleugnung der eigenen Depression auf der Seite der Mutter. Die aktuelle Verlassenheit, "von nun ab sei es nie mehr hell geworden, nie mehr sei ihr das Haus in jenem österlichen Glanz erschienen", ging auf eine frühe Phase traumatisierender Einsamkeit zurück. Schon sehr früh hatte sich das Kind vorgenommen, sich nicht mehr verletzen zu lassen. Darauf zu warten, daß der Vater die Tochter ernst nimmt, ihr sein Begehren nach ihr offenbart, sie für ihre Zeichnungen lobt, vor den Brüdern beschützt, hatte keinen Sinn, weil die Erwartung unerfüllbar schien. Und was sich nicht realisieren läßt, soll frau sich nicht wünschen, sondern höchstens stehlen. Bald fand sie heraus, daß sie fast alles tun durfte, wenn es nur nicht gesehen oder ausgesprochen wurde.

In der Analyse wiederholte sich das Symptom, das die Patientin vordergründig zur analytischen Behandlung veranlaßt hatte. Sie schwieg zu Beginn der Stunden außerordentlich lange und verfiel auch während den einzelnen Sitzungen in plötzliches Schweigen, in dem ich sie aufsuchen mußte. In ihren Assoziationen fühlte sie sich gehemmt, hatte Angst, mir nicht zu genügen. Sie betrat den Raum häufig mit einem Blick auf mich, der an den leidenschaftlichen Blick eines Säuglings (WINNICOTT), der die Anerkennung seiner selbst in den Augen des anderen sucht, erinnerte. Gleichzeitig machte sie mich bald darauf aufmerksam, daß sie das Händedruck-Ritual nicht mitmachen wollte. Auffällig war, daß sie ihren Mangelzustand immer wieder darauf zurückführte, eine Frau zu sein, und gleichzeitig die Rolle der frühreifen Tochter anbot. Mich erlebte Maria als eine Art Kugelmensch Platons: Ich las mehr und intensiver als sie oder weniger, weil ich das Wissen aus den Ärmeln schüttelte, während sie häufig niedergeschlagen ankam, wenn ihr ein Entwurf nicht auf den ersten Hieb gelungen war. Ich hatte das, was man eine gute Heirat nennt, versetzte Liebhaber, und war umgeben von gelungenen Kindern. Vor allem aber hatte ich einen "dicken Teppich" unter den Füssen, der mir ermöglichte, auf alles das zu verzichten.

Dieses Traumbild entsprach jener Idealisierung vom ersehnten Selbstbild, das in absoluter Selbstzufriedenheit vor Leere, Angst und Frustration schützen sollte. Obwohl Maria eine gute Portion Humor besaßt, ließ sie in diesem Punkt keinen Spaß gelten. Ich hatte ideal zu sein, und sie verstand es, aus jeder meiner Schwächen eine Stärke zu machen. Ich existierte vorläufig nur als ihr ideales Ebenbild und wir hatten hinter diesen Text zu hören.

Auszugsweise möchte ich hier wiedergeben, was wir dabei erfuhren:

1. Mit ihrem Schweigen und häufigen Verspätungen lenkte sie meine Aufmerksamkeit auf ihre schmerzhafte Situation als Kind und Frau. Hatte sie auf das narzißtische Objekt des Begehrens gewartet, sollte ich jetzt meinen Platz in ihrem Schweigen suchen. Der Zwang, mich warten zu lassen, war nicht etwa bösartig, sondern entsprach der Unfähigkeit der Patientin, uralte Gefühle von Verlassenheit und Abgetrenntsein von der Integrität-gewährenden-Spiegelung wahrzunehmen und zu verbalisieren. Das, was sie aus ihrem Erleben in mühsamer Anpassung an ein jetzt auf mich projiziertes Ich-

Ideal verbannt hatte, Enttäuschung über die libidinösen Objekte, Trauma der Realität des Andersseins (18), Hilflosigkeit, aber vor allem eine bodenlose Einsamkeit mußte vorerst anhand meines Erlebens ins Bewußtsein gehoben werden.

2. Die Repräsentanten der eigenen Identität gründen bekanntlich "auf einer komplizierten Wechselseitigkeit libidinöser Besetzung des Selbst sowie der inneren und äußeren Objekte, einem verwickelten Ineinander narzißtischer und libidinöser Ökonomie, einem wechselseitigen, immer wieder erneuerten Pakt" (19). Marias Identität beruhte vor allem auf der grandiosen Quelle von einem phantasmatischen Selbst. Dabei war sie ständig in Gefahr, ihre Kohärenz zu verlieren, weil ihr im Grunde keine ihrer Erfolgsleistungen als gut genug vorkam. So mußte es jemanden geben, die eben noch erfolgreicher war, die einem die Illusion vermittelte, irgendwann ebenso großartig und damit endlich wirklich unabhängig von Bestätigung durch die Außenwelt zu werden.
3. Gewiß ist es richtig, daß Maria ihr gleichgültiges Vater- und sich vor Sehnsucht verzehrendes Tochter-Introjekt mir wortlos überließ. Im Vordergrund stand aber nicht Elektra, die ihren Vater-Ödipus begleiten wollte, sondern die Krise mit dem präödipalen Vater respektiv mit der frühen Vater-Imago in der Mutter, die auch das sexuelle Begehren der Patientin beeinflußte. Sie wollte ihre Mutter verletzen, weil diese in ihrem Erleben nicht fähig war, ihr als begehrenswertes Identifikationsobjekt zu dienen, und weil die Mutter kein Verständnis für die Enttäuschungen der Tochter, die von ihrem Vater in ihrer vielfältigen, sinnlichen Einmaligkeit gesehen werden wollte, zeigen konnte. Solange die Mutter nicht selbst für sich sorgen kann, werden wir uns von ihr immer wegstehlen. Und weil sie uns kleinen Mädchen - Gott sei Dank - wenigstens eine Macht gab, nämlich jene, ihr zu helfen, gestaltet sich unsere Solidarität zweischneidig: Wir sind zwar nicht ihr uneingeschränkter Liebling, aber dank ihrer narzißtischen Besetzung potent und schuldig zugleich.
4. Aus dieser bewußten und unbewußten Motivation heraus wollte sich Maria mit einer konkreten Frau identifizieren. Sie machte aus ihr eine Analytikerin, der sie zumuten konnte, unzerstörbar zu sein. Ob die Idealisierungsinhalte objektiv real waren oder nicht, spielte vorerst keine wesentliche Rolle. In der psychischen Wirklichkeit der Patientin entsprachen sie dem kulturtypischen Traum der Frau, zwischen Carmen und Nora,

Baubo und Fachbrau, n i c h t wählen zu müssen. Ein solches Begehren, die ganze Palette von Weiblichkeit zu leben, wird irrtümlicherweise allzu rasch als grandioser Narzißmus verabsolutiert und dementsprechend als Übertragungswiderstand gedeutet. Man vergißt dabei allzu rasch, daß es sich um eine idealtypische Verschränkung im Leben der modernen Fachfrau handelt, die in ihrer psychischen Struktur jene Bestandteile inkorporiert hat, die in der sozialen Praxis sich als äußerst wirksam bewährt haben, und die gleichzeitig ihre historisch sozialen Grenzen sprengen will. Mit den Idealisierungen ist die Übertragung voll im Gange. Die Analysandin erhofft sich, eine Frau gefunden zu haben, die über ein gutes Selbstgefühl verfügt. Dieses haftet vorerst an den Symbolen, die Analytikerin und Analysandin im Laufe ihres bisherigen Lebens verinnerlicht haben und derer sie sich in der analytischen Mit-Welt bedienen. Da zum Beispiel die Angst, die aus der Trennungsdrohung entsteht, verleugnet werden mußte, kann sie vorläufig auch nicht verbalisiert werden. Vorerst muß die Analytikerin bereit sein, die von der Patientin gefürchtete Schwäche in sich selbst wahrzunehmen und sich gleichzeitig mit deren Bedürfnis zu identifizieren, sie zu testen. Da es in unserer Sprache für manches, was mit dem Selbst- und Selbstwertgefühl der Frau zu tun hat, keine Worte gibt, setzte Maria K. dafür Zeichen ein: Damit will ich sagen, daß die Begriffe, die sie gebrauchte, manchmal symbolischen Charakter hatten, manchmal aber für etwas, das wir noch suchen mußten, standen. In einer der letzten Sitzungen suchte sie nach einem Ausdruck für ihr gutes Selbstgefühl, weil sie ihren Chef um Gehaltserhöhung gefragt hatte und dabei sehr erfolgreich war. Fühlte sie sich "phallisch"? Ja, denn sie forderte wie ein Mann. Aber das entsprach nicht der vollen Wirklichkeit. Endlich hatte sie sich nicht minderwertig gefühlt, weil sie etwas für sich beanspruchen mußte, was ihr nicht von selbst in den Schoß gefallen war. Schließlich entdeckte sie das Wort "saftig" und ging mit dieser Neuerwerbung stolz - "aber nicht mit steifen Knien" - von der Analysestunde zur Baustelle.

5. Das Phantom der mächtigen, freien Analytikerin ist aber nicht nur ein geheimer Code für die unbewußten Wünsche und Ängste, die um das Thema "Traurigkeit, Zärtlichkeit, Weichheit" variieren. Es delegiert der Analytikerin auch die eigene offen zur Schau getragene Lust an der Macht. Denn es ist gerade dieses nackte,

beinahe obszöne Vergnügen an der Macht, mit dem wir Frauen so schlecht umgehen können. Wir begehren die Macht leidenschaftlich und begnügen uns trotzdem häufig mit dem Schattenboxen gegen den großen Bruder.

Es liegt wohl auf der Hand, daß die Therapie mit den Erfolgreichen nicht nur Freuden birgt, ebensowenig wie sich das Leben solcher Frauen und die Beziehung zu ihnen einfach gestalten. Ich möchte die Schwierigkeiten ganz kurz skizzieren:

1. Die mehrfach erwähnte Sprachlosigkeit und -ohnmacht bewirken, daß die Patientinnen häufig schweigen oder in endlose Erzählungen, die wegen ihrer gleichzeitig ausgezeichneten Ausdrucksfähigkeit sehr farbig sein können, abschweifen. Nun machen zwar Abschweifungen, zahllose Assoziationen, Vorlieben für Ambivalenzen ... den feministischen Text aus, verwirren jedoch die Analytikerin. Sie muß aufpassen, sich einerseits davon nicht einlullen zu lassen und andererseits den Redefluß der Patientin nicht frühzeitig zu stoppen.
2. Frau bewegt sich ständig an der Grenze des Unsagbaren, weil die Analyse nicht nur mit den subjektiven Verdrängungen von Analysandin und Analytikerin zu kämpfen hat, sondern mit der kollektiven Ausklammerung der Frau allgemein. Im Alles-sein-Können liegt nicht nur Freiheit, sondern ein bodenloser Anspruch, alle Ambivalenzen in sich zu verwirklichen, was wiederum zu ständigen Enttäuschungen, Überforderungen, zu immer neuen Schuld- und Schamgefühlen führt. Da die Frau bereits über ein attraktives Ich verfügt, wird sie die kleinen Erfolge nicht dankbar quittieren. Das bedeutet nicht, daß sie sich über Erfolge nicht freuen könnte, aber die Genugtuung hält nie lange an. Die Erfolgsbestätigung muß erneuert werden, weil sie an der Selbsterhaltung entscheidend beteiligt ist.
3. Der Hang zum Absoluten auf der einen Seite der Analysandin veranlaßt die Analytikerin häufig dazu, sich von ihrer Patientin zu distanzieren. Dies gilt ebenso für die leidenschaftliche Selbstdarstellung, für die Liebe und für den Haß, wie für die Verleugnung von realem Schmerz. Die Wucht, mit der sich solche Analysandinnen in die Analyse einbringen, fordert die Analytikerin geradezu heraus, sich mit ihrer Andersartigkeit zu behaupten und der Emotionalität ihrer Patientin ihre Vernunft entgegenzustellen. Während sie aber die Identifizierung mit den Verrücktheiten des Es ablehnt, vollzieht sie sie ganz im Sinne des individuellen und so-

zialen Über-Ichs. Folgt sie auf der anderen Seite der unbedingten Wahrheitssuche der Patientin, geht sie leicht einer Art folie à deux im gemeinsamen blinden Sehertum auf den Leim.

So gesehen gestaltet sich der analytische Prozeß zu einem lustvollen Abenteuer, aber auch zu einer nicht ganz ungefährlichen und häufig ermüdenden Gratwanderung zwischen Abgrenzung und "Identifikationsfalle" (20).

5. Und der Schluß?

Abgesehen von ihrem privaten Glück oder Unglück, führen Psychoanalytikerinnen heutzutage ein mehr oder weniger geteiltes Leben: Auf der einen Seite identifizieren sie sich mit den innovativen Kräften ihrer Patientinnen und engagieren sich in Selbsterfahrungs- und Arbeitsgruppen, um unter Einsatz ihres Intellekts und ihrer Gefühle nach der psychosexuellen und kulturellen Selbstverständlichkeit der Frau zu suchen. In kontrapunktischer Lektüre - angefangen bei literarischen Schlüsselwerken (Christa WOLFs "Kassandra"), über philosophische Texte (Julia KRISTEVAs "L' Autre du sexe"), Essays (Gisela von WYSOCKIs "Frauen-Bilder im Aufbruch") bis zu psychoanalytischen Subdiskursen über Weiblichkeit, die mit Namen wie Margarete MITSCHERLICH-NIELSEN, Marina GAMBAROFF, Juliet MITCHELL, Janine CHASSEGUET-SMIRGEL, Luce IRIGARAY verbunden sind - solidarisieren sie sich mit der Frauenbewegung. Auf der anderen Seite aber orientieren sie sich in der Mehrzahl seman- und verbandspolitisch an vorgegebenen Mustern. Dieser professionelle Lebensstil von Therapeutinnen zwischen Aufbruchs- und Heimkehrstimmung, zwischen radikalem Erkenntnisdrang und Anpassung an bestehende Erwartungen entspricht einer "Zwischenwelt", wie sie in der Moderne für alle kulturellen Minderheiten typisch ist (21). Ihre Bestandteile bilden im Fall der Analytikerinnen-Welt die mehr oder minder verdaute Wissenschaftstradition, das Innewerden von erfühltem und erfahrenem Wissen, das Unbehagen am gekonnten Umgang mit der männlichen Rationalität, der Stolz an der subjektiven Intellektualität, das Infragestellen des Bildes von sich selbst, die utopische Lust am freischwebenden Frausein und die Emigration in eine ausgegrenzte Weiblichkeit, die nicht selten mit der Reemigration in fiktive Muttertheorien gekoppelt ist.

Gerade das, was eine Aufgabe von Therapeutinnen wäre, die heterogenen Elemente des Sich-selber-Erkennens von Frauen zu einer psychologischen Sinneinheit zusammenfassen, will ihnen nicht gelingen. Vielleicht läßt sich das Gemisch von gesprochenen und verschwiegenen Texten nicht in einem geschlossenen Text aufnehmen, wenigstens heute noch nicht. Die vielfältigen Positionen garantieren, alle Aspekte von Weiblichkeit mit gleichem Interesse zu verfolgen und endlich das historische Trauma des Festgelegtwerdens zu überwinden. Die Schwierigkeiten liegen in der unverbindlichen Begriffswelt, die zwar Phantasien nach allen Seiten offenläßt, jedoch die konkrete Existenz und deren Definition verschleiert. Mit dem Mangel verbindlicher Stichworte verbindet sich Ungewißheit, die mit den Handlungsmustern der betroffenen Frauen-Therapeutinnen an andere Frauen herangetragen wird.

Trotzdem glaube ich, daß die Irritation an unserem Nicht-Selbstverständnis ein fruchtbares Unbehagen ist, sofern wir bereit sind, ein bißchen im eigenen Leben zu sterben. Auch wir Therapeutinnen haben "genug gejammert" (PAPE-SIEBERT)! Wir müssen heute unsere gespaltenen Übertragungen auf diverse Gruppierungen analysieren und endlich unsere eigene Sprache formulieren. Wir müssen neu an die Empirie herangehen: Anstatt das Erfahrungsmaterial vorschnell mit den alten Theorien zu interpretieren, wäre ein zukunftsweisender Weg derjenige, der sich auf eine flexiblere gegenseitige Verschränkung von Theorie und Empirie einläßt. Obwohl Konzepte zur Interpretation des Rohmaterials unerläßlich sind, entstehen sie doch nicht losgelöst von diesen. Sie sind immer etwas Vorläufiges. Wir müssen uns von den vorgezeichneten Spuren dadurch frei machen, daß wir sie durch neue Beziehungsgeschichten - um nicht zu sagen Krankengeschichten - mit einem anderen Erfahrungswert sättigen.

Das Programm von der Psychoanalyse darf auch vor der eigenen Begriffsgeschichte nicht haltmachen.

Anmerkungen und Literaturverzeichnis

1 "Daig" bedeutet in Basel: Teig, Gruppe von alteingesessenen Baslern, im übertragenen Sinn aber Kerngruppe der psychosozialen Subkultur.

2 FREUD, S.: Über die weibliche Sexualität, GW XIV, 1931, S. 518; NADIG, M.: "Weiblichkeit" als Kulturbarriere. In: Köppel, Ch./Sommerauer, R. (Hg.): Frau - Realität und Utopie. Zürich 1984, S. 47-62. Vgl. dazu zum Bei-

spiel HORNEY, K.: Psychologie der Frau, München 1977; KLEIN, M.: Die Psychoanalyse des Kindes, München 1971; JACOBSON, E.: Wege der weiblichen Über-Ich-Bildung, Psyche 8, 1978, S. 764-775; IRIGARAY, L.: Speculum, de l'autre femme, Paris 1974, deutsch: Speculum, Spiegel des anderen Geschlechts, Frankfurt 1980; MITCHEL, J.: Psychoanalyse und Feminismus, Frankfurt 1976; MITSCHERLICH-NIELSEN, M.: Zur psychoanalytischen Identität, Aggression, Über-Ich-Bildung bei Frauen. Vortrag am 6.6.1983 am Psychoanalytischen Seminar in Basel; TOROK, M.: Die Bedeutung des Penisneides bei der Frau. In: Chasseguet-Smirgel, J. (Hg.): Psychoanalyse der weiblichen Sexualität. Frankfurt 1974, S. 192-232.

3 Freud an Schnitzler am 14. Mai 1922.

4 Ein Mann zwischen Männlichkeit und Weiblichkeit.

5 Vgl. zum Beispiel TOROK, M.: Endokryptische Identifikation. Vortrag am 10.1.1986 am Psychoanalytischen Seminar, Zürich.

6 PROSS, H.: Die Männer. Eine repräsentative Untersuchung über die Selbstbilder von Männern und ihre Bilder von der Frau, Hamburg 1978, S. 167.

7 ROHDE-DACHSER, Ch.: Frauen als Psychotherapeuten. Das Janusgesicht der Emanzipation im Helfer-Milieu. In: Frühmann, R. (Hg.): Frauen und Therapie. Paderborn 1985, S. 53.

8 MORGENTHALER, F.: Traumdiagnostik. Zur Bedeutung der formalen und strukturellen Gesichtspunkte. In: Lohmann, H. (Hg.): Die Psychoanalyse auf der Couch. Frankfurt 1984, S. 271, wo Morgenthaler die Beobachtungen von René Spitz u.a. kurz umreißt.

9 Mir geht es hier nicht um die reale Mutter-Kind-Beziehung, sondern um die gegenseitige Illusion der Übergangsphase, wie sie WINNICOTT beschrieben hat, um ein verinnerlichtes Verschmelzungsgefühl, das Einheit in der schmerzvollen Leere der äußeren und inneren Welt entstehen läßt. Vgl. HÄGGLUND, T.-B./HÄGGLUND, V./IKONEN, P.: Mourning and Narcissism. On the Defensive Nature of Phallicity, Mourning and Creativity. In: Psychiatria Fennica, 1975.

10 Anregungen zu folgenden Überlegungen gab mir der Artikel von MITSCHERLICH-NIELSEN, M.: Antisemitismus - eine Männerkrankheit. In: Psyche 1, 1983, S. 41-54; selbst wenn diese mich zum Teil zu anderen Ansichten führen.

11 Vgl. dazu aus soziologischer Sicht: HAGEMANN-WHITE, C.: "Macht und Ohnmacht der Mütter" im vorliegenden Buch.

12 IRIGARAY, L.: Speculum, de l'autre femme, Paris 1974, S. 105, 41-42, 178.

13 Gewiß hatte WINNICOTT recht, als er darauf hinwies, daß die Unterscheidung zwischen neurotischen und narzißtischen Patienten eine Erfindung von Analytikern und nicht vom Leben darstellt.

14 Der Einwand, der analytische Prozeß kümmere sich ausschließlich um das Verständnis der Übertragungs-Gegenübertragungsbeziehung und nicht um äußere Realitäten ihrer Protagonisten, liegt auf der Hand. Ich meine jedoch, daß es sehr viel mit den konkreten Personen zu tun hat, wie und was über- und gegenübertragen werden darf, wie und was davon wahrgenommen und gedeutet wird und wie und was davon vor Kollegen vorgetragen wird. Denn "die Sprache, das sind die Sprechenden". WYSOCKI, G. von: Weiblichkeit und Modernität. Über Virginia Woolf, Frankfurt/Paris 1982, S. 118.

15 Vgl. dazu SAEGESSER, B.: Frauen als Künstlerinnen. Psychoanalytische und andere Gedanken zur schöpferischen Produktivität der Frauen. Unveröffentlichtes Manuskript, Basel 1984, S. 3.

16 GALLOP, J.: The Daughter's Seduction. Feminism and Psychoanalysis, London/Basingstoke 1982, S. 118.

17 Vgl. den Vortrag von TOROK, M.: Endokryptische Identifikation, gehalten am 10.1.1986 am Psychoanalytischen Seminar in Zürich.

18 McDOUGALL, J.: Plädoyer für eine gewisse Anormalität, Frankfurt 1985, S. 293.

19 Ebd., S. 293.

20 Zum Begriff der "Identifikationsfalle" vgl. MAUSER, H.: Zwischen Träumen und Wurfspeeren. Kassandra und die Suche nach einem neuen Selbstbild. In: MAUSER, W. (Hg.): Erinnerte Zukunft. 11 Studien zum Werk Christa Wolfs. Würzburg 1985, S. 300ff.

21 Zur Definition der "Zwischenwelt" vgl. HETTLAGE-VARJAS, A. und HETTLAGE, R.: Kulturelle Zwischenwelten. In: HETTLAGE, R. (Hg.): Zwischenwelten der Gastarbeiter. Sonderheft der Schweizerischen Zeitschrift für Soziologie, Nr. 2, 1984, S. 378.

Die Autorinnen:

Böhm, Nicola: Dipl.-Psychologin. Studium der Psychologie in Marburg. Arbeitsschwerpunkte: Klinische Psychologie/ Psychosomatik und Frauenforschung. Derzeitig tätig in der Sucht-Langzeitentwöhnung, Osnabrück.

Burgard, Roswitha: Dr. phil., Dipl.-Psychologin. Studium der Psychologie in Berlin. Mitbegründerin und Mitarbeiterin im ersten Frauenhaus Berlin. Psychotherapeutin in einem Therapie- und Beratungskollektiv für Frauen in Berlin. Wichtigste Veröffentlichungen: "Wie Frauen 'verrückt' gemacht werden", Berlin 1987, und "Mißhandelte Frauen - Verstrickung und Befreiung", Weinheim 1986.

Gürtler, Helga: Dipl.-Psychologin. Studium der Psychologie in Berlin. Ausbildung in Verhaltenstherapie. Tätigkeit in der Erziehungsberatung, Mitarbeit in verschiedenen Fortbildungsstätten zur Elternbildung; Ausbildung von Krankenschwestern, Beschäftigungstherapeuten und Sozialarbeitern. Verfasserin von Schul- und Elternbriefen. Derzeitig tätig als Psychotherapeutin in freier Praxis und als freie Mitarbeiterin beim Rundfunk.

Hagemann-White, Carol: Prof., Dr. phil., Studium der Mathematik, Geschichte, Philosophie und Soziologie in Harvard, Bonn und Berlin. Habilitation in Soziologie 1976. Arbeitsschwerpunkte: Sozialisation und Identität; Gewalt gegen Frauen; Frauen, Macht und Politik. Mitbegründerin und im Vorstand des Berliner Instituts für Sozialforschung und sozialwissenschaftliche Praxis. Derzeitig tätig an der Freien Universität Berlin, Fachbereich Politische Wissenschaften. Wichtigste Veröffentlichungen: "Sozialisation: weiblich männlich?", Opladen 1984, "Frauenbewegung und Psychoanalyse", Frankfurt 1986^2, und "Hilfe für mißhandelte Frauen" (mit B. Kavemann u.a.), Stuttgart 1981.

Haug, Frigga: Dr. phil., Dipl.-Soziologin. Studium der Psychologie und Soziologie. Habilitation in Sozialpsychologie 1978. Dozentin an der Universität Berlin, Marburg und Kopenhagen. Wissenschaftliche Mitarbeiterin an der Hochschule für Wirtschaft und Politik in Hamburg. Arbeitsschwerpunkte: Rollentheorie, Automationsforschung und Vergesellschaftung von Frauen. Mitherausgeberin des 'Argument' seit 1979. Veröffentlichung zahlreicher Aufsätze und Bücher (zusammen mit anderen Autorinnen) u.a.: "Frauenformen", "Sexualisierung der Körper", "Subjekt Frau", "Der Widerspenstigen Lähmung", "Geschlechterverhältnisse und Politik".

Hettlage-Varjas, Andrea: Dipl.-Psychologin und Psychoanalytikerin. Studium der Psychologie, Heilpädagogik und Philosophie. Ausbildung in Psychoanalyse und Gestalttherapie. Langjährige Mitarbeit an psychiatrischen Kliniken und Polikliniken Baselland mit dem Schwerpunkt 'Psychosomatische Beschwerden und Migration' sowie 'psychoanalytisch orientierte Therapie mit Randgruppen'. Derzeitig tätig als Psychoanalytikerin in freier Praxis sowie als freie Mitarbeiterin in Weiterbildungs- und Forschungsprojekten mit den Schwerpunkten: Psychotherapie von Randgruppen und Frauen. Wichtigste Veröffentlichungen: "Kulturelle Zwischenwelten. Fremdarbeiter - eine Ethnie" (gemeinsam mit R. Hettlage), 1984, und "Frauen zwischen Wunsch, Angst und Tröstungen. Neuere psychoanalytische Aspekte zur weiblichen Sexualität und Emanzipation", ersch. in: "Weibliche Sexualität", hrsg. von M. Simmel-Joachim.

Rommelspacher, Birgit: Dr. phil., Dipl.-Psychologin. Studium der Psychologie, Philosophie, Wirtschafts- und Sozialgeschichte in Bonn, Münster, Cincinnati/Ohio und München. Tätigkeit in mehreren sozialwissenschaftlichen Forschungsprojekten u.a. im "Tagesmütterprojekt" am DJI in München. Bisher tätig als Dozentin an der Freien Universität Berlin und FHSS Berlin im Bereich Sozialpsychologie und Sozialpädagogik. Derzeitig habilitiert sie zum Thema: Frauen in sozialen Berufen. Weitere Arbeitsschwerpunkte: Weibliche Sozialisation und Identität; psychische Erkrankungen bei Frauen. Wichtigste Veröffentlichungen: "Das Modellprojekt Tagesmütter" (zusammen mit der Arbeitsgruppe), München, Juventa 1977, und "Die Zukunft des Helfens - Neue Wege und Aufgaben psychosozialer Praxis" (zusammen mit D. Kleiber), Weinheim, München 1986.

Scheffler, Sabine: Prof., Dr. phil., Dipl.-Psychologin. Studium der Psychologie in Bonn und Berlin. Ausbildung in Gestalttherapie. Arbeit in autonomen Frauenprojekten und Entwicklung eines frauenspezifischen sozialtherapeutischen Fortbildungsprogramms. Derzeitig tätig als Professorin für Sozialpsychologie und deren Anwendung am Fachbereich Sozialarbeit der FH Köln. Veröffentlichungen: "Zur Entwicklung selbstorganisierter Frauenprojektgruppen" in: Frauen und Therapie (hg. von R. Frühmann), 1985, "Sich das Recht nehmen, 'Nein' zu sagen" in: psychologie heute, März 1986, "Feministische Therapie" in: beiträge zur feministischen theorie und praxis, H. 17, 1986, und "Feministische Ethik in der Therapie" (im Druck).

Schulze, Christa: Dr. phil., Dipl.-Psychologin. Studium der Psychologie in Wien, Tübingen, Göttingen und Los Angeles. Ausbildung in Verhaltenstherapie. Mehrjährige therapeutische Arbeit in freier Praxis. Derzeitig tätig als klinische Psychologin am Fachbereich Psychologie der Universität

Marburg. Forschungsschwerpunkte: Psychosoziale Aspekte von psychosomatischen Beschwerden; psychosoziale geschlechtsspezifische Unterschiede; Gesundheitsverhalten. Bisher mehrere Veröffentlichungen zu verschiedenen Bereichen der klinischen Psychologie, wie u.a. zu Zwängen, Stottern und Prädiktion von Genesungsverläufen.

Vogt, Irmgard: Dr. phil., Dipl.-Psychologin. Privat-Dozentin am Fachbereich Gesellschaftswissenschaften der Universität Frankfurt. Studium der Psychologie und Soziologie in Tübingen, München und Münster. Ausbildung in Verhaltenstherapie und Gestalttherapie. Arbeitsschwerpunkte: Alkoholkonsum und Alkoholismusforschung, Drogenkonsum und Drogenabusus. Gesundheit und Krankheit im Leben von Frauen. Wichtigste Veröffentlichungen: "Drogenpolitik", 1975, "Für alle Leiden gibt es eine Pille", 1985, und "Alkoholikerinnen", 1986.

Wagner, Angelika C.: Prof., Ph.D., M.A. Lehramtsstudium in Hamburg, Studium der Psychologie in Carbondale-Ill., USA, Ph.D. in Pädagogik und Psychologie University of Michigan, USA. Professorin für Psychologie an der Pädagogischen Hochschule Reutlingen; seit 1985 Professorin für Pädagogische Psychologie am Fachbereich Erziehungswissenschaft der Universität Hamburg. Arbeitsschwerpunkte: Frauenforschung; Beratung, Entstehung und Auflösung von Bewußtseinskonflikten; Selbstbehauptungstraining für Frauen. Wichtigste Veröffentlichungen: "Schülerzentrierter Unterricht", München 1982², "Mann-Frau. Rollenklischees im Unterricht" (zusammen mit Frasch, Lamberti), München 1977, "Unterrichtsprogramme" (zusammen mit Maier et al.), Reinbek 1981, und "Bewußtseinskonflikte im Schulalltag" (zusammen mit Barz et al.), Weinheim 1984.